权威·前沿·原创

皮书系列为
“十二五”“十三五”国家重点图书出版规划项目

BLUE BOOK

智库成果出版与传播平台

国家金融与发展实验室
National Institution for Finance & Development

文化金融蓝皮书
BLUE BOOK OF CULTURE FINANCE

中国文化金融发展报告（2021）

ANNUAL REPORT ON CHINA'S CULTURE FINANCE DEVELOPMENT (2021)

主　编 / 杨　涛　金　巍
副主编 / 于德江　刘德良

社会科学文献出版社
SOCIAL SCIENCES ACADEMIC PRESS (CHINA)

图书在版编目(CIP)数据

中国文化金融发展报告. 2021 / 杨涛，金巍主编
. -- 北京：社会科学文献出版社，2021.9
（文化金融蓝皮书）
ISBN 978 - 7 - 5201 - 8942 - 2

Ⅰ. ①中… Ⅱ. ①杨… ②金… Ⅲ. ①文化产业 - 金融支持 - 研究报告 - 中国 - 2021 Ⅳ. ①G124②F832.48

中国版本图书馆 CIP 数据核字（2021）第 178985 号

文化金融蓝皮书
中国文化金融发展报告（2021）

主　　编 / 杨　涛　金　巍
副 主 编 / 于德江　刘德良

出 版 人 / 王利民
组稿编辑 / 恽　薇
责任编辑 / 田　康
责任印制 / 王京美

出　　版 / 社会科学文献出版社 · 经济与管理分社（010）59367226
地址：北京市北三环中路甲 29 号院华龙大厦　邮编：100029
网址：www. ssap. com. cn
发　　行 / 市场营销中心（010）59367081　59367083
印　　装 / 天津千鹤文化传播有限公司

规　　格 / 开　本：787mm × 1092mm　1/16
印　张：15.75　字　数：230 千字
版　　次 / 2021 年 9 月第 1 版　2021 年 9 月第 1 次印刷
书　　号 / ISBN 978 - 7 - 5201 - 8942 - 2
定　　价 / 128.00 元

《中国文化金融发展报告（2021）》
编　委　会

编写单位

国家金融与发展实验室

深圳文化产权交易所

北京立言金融与发展研究院

支持单位

中国社会科学院产业金融研究基地

中国银行业协会

文化金融 50 人论坛

金融科技 50 人论坛

北京新元文智信息技术有限公司

主编及副主编简介

杨 涛 研究员，博士研究生导师，拥有中国注册会计师与律师资格证书。现为国家金融与发展实验室副主任，中国社会科学院产业金融研究基地主任、支付清算研究中心主任。兼任北京立言金融与发展研究院院长、北京金融科技研究院监事长、厦门鹭江金融科技研究院院长，以及中国人民银行支付结算司外部专家、中国人民银行清算总中心博士后专家委员会委员、中国证券业协会学术专家、北京市金融学会学术委员等。主要研究领域为宏观金融与政策、金融市场、金融科技、支付清算。

金 巍 国家金融与发展实验室文化金融研究中心副主任，北京立言金融与发展研究院文化和旅游金融研究所所长，文化金融50人论坛秘书长，特聘研究员，高级经济师。兼任中国社会科学院产业金融研究基地特约研究员、财政部科教和文化司中央文化企业国资预算评审专家、华夏经济学研究发展基金会监事、深圳文化产权交易所专家顾问、中国通信学会移动媒体与文化计算委员会委员、全国文化智库联盟常务理事、成都博瑞传播股份有限公司独立董事等。主要研究领域为文化经济学、文化金融、产业金融、金融科技等。出版有《文化金融：通往文化世界的资本力量》等专著。

于德江 深圳广播电影电视集团副总编辑，深圳文化产权交易所董事长，文化金融50人论坛成员。曾任中共深圳市委宣传部秘书、深圳电视台副台长、深圳市文化产业发展办公室主任、深圳市文化局广播电影电视处处长、深圳市文物商店总经理/深圳市艺术品拍卖行总经理等。

刘德良 新元智库和新元资本创办人。兼任清华大学新经济与新产业研究中心特约研究员、中国人民大学文化产业研究院特约专家、中央财经大学文化经济研究院特约专家，文化金融50人论坛创始成员等。参与国家“十三五”时期文化发展改革规划等多项政策制定和评审，主编出版《中国文化投资报告》两部。主要研究领域为文化产业、旅游业、数字经济等。

前 言

本报告为“文化金融蓝皮书”的第五部，由国家金融与发展实验室、深圳文化产权交易所及北京立言金融与发展研究院联合研创。这是一部关于2020年中国文化金融发展状况的分析报告，而2020年，对于任何一个领域来说都极为不寻常。

2020年，新冠肺炎疫情的发生，仿佛瞬间改变了整个世界的走向。可喜的是，在党和政府的坚强领导下，我们已经取得了抗击新冠肺炎疫情斗争的重大成果，经济和社会稳定，企业正常运转，人民生活正常如初。2020年是我国“十三五”规划的最后一年，似乎我们已经不能期望这第五部报告在数字上给“十三五”期间的文化金融画一个圆满的句号。但这一年，包括文化金融领域的所有人，用热情、智慧和汗水书写了团结奋斗、勇于争先的篇章，所以仍将是未来值得回忆的一年。

《中国文化金融发展报告（2020）》截稿的时候，疫情已发生三月有余。在报告当中，我们除了关注如何在新经济框架下寻求文化金融发展新路径、国家治理现代化视野下文化金融的作用与使命等重要问题外，对当时应对疫情困局的文化金融问题也有涉及。而今年的这部报告，自然要延续上部报告对疫情的关注。本报告编写之初，在深圳举办的“2020文化金融服务‘双区’建设（深圳）高峰论坛暨2020年深圳文化金融成果发布会”上，编委会对《中国文化金融发展报告（2021）》的编写工作做了介绍，并对要关注的重点进行了阐述，其中的关键词是“疫情”“双循环”“数字经济”“区域文化金融”，这些方面在后来的编写中都得到了重点的体现。

第一，新冠肺炎疫情的冲击和复工复产的努力。新冠肺炎疫情严重冲击了我国经济。2020 年第一季度国内生产总值同比下降达 6.8%，虽然第二季度开始恢复，但 2020 年全年国内生产总值的增长率也只有 2.3%。文化产业在 2020 年受到的冲击更大，根据对全国 6.0 万家规模以上文化及相关产业企业的营业收入的调查数据，前三季度都处于负增长态势（前三季度下降 0.6%），第四季度有较强的反弹，勉强跟上国内生产总值的增长水平。即便如此，中国依然是世界主要经济体中表现最好的。这得益于我国政府及时出台一系列政策，保障了经济的复苏和企业的复工复产。在文化产业领域，政府出台了包括金融在内的一系列政策，很多金融机构推出有利于文化企业复工复产的产品和服务，为文化产业走出困境提供了有力支持。

第二，双循环新发展格局与未来发展路线。疫情对全球经济和政治格局产生了影响，在新的国际经济和政治趋势下，我国社会经济如何才能保持长久稳定发展成为重大战略命题。党和政府及时提出了双循环新发展格局的战略思路，即要“加快形成以国内大循环为主体、国内国际双循环相互促进的新发展格局”。在《中共中央关于制定国民经济和社会发展第十四个五年规划和二〇三五年远景目标的建议》中，双循环新发展格局成为未来五年甚至更长时间主导国内经济发展的战略思路。在这个战略思路下，各部门、各产业都要做出战略调整，文化产业也是如此。所以，文化金融将要面临的就是双循环新发展格局下进行战略调整的文化产业发展问题。

第三，数字经济与数字文化产业战略。数字经济在疫情之下呈现新的发展局面，从中央到地方，关于数字经济的政策高密度出台，这是一个面向未来竞争力的全面角逐。在《中共中央关于制定国民经济和社会发展第十四个五年规划和二〇三五年远景目标的建议》中提出了“文化产业数字化战略”，随即文化和旅游部发布了数字文化产业的相关文件①，数字文化经济蓝图正在徐徐展开。2020 年我们就在这个主题下关注了文化大数据及文化

① 2020 年 11 月 18 日，文化和旅游部在总结近年来数字文化产业发展工作的基础上，结合产业发展新形势，研究制定了《关于推动数字文化产业高质量发展的意见》。

数据资产问题，2021年数字经济和文化金融的关系更加重要。

第四，区域文化金融发展。文化金融发展十余年来，一些文化产业和金融比较发达的地区率先垂范，形成了数个文化金融发展领先地区，也可称为文化金融中心城市。这些城市拥有更雄厚的文化产业基础，有更强的文化金融产品创新能力，有更体系化的文化金融服务手段。这些优势在2020年抗击疫情中体现得更为明显。事实上，经过这么多年发展，文化金融需要在重点地区和有特色的地区投入更多关注，文化和旅游部在这个方面也已经有了相应的举措。

本报告在延续往年基本框架的基础上，重点突出了以上四个关注点。在“市场篇”中，仍分为文化产业银行信贷、文化产业债券、文化企业上市融资、文化产业私募股权融资、文化产业保险等五个部分，对疫情下的文化金融市场进行分析并提出了相应的建议意见。“行业篇”除了电影、艺术品外，只设置了数字文化产业部分。在“区域篇”中，除了去年已经介绍的北京、深圳、南京、宁波外，新增了文化金融发展势头较好的成都市。在“专题篇”中关注了知识产权证券化这一主题。

本报告由杨涛和金巍担任主编，于德江和刘德良担任副主编。各部分撰稿人分别为：金巍、杨涛（第1篇），艾亚萍、王阳（第2篇），杨涛、王小彩（第3篇），刘德良（第4篇），于淼（第5篇），王向楠、吴婷（第6篇），张琦、卢孟杰（第7篇），范勇、韩宗佳（第8篇），刘德良（第9篇），段卓杉、刘晓哲（第10篇），陈能军、王晓锐、吴文值（第11篇），缪大伟、冷蕾（第12篇），屠雪松、王亚琪（第13篇），师江、谭莹、周泽峰、姚一永（第14篇），陈能军、李硕、周玉兰（第15篇）。

报告编写得到了中国社会科学院产业金融研究基地、中国银行业协会、文化金融50人论坛、金融科技50人论坛、北京新元文智信息技术有限公司等机构的大力支持，编委会的诸位学术顾问亦均为报告提供了有益的帮助和专业意见，在此一并致谢！

杨涛 金巍

2021年5月8日 于北京

摘　要

《中国文化金融发展报告（2021）》（以下简称《报告》）是对2020年中国文化金融发展情况的全景式分析与研究报告。以文化金融的市场视角、行业视角和区域视角为主要维度，通过概括总结2020年中国文化金融的发展状况，对文化金融发展中的主题问题和发展趋势进行了分析，同时提出了相应的政策建议。全书分为总报告、市场篇、行业篇、区域篇和专题篇共五个部分。

《报告》指出，2020年文化产业因新冠肺炎疫情呈现一度停滞的态势，文化金融为文化产业的“重启”提供了强有力的支撑。中央和地方出台一系列文化金融政策措施，配套以财政、税收政策，以降成本、降费用等为主要内容，有力地促进了文化企业的复工复产，维护了社会经济的稳定。同时，很多政策也开始关注一些中长期目标，为文化产业的“十四五”开局打下了良好的基础。

文化产业银行信贷、文化产业债券、文化企业上市融资、文化产业私募股权融资是文化金融市场的主要构成部分。《报告》指出，面对疫情，银行业金融机构积极作为，进一步扩大对文化产业的贷款规模，有力地支持了文化产业复工复产。截至2020年底，30家银行（21家主要银行和9家中小商业银行）的文化产业贷款余额达16561.5亿元。整体上，2020年文化产业债券市场发行数量与上年持平，单次平均融资规模显著减小；市场呈现两极分化的态势，数字化与互联网相关债券增多，传统文化娱乐行业相关债券大幅减少。2020年，我国IPO上市文化企业数量及首发融资规模双双实现增长，市场整体发展态势良好，但上市文化企业再融资市场持续降温，共计发生融资事件 74 起，融资规模为 1172.49 亿元，分别同比下降 9.76%、1.17%。2020 年，全国文化产业私募股权融资市场延续了整体下滑趋势，融资事件数量同比下降 37.15%，融资金额同比下降 38.34%。

电影金融、艺术品市场与数字文化产业的投融资情况是《报告》关注的重点。受新冠肺炎疫情影响，2020 年我国电影行业全年电影总票房为 204.17 亿元，同比下降 68.17%。影视领域只有 22 起融资事件，交易金额仅为 17.21 亿元。为了应对疫情的冲击，中央和各地方政府相继出台电影扶持政策，在信贷等领域给予支持。2020 年，线下的艺术品市场受疫情冲击较大，艺术品拍卖市场上半年成交总额同比减少 91%，但互联网拍卖成交额出现较大的飞跃。随着疫情得到有效控制，相关政策出台和多项措施落地，中国艺术品市场逐渐趋好。2020 年，文化产业遭受重创，但线上业态呈现强劲的竞争力。文化和旅游部发布《关于推动数字文化产业高质量发展的意见》，以推动文化产业数字化战略布局。2020 年，我国数字文化产业社会融资规模达到 1234.90 亿元，占全国文化产业社会融资总规模的 45.44%。

北京、深圳、南京、宁波和成都是我国文化金融发展具有代表性的城市。受新冠肺炎疫情及市场环境等影响，2020 年北京文化产业实现融资规模 616.82 亿元，同比下降 14.98%；融资事件数量同比下降 19.23%。为应对疫情冲击，北京出台了多项政策文件。2020 年，深圳文化金融市场也受到重大影响，深圳市政府推出多项政策助力文化企业共克时艰，包括通过贴息政策解决融资贵问题、通过风险补偿资金池解决融资难问题。南京针对文旅产业特性，以文化金融为抓手，出台了扶助文旅产业的四项政策，同时成立“首贷中心”“续贷中心”，集中受理中小微文旅企业的首贷、续贷申请。宁波加大政策引导力度，围绕文旅企业在应急融资、风险保障等方面的迫切需求，加强银行、保险、政策性担保、地方股权交易中心等多部门合作协同，有效缓解了文旅企业的发展困境。2020 年，宁波文旅产业贷款余额达到 1037.4 亿元。成都市为构建文化金融产业生态圈，创新发展出“债权融

资 + 股权投资 + 路演孵化 + 金融科技”四大路径，取得了良好成效。

《报告》认为，新冠肺炎疫情仍然是未来很长一段时间经济、文化、社会发展中最关键的变量。在“疫情防控常态化”的情势下，政策的重点已经转移到关注一些中长期目标上，文化金融政策也要着眼于具有长期意义的领域。《报告》提出了相关政策建议，主要有：以重振文化产业股权投资市场为支点，夯实文化产业多层次融资体系；结合区域金融改革，进一步推进文化金融发展；以文化数据资产治理和管理为新起点，构建新型文化金融基础设施；以文化企业金融能力提升为抓手，推动文化资源转化与价值实现；等等。

关键词： 文化金融　文化产业　数字经济　双循环　新冠肺炎疫情

Abstract

Annual Report on China's Culture Finance Development (*2021*) is a panoramic analysis and research report on China's culture finance development in 2020. Based on the perspectives of market, industry and region, the report summarizes the development status of China's culture finance in 2020, analyzes the main issues and the trends in the development of culture finance, and puts forward corresponding policy suggestions. And it is divided into five parts, including General Report, Market Reports, Industry Reports, Regional Reports and Special Report.

According to the report, the cultural industry stagnated once due to the COVID-19 epidemic in 2020, and the culture finance provided great support for the restart of the cultural industry. The central and local governments have issued a series of the policies and measures of culture finance, matched with fiscal and tax policies. These policies are mainly about cost reduction and expenses reduction, which have effectively promoted the resumption of work and production of cultural enterprises and maintained social and economic stability. At the same time, many policies have also begun to focus on some medium-term and long-term goals, laying a good foundation for the openning of the 14th Five-Year Plan of the cultural industry.

The bank credit and service, the bond market, the equity financing of listed enterprises and the private equity financing are the main components of the culture finance market. As for the bank credit and service market, banking institutions have taken active steps to further expand the scale of loans to the cultural industry in the face of the epidemic, which has strongly supported the resumption of work and production of the cultural industry. By the end of 2020, 30 banks (including 21 major banks and 9 small and medium-sized commercial banks) had outstanding loans to the cultural industry amounting to 1. 656515 billion yuan. As for the bond market, the number of bonds is unchanged from last year, and the average financing scale of a single time is significantly reduced. The bond market showed a trend of polarization, with the increase of the digital and Internet-related bonds, while the decline of traditional culture and entertainment industry. As for the equity financing of listed enterprises, the number of IPO listed cultural enterprises in China and the initial financing scale both increased in 2020. The overall trend was good, but the refinancing market of listed cultural enterprises continued to cool down. In 2020 there were 74 financing events and the financing scale was 1117. 49 billion yuan, which were 9. 76% and 1. 17% lower than the same period last year. As for the private equity financing market, the scale continued the downward trend in previous years, with the number of financing events decreased by 37. 15% and the total amount of financing decreased by 38. 34%.

The report focuses on the film industry, the art market and the digital culture industry. As for the film industry, due to the impact of COVID-19, the total box office of China's film industry in 2020 was 20. 417 billion yuan, down 68. 17% year on year. There were only 22 financing incidents in the film and television sector, involving only 1. 721 billion yuan in transactions. In order to cope with the impact of the epidemic, the central and local governments have also introduced supporting policies for the film industry, providing support in areas such as credit. As for the art market, the offline art trading market was greatly affected by the epidemic in 2020. The total transaction volume of the art auction market in the first half of 2020 decreased by 91% compared with the same period last year, but the transaction volume of the Internet auction in 2020 showed a big leap. With the effective control of the epidemic, and the introduction of relevant policies and measures, the art market is gradually improving. As for the digital culture industry, the cultural industry was hit hard, but the online business showed strong competitiveness. The Ministry of Culture and Tourism issued Opinions on Promoting High-quality Development of Digital Cultural Industry to promote the strategic layout of digital culture industry. In 2020, the total scale of social financing of China's digital culture industry reached 123. 49 billion yuan, accounting for 45. 44% of the total scale of social financing of the national cultural industry.

Beijing, Shenzhen, Nanjing, Ningbo and Chengdu are representative cities of culture finance development in China. Affected by the COVID-19 and the market environment, the financing scale of Beijing's cultural industry only reached 61.682 billion yuan in 2020, with the scale of social financing decreased by 14.98% and the number of financing events decreased by 19.23%. Beijing had issued a number of policy documents. In 2020, Shenzhen was also greatly affected by the COVID-19 epidemic. The government launched a number of policies to help cultural enterprises overcome difficulties, including solving the problem of expensive financing through discount policy and solving the problem of difficult financing through risk compensation capital pool. According to the characteristics of the cultural and tourism industry, Nanjing introduced four policies and set up the First Loan Center and Renewal Loan Center to centrally handle the applications of small and medium cultural and tourism enterprises. Ningbo strengthened policy guidance, focused on the urgent needs of cultural and tourism enterprises in emergency financing, risk protection and other aspects, strengthened the cooperation between banking, insurance, policy-based guarantee, local equity trading centers and other institutions, effectively alleviating the development difficulties of cultural and tourism enterprises. In 2020, the outstanding loan of cultural and tourism industry in Ningbo reached 103.74 billion yuan. To construct the ecological system of culture finance, Chengdu has innovated four paths, which are debt financing, equity investment, roadshow incubation and Fintech, and achieved good results.

According to the report, the COVID-19 pandemic remains the most critical variable for economic, cultural and social development for a long time to come. In the context of "regular epidemic prevention and control", the polices have shifted to focus on some medium-term and long-term goals, and the policies of culture finance should also focus on the areas of long-term significance. The report puts forward relevant suggestions, such as reinvigorate the equity investment market of cultural industry as the fulcrum, and consolidate the cultural industry's multi-level financing system; further promote the development of culture finance in conjunction with regional financial reforms; build the new infrastructure of culture finance based on the governance and management of cultural data assets; promote the transformation of cultural resources and the realization of value by improving the financial capabilities of cultural enterprises; and so on.

Keywords: Culture Finance; Cultural Industry; Digital Economy; the Dual Circulation; COVID-19

目　录

Ⅰ　总报告

Ⅱ　市场篇

Ⅲ 行业篇

Ⅳ 区域篇

Ⅴ 专题篇

CONTENTS

I General Report

II Market Reports

Ⅲ Industry Reports

Ⅳ Regional Reports

V Special Report

总 报 告

General Report

B.1
停滞与重启：2020年中国文化金融观察

金巍 杨涛*

摘 要： 2020年的新冠肺炎疫情成为经济、文化、社会发展中最关键的变量。疫情之下我国经济受到巨大的影响，文化产业也遭受重创。我国政府及时出台相关政策，经济得以逐步复苏，文化产业在第四季度回归正增长。文化金融政策对文化产业复苏和文化企业复工复产起到了关键作用。本报告在分析我国文化金融发展总体情况的基础上，概要介绍了文化产业银行信贷、文化产业债券、文化企业上市融资、文化产业私募股权融资等市场情况，以及电影金融、艺术品金融、数字文化产业投融资等行业情况，还分别概述了北京、深圳、南京、宁波、成都等城市的文化金融发展情况。同时，在分析

* 金巍，国家金融与发展实验室文化金融研究中心副主任，北京立言金融与发展研究院文化和旅游金融研究所所长，特聘研究员，高级经济师。杨涛，国家金融与发展实验室副主任，北京立言金融与发展研究院院长，研究员，博士研究生导师。

影响未来文化金融发展趋势的因素的基础上，提出了相关政策建议，包括：以重振文化产业股权投资市场为支点，夯实文化产业多层次融资体系；结合区域金融改革，进一步推进文化金融发展；以文化数据资产治理和管理为新起点，构建新型文化金融基础设施；以文化企业金融能力提升为抓手，推动文化资源转化与价值实现；等等。

关键词： 文化金融 文化产业 新冠肺炎疫情

一 2020年文化金融发展的宏观环境

（一）疫情之下的经济发展与金融行业

2020年初，新冠肺炎疫情不期而至，在很短时间内便席卷全球。我国是受疫情影响较早的国家之一。在党和政府领导下，经过数月艰苦卓绝的努力，我国便基本控制了疫情，进入了疫情防控常态化阶段。虽然还有局部的、小范围的疫情反弹，但人民的生产生活基本恢复到正常状态。

我国的经济在2020年受到了全面的冲击。根据2021年2月28日国家统计局发布的《中华人民共和国2020年国民经济和社会发展统计公报》，我国经济在2020年第一季度跌入谷底，国内生产总值同比下降6.8%。经过强有力的复工复产努力，我国经济从第二季度开始恢复正增长，第二、第三和第四季度的增长率分别为3.2%、4.9%和6.5%。

总体上，虽然2020年我国是世界主要经济体中表现最好的，但是全年经济增长率跌入了历史低点。2020年，我国国内生产总值为1015986亿元，比上年增长2.3%。其中，第一产业增加值77754亿元，增长3.0%；第二产业增加值384255亿元，增长2.6%；第三产业增加值553977亿元，增长2.1%。第一产业增加值占国内生产总值的比重为7.7%，第二产业增加值比重为37.8%，第三产业增加值比重为54.5%。全年最终消费支出拉动国内生产总值下降0.5个百分点，资本形成总额拉动国内生产总值增长2.2个百分点，货物和服务净出口拉动国内生产总值增长0.7个百分点。预计全年人均国内生产总值72447元，比上年增长2.0%。国民总收入1009151亿元，比上年增长1.9%。[①]

我国金融行业在2020年这个特殊年份承担了维护经济安全和经济稳定的重要使命。国家统计局数据显示，2020年末广义货币供应量（M_2）余额为218.7万亿元，比上年末增长10.1%；狭义货币供应量（M_1）余额为62.6万亿元，增长8.6%；流通中货币（M_0）余额为8.4万亿元，增长9.2%。[②]

社会融资规模指标反映了我国投融资水平的整体状况。2020年，我国社会融资规模仍有较大增长，其中对实体经济和普惠金融方面的支持力度都有所加大。国家统计局数据显示，我国2020年全年社会融资规模增量为34.9万亿元，比上年多9.2万亿元；年末社会融资规模存量为284.8万亿元，比上年末增长13.3%，其中对实体经济发放的人民币贷款余额为171.6万亿元，增长13.2%。2020年末全部金融机构本外币各项存款余额为218.4万亿元（见表1），比年初增加20.2万亿元，其中人民币各项存款余额为212.6万亿元，增加19.6万亿元。全部金融机构本外币各项贷款余额为178.4万亿元，增加19.8万亿元，其中人民币各项贷款余额为172.7万亿元，增加19.6万亿元。人民币普惠金融贷款余额为21.5万亿元，增加4.2万亿元。[③]

---

① 《中华人民共和国2020年国民经济和社会发展统计公报》，国家统计局网站，http://www.stats.gov.cn/tjsj/zxfb/202102/t20210227_1814154.html，2021年2月28日。

② 《中华人民共和国2020年国民经济和社会发展统计公报》，国家统计局网站，http://www.stats.gov.cn/tjsj/zxfb/202102/t20210227_1814154.html，2021年2月28日。

③ 《中华人民共和国2020年国民经济和社会发展统计公报》，国家统计局网站，http://www.stats.gov.cn/tjsj/zxfb/202102/t20210227_1814154.html，2021年2月28日。

表1　2020 年末全部金融机构本外币存贷款余额及其增长速度

指标	年末数(亿元)	比上年末增长(%)
各项存款	2183744	10.2
境内住户存款	934383	13.8
其中:人民币存款	925986	13.9
境内非金融企业存款	688218	10.8
各项贷款	1784034	12.5
境内短期贷款	492682	4.3
境内中长期贷款	1137504	17.1

数据来源：国家统计局网站。

由于国家加大了支持企业通过发债渡过难关的力度，我国 2020 年全年发行公司信用类债券 14.2 万亿元，比上年增加 3.5 万亿元。全年各类主体通过沪深交易所发行债券（包括公司债、可转债、可交换债、政策性金融债、地方政府债和企业资产支持证券）筹资 84777 亿元，比上年增加 12791 亿元。[①]

2020 年的股权融资市场有喜有忧。国家统计局数据显示，2020 年沪深交易所 A 股累计筹资 15417 亿元，比上年增加 1883 亿元。首次公开发行上市 A 股 394 只，筹资 4742 亿元，比上年增加 2252 亿元，其中科创板股票 145 只，筹资 2226 亿元。但是，A 股再融资（包括公开增发、定向增发、配股、优先股、可转债转股）规模有所减少，为 10674 亿元，减少 370 亿元。截至 2020 年末，全国中小企业股份转让系统（新三板）挂牌公司数量为 8187 家，全年挂牌公司累计股票筹资 339 亿元。[②] 在新三板挂牌的公司总量多年持续下降，2019 年末该指标为 8953 家。

① 《中华人民共和国 2020 年国民经济和社会发展统计公报》，国家统计局网站，http://www.stats.gov.cn/tjsj/zxfb/202102/t20210227_1814154.html，2021 年 2 月 28 日。

② 《中华人民共和国 2020 年国民经济和社会发展统计公报》，国家统计局网站，http://www.stats.gov.cn/tjsj/zxfb/202102/t20210227_1814154.html，2021 年 2 月 28 日。

（二）文化产业发展在重创中复苏

2019 年，我国文化及相关产业增加值增速自 2005 年以来首次下行“破10”，仅为 7.8%。根据国家统计局 2021 年 1 月公布的数据，经核算，2019 年全国文化及相关产业增加值为 44363 亿元，比上年增长 7.8%（未扣除价格因素），占 GDP 的比重为 4.50%。[①] 我国文化及相关产业增加值自 2005 年以来一直保持中高速增长（见图 1），2019 年首次跌至个位数增长。

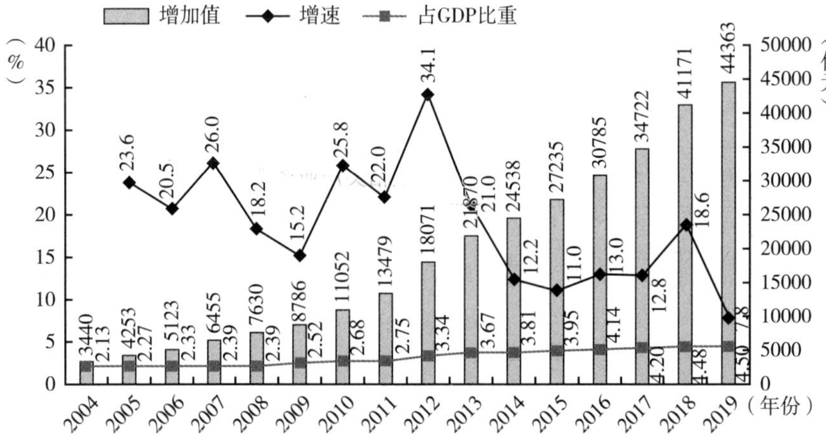

图 1　2004～2019 年文化及相关产业增加值

数据来源：根据国家统计局公布数据整理。

据对全国 6.0 万家规模以上文化及相关产业企业的调查，2020 年上述企业实现营业收入 98514 亿元，按可比口径计算，比上年增长 2.2%（前三季度下降 0.6%）；文化新业态特征较为明显的 16 个行业小类实现营业收入 31425 亿元，增长 22.1%。[②]

---

① 《2019 年全国文化及相关产业增加值占 GDP 比重为 4.5%》，国家统计局网站，http：//www.stats.gov.cn/tjsj/zxfb/202101/t20210105_1812052.html，2021 年 1 月 5 日。

② 《2020 年全国规模以上文化及相关产业企业营业收入增长 2.2%》，国家统计局网站，http：//www.stats.gov.cn/tjsj/zxfb/202101/t20210129_1812934.html，2021 年 1 月 29 日。

分行业类别看，在文化及相关产业9个行业中，新闻信息服务营业收入为9382亿元，比上年增长18.0%；创意设计服务15645亿元，增长11.1%；文化消费终端生产18808亿元，增长5.1%；内容创作生产23275亿元，增长4.7%；文化投资运营451亿元，增长2.8%；文化装备生产5893亿元，增长1.1%；由于受到疫情的影响，文化娱乐休闲服务、文化传播渠道、文化辅助生产和中介服务3个行业的营业收入分别下降30.2%、11.8%和6.9%。按产业类型看，文化制造业全年的营业收入下降0.9%，文化批发和零售业全年的营业收入下降4.5%。[①] 根据与前三季度的对比，2020年第四季度文化产业呈现急速反弹，部分领域的增长率是在第四季度转负为正的，这是文化产业复苏的前奏。

表2　2020年全国规模以上文化及相关产业企业营业收入情况

类别		绝对额（亿元）	比上年增长（%）		所占比重（%）
			全年	前三季度	
总　计		98514	2.2	-0.6	100.0
行业类别	新闻信息服务	9382	18.0	17.0	9.5
	内容创作生产	23275	4.7	4.1	23.6
	创意设计服务	15645	11.1	9.0	15.9
	文化传播渠道	10428	-11.8	-16.5	10.6
	文化投资运营	451	2.8	0.2	0.5
	文化娱乐休闲服务	1115	-30.2	-39.9	1.1
	文化辅助生产和中介服务	13519	-6.9	-9.5	13.7
	文化装备生产	5893	1.1	-3.4	6.0
	文化消费终端生产	18808	5.1	0.8	19.1
产业类型	文化制造业	37378	-0.9	-3.8	37.9
	文化批发和零售业	15173	-4.5	-10.0	15.4
	文化服务业	45964	7.5	6.0	46.7
领域	文化核心领域	60295	3.8	1.5	61.2
	文化相关领域	38220	-0.1	-3.8	38.8

① 《2020年全国规模以上文化及相关产业企业营业收入增长2.2%》，国家统计局网站，http：//www.stats.gov.cn/tjsj/zxfb/202101/t20210129_1812934.html，2021年1月29日。

续表

类别		绝对额（亿元）	比上年增长（%）		所占比重（%）
			全年	前三季度	
区域	东部地区	73943	2.3	-0.4	75.1
	中部地区	14656	1.4	-1.5	14.9
	西部地区	9044	4.1	0.9	9.2
	东北地区	872	-8.6	-15.9	0.9

注：表中增速均为未扣除价格因素的名义增速；表中部分数据因四舍五入，存在总计与分项合计不等的情况。

数据来源：国家统计局网站。

（三）重启的努力：文化金融政策助力文化产业复工复产

疫情发生后，全国人民在党和政府的坚强领导下，迅速展开了一场抗击疫情的大决战。中共中央成立应对疫情工作领导小组，国务院先后建立应对新型冠状病毒感染肺炎疫情联防联控机制、复工复产推进工作机制，各地启动重大突发公共卫生事件应急响应。全国驰援武汉、驰援湖北，书写了团结一心抗击疫情的壮丽篇章。全国上下贯彻“坚定信心、同舟共济、科学防治、精准施策”总要求，用3个月左右的时间取得了武汉保卫战、湖北保卫战的决定性成果。①

在疫情得到初步控制后，中央即开始部署企业复工复产事项，将抗击疫情和发展国民经济结合在一起通盘考虑。2020年2月8日，国务院应对新型冠状病毒感染肺炎疫情联防联控机制印发《关于切实加强疫情科学防控、有序做好企业复工复产工作的通知》。2020年3月3日，国务院办公厅印发《关于进一步精简审批优化服务精准稳妥推进企业复工复产的通知》（国办发明电〔2020〕6号）。2020年3月18日，国务院办公厅印发《关于应对新冠肺炎疫情影响强化稳就业举措的实施意见》。2020年4月17日，中共中央政治局召开会议，首次强调要做好“六保”工作，即保居民就业、保

① 引自《抗击新冠肺炎疫情的中国行动》白皮书。

基本民生、保市场主体、保粮食能源安全、保产业链供应链稳定、保基层运转。直至2020年底，中央出台一系列政策有力地维护了社会稳定，保障了经济逐步复苏。

新冠肺炎疫情之下，文化产业受到的冲击非常大，尤其是影视、演艺、会展、文旅、艺术品等分行业。我国各级政府出台了一系列政策，推动金融为文化企业纾困解难。

在中央层面，金融支持文化产业纾困解难、支持文化企业复工复产（包括支持文化产业恢复、重新振兴）的相关政策，主要有以下几种类型。

一是体现在党中央、国务院及中央部委的相关综合性文件中，如国务院应对新型冠状病毒感染肺炎疫情联防联控机制印发的《关于切实加强疫情科学防控、有序做好企业复工复产工作的通知》。中央发布文件以后，各省市出台许多防疫政策文件，尤其是支持中小企业纾困解难的政策文件，由于文化产业中小微企业较多，这部分政策直接惠及文化产业。

二是货币当局和金融监管部门发布或联合相关部门发布的金融类政策，如2020年1月31日中国人民银行、财政部、银保监会、证监会、国家外汇管理局联合发布的《关于进一步强化金融支持防控新型冠状病毒感染肺炎疫情的通知》；2020年2月14日银保监会办公厅发布的《关于进一步做好疫情防控金融服务的通知》；2020年3月1日银保监会、中国人民银行、国家发展改革委、工业和信息化部、财政部联合发布的《关于对中小微企业贷款实施临时性延期还本付息的通知》（银保监发〔2020〕6号）；等等。

三是文化和旅游部出台的相关政策，如《关于用好货币政策工具做好中小微文化和旅游企业帮扶工作的通知》《关于用好地方政府专项债的通知》等专门文件，其他一些政策也涉及文化金融。

在地方政府层面，各省市关于支持文旅产业恢复的政策较多，大多涉及文化金融政策，有重要的相应条款。例如，陕西省发布的《关于坚决打赢疫情防控阻击战支持文化企业平稳健康发展的实施意见》，上海市发布的《全力支持服务本市文化企业疫情防控平稳健康发展的若干政策措施》，等等。除此之外，各省市还发布了许多关于金融支持文旅发展的专门政策，主要分为以下三类。

一是原本正常制定发布的政策，针对疫情及时做了补充。例如，2月北京市文改办发布的《北京市关于加强金融支持文化产业健康发展的若干措施》，发布之前根据疫情进行专门修正，包含加大信贷融资对文化企业的支持力度、加强风险投资对文化企业的支持等六个方面的重要措施。

二是直接针对疫情专门制定的政策。比如，浙江省文化和旅游厅、中国人民银行杭州中心支行联合印发的《关于做好全省文旅企业金融支持工作的通知》，甘肃省文化和旅游厅、中国人民银行兰州中心支行联合印发的《关于进一步做好全省文旅企业融资支持工作的通知》，以及湖南省文旅厅与中国农业银行湖南省分行联合印发的《关于有效应对新冠肺炎疫情做好金融支持文化旅游企业稳健发展工作的通知》。另外，河南省、吉林省、湖北省等也有一些专门政策措施出台。

三是一些具体的措施。例如，江西省推出的《江西省中小文化企业贷款风险补偿资金管理暂行办法》，宁波市出台的《关于推进国家文化与金融合作示范区创建强化金融支持文旅企业发展工作的通知》等。一些地区在支持文旅企业的具体举措中将文化金融作为重要的手段，有很详细的措施。如西安曲江新区应对疫情、支持文化旅游企业发展的支持措施，包括《曲江新区关于应对疫情支持文化企业健康发展的十五条举措》《曲江新区应对疫情支持旅游企业健康发展的七条措施》《曲江新区支持商贸服务企业应对疫情健康发展的十条措施》等。

总体来看，地方政府的政策内容比较全面，财政、税收、金融政策以及其他的政策配套，主要集中在短期目标，即“活下来”上，降成本、降费用是主要内容，要求金融机构让利。同时，后期的政策也将一些中长期目标考虑在内。这些政策有力地维护了社会经济的稳定，支持了文化产业和文化企业在疫情之下恢复元气，也为“十四五”开局打下了一个良好的基础。

二　2020年文化金融发展基本情况

（一）市场视角的文化金融发展情况

1. 文化产业银行信贷

面对疫情，银行业金融机构积极作为，进一步扩大对文化产业的贷款规模，有力支持了文化产业复工复产。根据中国银行业协会的调查统计，截至2020年底，30家银行（21家主要银行和9家中小商业银行）的文化产业贷款余额达16561.5亿元。2015～2020年，30家银行文化产业贷款余额年均增长率达17.61%。

银行业金融机构支持文化企业纾困、推动文化产业复工复产的措施包括延期还本付息、优化再融资、简化信贷流程等。据中国银行业协会统计，2020年，我国拥有文化产业信贷产品的银行占比达到70%，文化产业信贷产品有39款。在39款文化产业信贷产品中，28款为文化产业信贷专属产品，占比为71.79%。

2. 文化产业债券

受新冠肺炎疫情影响，2020年文化产业呈现两极分化的态势。数字化文化业态以及线上文化市场崛起，传统文化娱乐行业出现断崖式下降，这在2020年文化产业债券市场有所反映。整体上，2020年文化产业债券市场发行数量与上年持平，单次平均融资规模显著减小。

2020年文化产业债券市场发行规模较2019年下降25%，电信、广播电视和卫星传输服务业与文化艺术业等文化行业受疫情影响债券发行规模大幅下降，前十大文化产业上市公司总营业收入整体减少。但在政策推动下，以疫情防控专项债为代表的债券市场助力文化企业复工复产力度较大。新闻和出版业、娱乐业等传统文化娱乐行业积极利用债券市场解决现金流短缺问题。疫情防控专项债助力文化企业复工复产，2020年文化产业发行了8只疫情防控专项债，它们成为短期内维持企业资金链稳定与预算外投入的重要渠道。

3. 文化产业上市公司股权融资

根据新元文智的分析数据，2020 年，我国 IPO 上市文化企业数量及首发融资规模双双实现增长，市场整体发展态势良好。其中，北京市 IPO 上市文化企业数量高达 14 家，首发融资规模为 372.66 亿元，分别占全国的 36.84% 和 72.88%，领先优势明显。文化企业再掀赴港上市热潮，赴港上市文化企业数量有较大增长。

疫情发生以来，我国上市文化企业再融资市场持续降温，共计发生融资事件 74 起，融资规模为 1172.49 亿元，分别同比下降 9.76% 和 1.17%。而新兴文化业态逆势增长，备受资本关注。内容创作生产领域获得融资 557.13 亿元，达到各领域融资总规模的 47.52%。我国上市文化企业再融资依旧集中在广东、上海、北京三地，融资规模合计占比超 80%。

4. 文化产业私募股权融资

多年来国家出台了一系列政策文件支持私募股权投资进入文化及相关产业，所以文化类专业基金数量和募资总规模已经形成较大的体量。截至 2020 年底，我国文化类专业基金约有 2000 个，募资总目标规模超过 20000 亿元；全国文化产业相关的私募股权融资事件超过 2.3 万起，总融资规模超过 1.5 万亿元。但是，自 2017 年以来，由于受监管政策环境和经济结构调整形势影响，我国私募股权融资市场规模一直呈下滑趋势。2020 年，全国文化产业私募股权融资市场又叠加了新冠肺炎疫情因素，延续了整体下滑趋势，融资事件数量同比下降 37.15%，融资金额同比下降 38.34%。在整体下滑中，一些较小的基金退出了文化产业融资市场，小规模融资案例数量大大降低。2020 年单个融资事件的平均金额在增长，达到 2.87 亿元。在行业和地区分布上，互联网相关行业是吸纳资金最多的行业，其融资事件数量和融资金额占比均超过 80%，北京是文化产业私募股权融资最多的地区。

（二）行业视角的文化金融发展情况

1. 影视金融市场发展

2019 年之前，我国电影市场一直处于快速增长的态势。受新冠肺炎疫情影响，2020 年我国电影行业全年产出故事片 531 部，同比下降 37.53%；全年电影总票房为 204.17 亿元，同比下降 68.17%。中小影视公司陷入困境。截至 2020 年 12 月 25 日，约有 9860 家影视公司关停，其中包括 2814 家影院企业。2020 年受疫情影响严重的影视领域只有 22 起融资事件，涉及交易金额 17.21 亿元。

为了应对疫情的冲击，国家电影局协调有关部门研究推出免征国家电影事业发展专项资金及其他财税优惠政策，同时，各地方政府也相继出台电影扶持政策，如中共江苏省委宣传部等八个部门共同出台《关于支持全省电影业应对新冠肺炎疫情影响促进平稳健康发展的政策措施》等。以银行为代表的金融机构为了帮助影视企业摆脱困境推出了一些创新产品，如北京农商银行 2020 年推出了特色金融产品“影视宣发贷”等。

2. 艺术品市场与艺术品金融

2020 年，线下的艺术品市场受疫情冲击较大。据雅昌艺术市场监测中心（AMMA）的不完全统计，艺术品拍卖市场 2020 年上半年成交总额同比减少 91%。随着疫情得到有效控制，相关政策出台和多项措施落地，中国艺术品市场逐渐快速趋好。互联网拍卖不断升温，文玩电商迅猛发展，艺术品消费场景发生极大变化。2020 年互联网拍卖成交额出现较大的飞跃；2020 年中国文玩电商市场交易规模比 2016 年增长近 12 倍，2020 年底中国文玩电商活跃用户规模较 2020 年初增长约 1.6 倍。

艺术品投资近年来越来越受高净值人群关注。据德勤提供的数据，2020 年中国高净值人群全球艺术品投资总规模达 5.04 万亿元，家庭总投资配置中艺术品投资占比为 6%。艺术品购买、收藏规划与投资服务等逐渐成为私人银行服务高净值客户群的重要业务板块。在艺术品市场上，国潮、数字艺术品、文博 IP 得到关注。

3. 数字文化产业投融资

2017 年两会期间我国政府将“数字经济”写进政府工作报告，文化部随即出台《关于推动数字文化产业创新发展的指导意见》，我国数字文化产业营商环境持续优化，新业态不断涌现。2020 年，受疫情影响，文化产业遭受重创，但线上业态呈现强劲的竞争力。2020 年 11 月，文化和旅游部发布《关于推动数字文化产业高质量发展的意见》，为文化产业数字化战略下发展文化产业指明了方向。根据新元文智的数据，2020 年，我国数字文化产业社会融资规模达到 1234.90 亿元，占全国文化产业社会融资总规模的 45.44%。其中，债券为最主要的资金来源渠道，融资规模高达 663.64 亿元，占数字文化产业各渠道社会融资总规模的 53.74%。广东、北京、上海为数字文化产业社会融资的主阵地，在数字文化产业社会融资总规模中的占比合计达到 91.42%。

（三）区域视角的文化金融发展情况

1. 北京市

受新冠肺炎疫情及市场环境等影响，北京市文化金融发展呈现新的特点。为应对疫情冲击，北京出台了多项政策文件，包括《关于应对新型冠状病毒感染的肺炎疫情影响促进中小微企业持续健康发展的若干举措》（京政办发〔2020〕7 号）、《关于应对新冠肺炎疫情影响促进文化企业健康发展的若干措施》（京文领办发〔2020〕1 号）、《关于加强金融支持文化产业健康发展的若干措施》（京文领办发〔2020〕2 号）等，通过落实“投贷奖”政策、加大信贷投放力度、加强风险投资对企业的支持等，引导、撬动更多的社会资本，扩大文化产业投融资规模，促进金融助力文化产业高质量运行。但受疫情影响，北京市文化产业社会融资规模仍呈下降趋势。2020 年，北京文化产业实现融资规模 616.82 亿元，同比下降 14.98%；融资事件数量同比下降 19.23%。2020 年，北京文化产业社会资本主要涌向互联网信息服务、数字内容服务、玩具制造等文化领域。

2. 深圳市

2020 年是深圳经济特区建立 40 周年，同时也是深圳建设中国特色社会主义先行示范区全面铺开、纵深推进的关键之年。2020 年，深圳市政府推出多项政策助力企业共克时艰，包括通过贴息政策解决融资贵问题、通过风险补偿资金池解决融资难问题。虽然遭受了史无前例的新冠肺炎疫情冲击，但深圳文化金融依旧保持了创新活力。深圳文化产权交易所推出深圳市文化金融创新奖评选活动，涌现了北京银行战疫复工贷、版权资产支持证券专项计划、国证香蜜湖文化创意指数等众多文化金融创新案例。2020 年，深圳新增 4 家文化产业上市企业，IPO 数量与融资规模创近年新高。截至 2020 年末，深圳累计拥有 38 家上市文化企业。2020 年深圳上市文化企业融资结构变化较大，债权融资规模扩大，股权融资大幅降低。2020 年深圳文化企业私募股权市场融资案例数量仅为 99 起，创近年新低；融资金额为 111.86 亿元，与 2019 年相比虽有所增加，但增长幅度不大。

3. 南京市

近年来，为加强文化要素和金融资本要素之间的融通和互动，南京市积极探索金融服务中小微文化企业的“南京模式”。由南京市文化改革发展领导小组办公室牵头，依托南京市文化投资控股集团有限责任公司组建了南京文化金融服务中心，通过强化顶层设计引导、推动金融工具协同发力、促进专业平台高效赋能、深化模式和业态创新等实践在文化金融发展方面取得了较好的成效。面对 2020 年的新冠肺炎疫情，南京市委、市政府共同出台《关于促进中小微企业稳定发展的若干措施》（宁委发〔2020〕4 号），中共南京市委宣传部、南京市文旅局、南京市财政局、南京市统计局、南京市金融局、中国人民银行南京分行营管部六部门共同出台《关于加强文化金融稳企业保就业工作的意见》，针对文旅行业特性，以文化金融为抓手，全力保障文旅企业健康有序发展。在产业扶持资金上，南京市出台了文旅产业“援企四策”。此外，南京成立“首贷中心”“续贷中心”，集中受理中小微文旅企业的首贷、续贷申请，提升服务效能，并成立“江苏省大运河（南京）文化旅游发展基金”。2020 年，南京市文旅企业全面复工复产取得较好的效果，文化产业整体发展呈现稳中有升的态势；1～12月南京市规模以上文化及相关产业企业实现营业收入近3000亿元，比上年同期增长4.8%。

4. 宁波市

2020年，面对新冠肺炎疫情，宁波市加大政策引导力度，围绕文旅企业在应急融资、风险保障等方面的迫切需求，依托文化金融服务平台，加强银行、保险、政策性担保、地方股权交易中心等多部门合作协同，基于已有金融工具不断叠加新产品和新服务。数据显示，2020年宁波市文旅产业贷款余额为1037.4亿元，文旅企业贷款加权平均利率为4.33%，低于全部企业贷款利率0.33个百分点，这有效缓解了宁波文旅企业的发展困境，为宁波文旅产业迅速恢复并平稳发展奠定了良好的金融基础。2020年宁波市设立了文化产业投资基金及宁波市文化金融服务中心，组建了一个地方性文化金融智库，新增地方股权交易中心挂牌企业44家。2020年末，宁波市共有文化金融专营机构6家，国内外文旅上市公司10家，新三板挂牌文旅公司32家；宁波股权交易中心文创板现有挂牌企业214家。

5. 成都市

成都市是我国西南经济和文化重镇，是成渝地区双城经济圈的核心城市，也是文化金融发展较好的城市。“十三五”时期以来，成都市文化产业发展迅速，文化金融成为重要的驱动力。2020年，为应对疫情冲击，扶持文化产业发展，成都市结合区域发展实际构建出以“债权融资+股权投资+路演孵化+金融科技”四大路径为支撑的文化金融产业生态圈，取得了良好成效。

债权融资方面，成都市依托成都银行设立中西部首家专营文创业务的“文创银行”——成都银行文创支行。政府联合相关银行机构、担保机构创新推出“银政担”模式，建立起总额1亿元的市级文创企业债权融资风险补偿资金池。成都市依托风险补偿资金池，创新开发了支持文创企业发展的“文创通”信贷产品，并开通“成都文创通服务”平台。股权投资方面，截至2020年成都市天府文创股权投资基金管理有限公司已与国内34家优秀投资机构开展深度业务合作。路演孵化方面，2020年，组建成都天府文创金融科技有限公司，打造每经国际文创金融路演中心，全年累计开展以“天府文创　锦绣云上”为主题的大型文创金融路演活动19场，建立包含86位国内一线投资机构董事长、创始人、合伙人在内的创业导师联盟，为200余家文创企业提供直接路演服务。金融科技方面，2020年，成都市成功组建由每经大数据与人工智能实验室负责技术开发的文创金融投融资服务平台——“天府文创云”，汇聚超过500家投资机构、超过1000家优质文创项目。

三　趋势分析与政策建议

（一）影响文化金融发展趋势的因素分析

新冠肺炎疫情仍然是未来很长一段时间经济、文化、社会发展中最关键的变量。疫情在全球的蔓延，使世界局势充满了不确定性。全球经济、政治格局的变化趋势会影响宏观经济发展，也会传导到文化产业和文化金融领域。

从国际形势因素看，美国拜登政府的上台并没有给中美贸易冲突带来缓解的迹象，欧美国家（地区）借香港、新疆等问题对我国的所谓“制裁”使我国与欧美国家（地区）之间的经济合作充满冲突意味。由于新冠肺炎疫情持续在印度和巴西等国家蔓延，我国与第三世界之间的经济往来受到限制。持续数年的“逆全球化”思潮在疫情之下有蔓延的趋势，我国提出的“一带一路”倡议受到挑战。这些都将大大影响我国与其他国家之间的文化贸易和文化产业国际合作，同时也会影响我国政府的政策走向。全球文化冲突如果加剧，将直接影响各国的文化政策，文化壁垒将越筑越高，从而对以文化产业为基础的文化金融服务形成最重大的影响。

2020年5月14日，中共中央政治局常委会会议首次提出“构建国内国际双循环相互促进的新发展格局”，后细化为“加快形成以国内大循环为主体、国内国际双循环相互促进的新发展格局”。2020年10月29日，中国共产党十九届五中全会通过了《中共中央关于制定国民经济和社会发展第十四个五年规划和二〇三五年远景目标的建议》，再次提出要加快构建以国内大循环为主体、国内国际双循环相互促进的新发展格局。双循环新发展格局是根据我国发展阶段、环境、条件变化做出的战略决策，是事关全局的系统性深层次变革。① 未来很长一段时间，我国面临的国际形势将更加复杂并充满不确定性，这使我们必须首先把握我们能够把握的部分。从经济学上讲，内循环的三个经济部门是我们自己的，是能够通过政府适度干预和激发市场活力来达到预期目标的。所以，以国内大循环为主看起来是迫不得已的选择。但是，从我国长期经济发展脉络来看，作为如此庞大的经济体，我国主要依靠外向型经济和外循环是不符合经济规律的。因此，这是我国经济发展到一定阶段的必然战略选择。在这种发展格局下，文化金融发展要承担助力文化产业完成产业链重构、产业结构升级并形成国内大循环产业生态的重要使命。未来，文化产业供给主体将发生重大变化。在双循环新发展格局下，刺激文化消费将成为刺激内需的重要构成部分，因此需要出台更大力度的文化消费政策，这对于长久以来不温不火的文化消费金融而言是一种考验。

虽然国际形势堪忧，但在党中央的战略部署下，我国文化产业发展仍具有极大的潜力，因而文化金融的发展也是未来可期的。

一方面，我国政府非常重视文化产业发展，必定会给文化产业发展提供更好的政策环境。2020 年 9 月习近平总书记在湖南考察时指出："谋划'十四五'时期发展，要高度重视发展文化产业"。《中共中央关于制定国民经济和社会发展第十四个五年规划和二〇三五年远景目标的建议》（以下简称《规划建议》）提出，要繁荣发展文化事业和文化产业，提高国家文化软实力。在文化产业方面，要深化文化体制改革，完善文化产业规划和政策，加强文化市场体系建设，扩大优质文化产品供给。实施文化产业数字化战略，加快发展新型文化企业、文化业态、文化消费模式。

另一方面，我国政府大力促进数字经济发展，将为文化产业发展带来新的发展路径和广阔的市场空间。2017 年我国将"数字经济"写入政府工作

① 引自习近平在 2020 年 9 月 1 日召开的中央全面深化改革委员会第十五次会议上的重要讲话。

报告，此后在我国掀起了数字经济发展的浪潮。新冠肺炎疫情的发生使数字经济的重要性更加凸显。根据中国信息通信研究院发布的数据，2020 年我国数字经济规模占 GDP 的比重达到 38.6%，为 39.2 万亿元，同比名义增长 9.7%。数字经济在逆势中加速腾飞，有效支撑了疫情防控和经济社会发展。

《规划建议》在数字经济方面着墨颇浓，提出要“加快数字化发展”，要发展数字经济，推进数字产业化和产业数字化，推动数字经济和实体经济深度融合，打造具有国际竞争力的数字产业集群。特别提出要实施“文化产业数字化战略”。2020 年 11 月，文化和旅游部发布《关于推动数字文化产业高质量发展的意见》（文旅产业发〔2020〕78 号）。在数字经济和文化产业数字化战略背景下，数字文化经济的变革将成为文化产业发展的轴线，配合以凸显创意集群的创意经济和强调法治与权利的版权经济，会为文化产业发展打开新的广阔天地。这些都将是文化金融需要关注的方向，也是文化金融需要持续发展的基础。

另外，还要看到新基建、新经济和新型城镇化建设等这些既定的经济迭代进程，正在展现无限的发展空间，文化产业融入其中，为文化金融发展提供了新视角。

（二）推动文化金融发展的政策建议

在文化金融发展政策决策的视角下，在疫情防控常态化的情势下，政策的重点已经从助力保障文化企业复工复产和正常运营，转移到关注一些中长期目标上来。中长期目标应着眼于疫情防控常态化阶段的文化金融发展。

1. 以重振文化产业股权投资市场为支点，夯实文化产业多层次融资体系

文化产业股权投资市场是文化产业多层次资本市场的重要组成部分。党的十八大以来，习近平总书记就提高直接融资比重、优化融资结构、增强金融服务实体经济能力做出一系列重要指示。① 我国金融监管部门一直在鼓励

① 易会满：《提高直接融资比重》，载《〈中共中央关于制定国民经济和社会发展第十四个五年规划和二〇三五年远景目标的建议〉辅导读本》，人民出版社，2020。

直接融资市场的创新发展，包括新三板改革、科创板的设立以及注册制的逐步实行。

多年来我国文化产业股权投资市场发展迅速，但在2018年以后，我国文化产业股权投资市场一直处于“江河日下”的状态。无论是以私募股权基金为主力的一级市场，还是上市公司股权融资市场，都已经开始成为“冰封地带”。作为国民经济体系当中要重点发展的产业，作为新经济的组成部分，作为一个与提高人民美好生活水平息息相关的产业，文化产业这样的股权投资市场状态是不符合时代需要的。

我国文化产业投融资在上市公司股权融资和私募股权基金投资领域所遭遇的情况应及时扭转，否则很难为“十四五”开局打下良好的基础。应在风险可控的原则下调整政策，出台更细致的鼓励措施，将鼓励和支持政策的原则性要求落到实处。文化部门应创造更好的文化政策环境，以防投资者利用政策套利，同时给长期投资者营造更安全的环境。

2. 结合区域金融改革，进一步推进文化金融发展

目前中国人民银行推动的区域金融改革试点涉及18个省区市的26项专题，主要包括农村和小微等普惠金融、绿色金融、科技金融以及金融支持自贸试验区建设等，区域金融改革试点工作取得了不错的成绩，有效地提升了区域金融发展水平。但是，已经在区域经济发展中发挥了重要作用的文化金融，还未在区域金融改革过程中找到明确的定位，建议有关部门重视文化金融发展，将文化金融纳入区域金融改革试点工作当中。

将文化金融纳入国家层面的区域金融改革试点工作当中，一是有利于更好地贯彻习近平总书记和党中央在文化建设和文化产业方面提出的战略部署，更好地服务文化建设和文化产业；二是有利于积极面对充满不确定的国际局势，积极适应我国“双循环”新发展格局；三是通过提升文化金融在国家金融发展规划中的地位，能够发展更高质量的文化金融，从而有效服务区域经济发展和产业结构调整。

我国文化金融发展十余年来已经取得了长足的进步，成为较有特色的金融服务形态，学界对文化金融的基本内容也有了共识，这为文化金融作为区

域金融改革试点领域提供了良好的条件。

3. 以文化数据资产治理和管理为新起点，构建新型文化金融基础设施

2020 年 4 月 9 日，《中共中央　国务院关于构建更加完善的要素市场化配置体制机制的意见》正式发布。该意见的第六部分是“加快培育数据要素市场”，首次将数据作为生产要素列在国家级文件中。2020 年 5 月，中宣部中央文改领导小组办公室发布《关于做好国家文化大数据体系建设的通知》，指出建设国家文化大数据体系是新时代文化建设的重大基础性工程。2020 年 11 月，《文化和旅游部关于推动数字文化产业高质量发展的意见》发布，提出“激发数据资源要素潜力”。

结合数字经济发展形势，文化数据作为文化生产重要的要素之一已成为大趋势，所以文化数据资产治理和管理已经迫在眉睫。从政策和整个社会角度、行业角度来讲是文化数据资产治理问题，从企业角度来讲是文化数据资产管理问题。其中最重要的是尽快建立文化数据资产评估评价和交易流转体系，需要通过政府财政和市场手段建立更专业的文化数据资产管理平台。建议北京等发展完善的地区，从企业角度出发探索建设文化数据资产、企业文化数字资产相应的治理规则和行业管理规范，探索建立包括文化数据资产确权、评估、流转、交易等业务的机制和平台。

4. 以文化企业金融能力提升为抓手，推动文化资源转化与价值实现

在文化金融涉及的多种关系中，金融机构和文化企业之间的关系是最主要的关系，文化企业不仅要通过金融机构融资或进行风险管理，还要通过资本市场进行投资理财。文化企业的金融能力决定了它在这种关系中能取得何种地位。企业的金融能力也可称为公司金融能力，是公司进行资产管理的能力，包括投资、融资与理财等金融活动。文化产业金融市场的需求方缺乏金融能力，一直是文化金融发展中的短板。

为了帮助文化企业积极有效地对接金融市场，建议在以往组织培训、干部交流等经验的基础上，充分发挥文化产业社会组织、供应链核心企业的力量，发挥互联网和数字平台的优势，建立广泛的知识共享与交流机制，不断让文化企业、金融界产生“化学反应”，提高企业文化资源转化能力，提高

企业在金融和资本市场上的判断力。

5. 以文化产业促进法出台为契机，推动文化金融政策过程科学、保障充分及落地生效

我国正在推动出台《中华人民共和国文化产业促进法》，以往文化金融发展过程中的政策经验，将以法律形式被固化下来，这将对文化产业投融资和文化金融发展起到极大推动作用。一方面，应以此为契机，进一步推动部门和地方在文化金融政策方面的体系化建设，补充体系中所缺失的部分，如证券、基金等领域的文化金融政策。另一方面，应关注文化金融政策的制定、执行、评估等关键过程，尤其应推动文化金融政策执行的组织管理，包括学习宣讲、制订行动计划、组织保障、物质保障、具体实施、协调、监控等内容，纠正执行偏差，提升政策实施效果。

市 场 篇

Market Reports

B.2 2020年文化产业银行信贷及服务：多措并举，支持文化产业复工复产

艾亚萍　王　阳*

摘　要：受新冠肺炎疫情影响，2020年我国文化产业受到重大冲击。面对疫情，银行业金融机构积极作为，通过延期还本付息、优化再融资、简化信贷流程等多种手段，积极支持文化企业纾困，推动文化产业复工复产。本报告主要基于中国银行业协会针对我国银行业金融机构服务文化产业情况的一项调研的数据编撰，调查发现：2020年，30家银行发行文化产业信贷产品数量同比增长2倍；2016～2020年，文化产业贷款余额年均增长率为17.61%，文化产业贷款余额增长率高于同期银行业金融机构贷款余额增长率、金融机构贷款余额增长率和文化及相关产业增加值增长率。同时，本报告介绍了4家典型银行的文

* 艾亚萍，中国银行业协会总监、财务会计专业委员会办公室主任，财政部新会计准则委员会咨询委员。王阳，中国银行业协会金融租赁办副主任（主持工作）。

化产业信贷案例，展望了文化产业银行信贷的发展并给出了相应对策，如差异化经营显现，应加大力度鼓励中小商业银行服务文化产业；普惠化服务下沉，支持银行业金融机构细化针对文化产业的普惠化措施；数字化进程加快，应大力推动文化金融利用金融科技，建立新型文化金融服务模式。

关键词： 文化产业 银行信贷 信贷产品

一 文化产业银行信贷及服务的基本情况

自提出“加快推动文化产业成为国民经济支柱型产业”的目标以来，我国文化产业实现快速发展，在国民经济中的地位逐年提升。尽管受新冠肺炎疫情影响，文化产业仍克服困难逆势上扬，2020 年全国规模以上文化及相关产业企业实现营业收入 98514 亿元，比上年增长 2.2%。根据国家统计局最新数据，2019 年我国文化产业实现增加值 44363 亿元，比 2010 年增长约 4 倍；文化产业增加值占 GDP 的比重，由 2010 年的 2.75% 提高到 2019 年的 4.50%，文化产业在国民经济中的占比逐年提升。

2020 年初，面对突如其来的疫情，央行、银保监会等监管机构先后出台多份文件，为文化企业复工复产提供了一系列政策支持。

2020 年 1 月 31 日，中国人民银行、财政部、银保监会、证监会、国家外汇管理局联合发布《关于进一步强化金融支持防控新型冠状病毒感染肺炎疫情的通知》，要求加强制造业、小微企业、民营企业等重点领域信贷支持，对小微企业不得盲目抽贷、断贷、压贷，要保持贷款增速，切实落实综合融资成本压降要求。

2020 年 2 月 14 日，银保监会办公厅发布《关于进一步做好疫情防控金融服务的通知》，提出调整还款付息安排、适度降低贷款利率、完善展期续贷衔接措施、提高小微企业“首贷率”和信用贷款占比等。

2020 年 3 月 1 日，银保监会、中国人民银行、国家发展改革委、工业和信息化部、财政部联合发布《关于对中小微企业贷款实施临时性延期还本付息的通知》，明确银行可根据企业受疫情影响和经营状况，给予企业一定期限的延期还本付息安排等。

面对疫情，银行业金融机构积极落实文件精神，创新文化产业信贷产品和服务模式，为文化产业提供了坚实的金融保障。截至 2020 年底，30 家银行（21 家主要银行和 9 家中小商业银行）的文化产业贷款余额达 16561.5 亿元。2016 ~2020 年，30 家银行文化产业贷款余额年均增长率达 17.61%；文化产业贷款余额增长率高于同期银行业金融机构贷款余额增长率、金融机构贷款余额增长率和文化及相关产业增加值增长率（见图 1）。

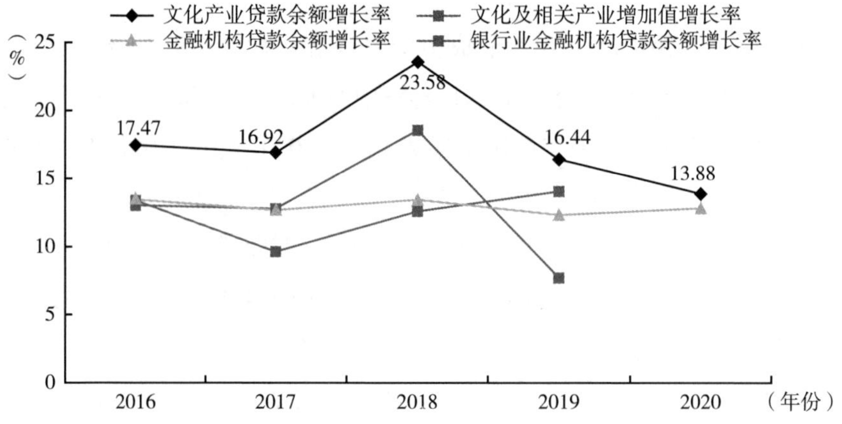

图 1　2016 ~2020 年 30 家银行文化产业贷款余额增长率

数据来源：中国银行业协会。

二　30家银行文化产业信贷情况

中国银行业协会选取 30 家银行进行了一项调研，其中包括 21 家主要银行和 9 家文化产业发达地区的中小商业银行。调研报告分析总结了近年来文化产业银行信贷情况。

（一）文化产业银行信贷情况

1. 文化产业银行信贷产品情况

（1）文化产业信贷产品发行情况。2020 年，面对突如其来的疫情，银行业金融机构积极落实监管机构文件精神，加大文化信贷产品开发力度，共发行 9 款产品（见图 2），接近 2015 年的峰值。

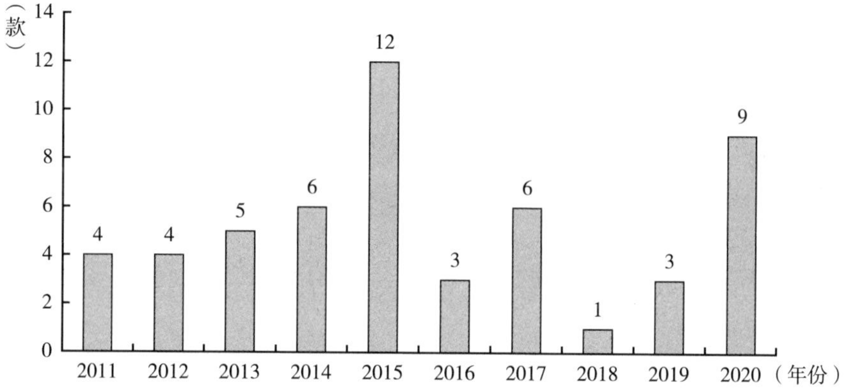

图 2　2011～2020 年每年发行文化产业信贷产品数量

数据来源：中国银行业协会。

2020 年，有文化产业信贷产品的银行占比为 70%，文化产业信贷产品有 39 款。其中，开发性金融机构和政策性银行文化产业信贷产品有 2 款，大型商业银行文化产业信贷产品有 11 款，股份制商业银行文化产业信贷产品有 8 款，中小商业银行文化产业信贷产品有 18 款（见图 3）。中小商业银行充分发挥规模小、机制灵活的特点，开发的文化产业信贷产品数量最多。大型商业银行践行社会责任，文化产业信贷产品数量紧随其后。

（2）专属文化产业信贷产品情况。在 30 家银行中，19 家银行有专属文化产业信贷产品，占比为 63.33%。在 39 款文化产业信贷产品中，28 款为专属文化产业信贷产品，占比为 71.79%（各类型银行的占比见图 4）。针对文化企业特点开发的专属信贷产品，在资金价格、审批效率、风控要求等

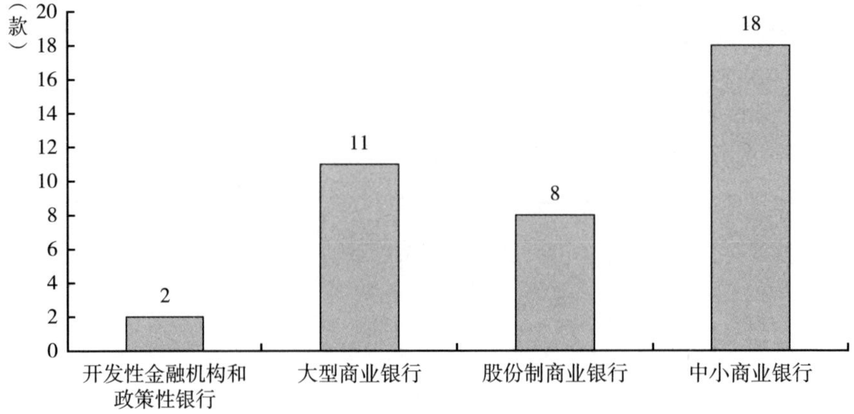

图3　2020年不同类型银行文化产业信贷产品数量

数据来源：中国银行业协会。

方面进行了全面优化，相比非专属信贷产品具有较大优势，更容易满足文化企业的融资需求。

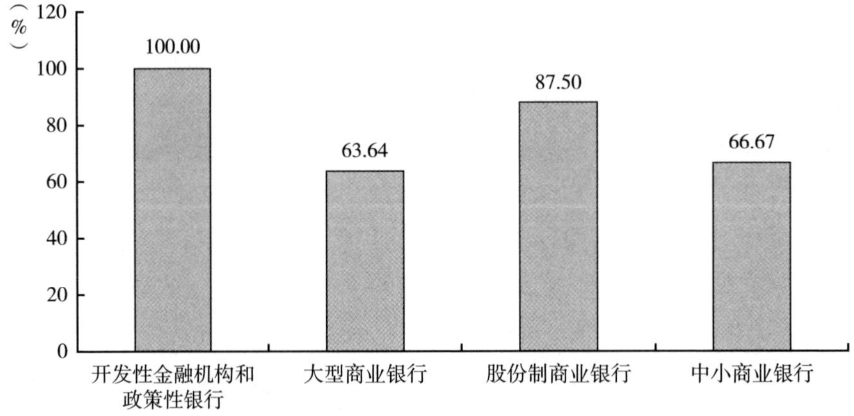

图4　2020年不同类型银行专属文化产业信贷产品占比

数据来源：中国银行业协会。

（3）文化产业信贷产品主要种类和服务行业。2020年，30家银行文化产业信贷产品主要集中在文创贷、影视贷、文化旅游、在线融资和文化贷上。其中，文创贷是可供选择最多的信贷产品（见图5）。

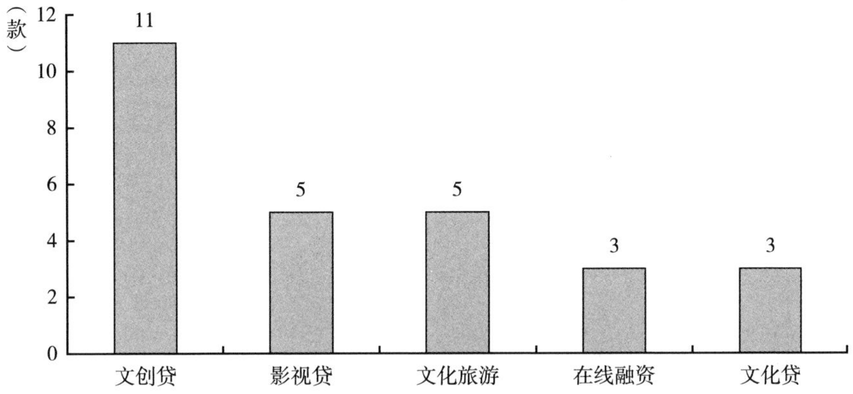

图5　2020年银行文化信贷产品主要品种的发行数量

数据来源：中国银行业协会。

文化产业信贷产品服务的文化子行业主要包括文化娱乐休闲服务、内容创作生产、新闻信息服务、文化辅助生产和中介服务、创意设计服务、文化传播渠道。文化娱乐休闲服务和内容创作生产是文化产业信贷产品涉及较多的子行业（见图6），相关产品研发投入和资金投放也更大（同一产品可能覆盖多个文化子行业）。

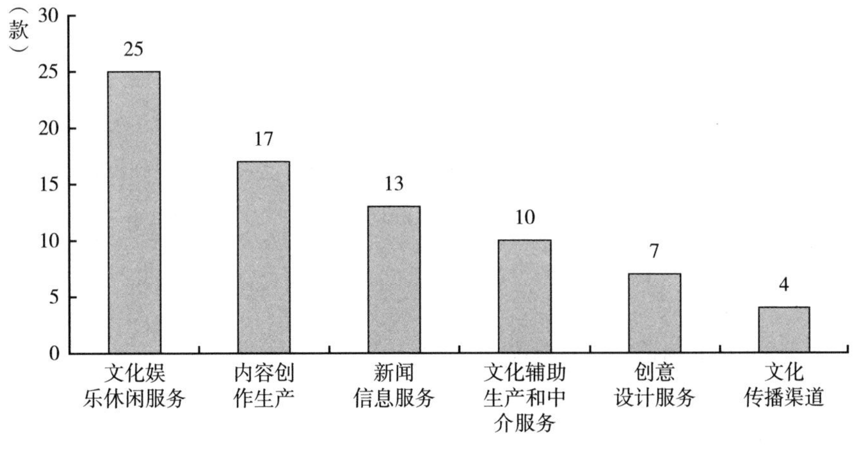

图6　2020年文化子行业可申请的银行信贷产品数量

数据来源：中国银行业协会。

2. 文化产业银行信贷服务模式创新

2020 年，有 23 家银行为文化企业提供了创新服务模式，占比为 76.67%。创新服务模式中较多的方式是成立专业团队，较少的方式是参与文化金融服务中心（见图 7）。

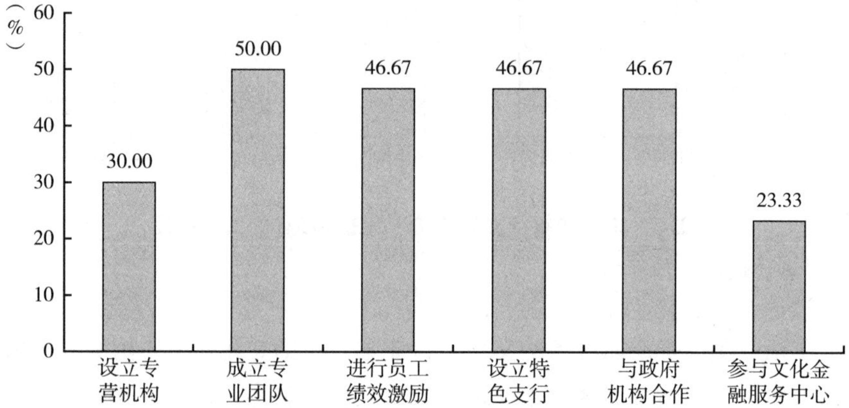

图 7　2020 年提供创新服务模式的银行占比

数据来源：中国银行业协会。

从不同类型银行对文化产业信贷服务模式的创新来看，开发性金融机构和政策性银行中，有 1 家银行创新了信贷服务模式，占比为 33.33%；大型商业银行中，有 5 家银行创新了信贷服务模式，占比为 83.33%；股份制商业银行中，有 8 家银行创新了信贷服务模式，占比为 66.67%；中小商业银行中，9 家银行全部创新了信贷服务模式。大型商业银行强调与政府机构的合作，股份制商业银行侧重于一线营销的服务创新，中小商业银行的创新服务模式最全面。

（二）特色银行文化产业信贷案例

1. 建设银行：积极承担社会责任，多措并举促进文化产业发展

建设银行积极贯彻落实党和国家关于繁荣发展文化事业和文化产业的部署，持续将新闻和出版业，广播、电视、电影和影视录音制作业，文化艺术

业等文化相关行业定位为优先支持行业。截至2020年末，建设银行文化产业贷款余额为2165.68亿元，较年初增长475.23亿元，增速达28.11%。建设银行通过采取政策引导、疫情救助、加强合作、创新产品和业务模式等多种措施，积极促进文化事业和文化产业繁荣发展。

（1）明确政策，引导全行支持文化产业发展。建设银行2020年的信贷政策明确要求，加大文化等民生消费重点领域信贷投放力度，探索满足新闻出版、数字动漫、文化创意等文化产业的多元化金融需求。近年来，建设银行制定系列相关政策促进文化产业发展，包括《文化行业、广播电影电视和音像业、新闻出版业信贷准入退出标准及综合金融服务指引》《“文化悦民”综合服务方案》《传媒业综合金融服务指引》《旅游景区等综合金融服务指引》《中国建设银行支持基本公共服务领域发展指导意见》等政策文件，指导全行服务国家文化产业发展。

（2）多措并举，帮助受疫情影响的文化企业渡过难关。面对2020年突如其来的新冠肺炎疫情，建设银行积极地通过优化业务流程、完善配套机制、落实延期还本付息政策、优化再融资办理条件等措施，帮助临时困难企业渡过难关。对受疫情影响较大、短期出现资金困难的优质文化企业给予定价倾斜支持，重点解决文化企业“融资难、融资贵、融资慢”问题。2020年全年对文化产业信贷投放的加权平均利率为4.29%，较2019年下降52BP，为近4年来最低利率水平。

（3）加强合作，共同促进文化产业发展。一是与原文化部建立部行合作机制，共同推动文化金融工作开展。2011年，文化部与建设银行联合印发《关于贯彻落实支持文化产业发展相关工作的通知》，开始了正式的部行合作关系。建设银行加入原文化部文化产业投融资平台，通过该平台建设银行各分支机构可有效把握优质客户的信贷需求，为客户提供信贷支持。部行合作机制建立以来，建设银行与龙城旅游控股集团有限公司、陕西大明宫、内蒙古响沙湾旅游有限公司等知名文化产业主体建立了紧密合作关系，并为客户提供了有效的信贷支持。

二是与文化产业重点客户建立紧密合作关系，支持文化产业繁荣发展。

建设银行与原国家旅游局、国家体育总局、新华社、光明日报社、人民网、新华网等重要战略客户签订《战略合作协议》，与新华社共同建设“新华财经”金融信息平台。中央电视台、人民教育出版社、高等教育出版社、今晚报社、解放日报报业集团、广州日报社、南方报业传媒集团、读者出版集团、上海文化广播影视集团、北京歌华有线电视网络、湖南电视台、陕西电视台、辽宁电视台等一大批广电出版类客户成为建设银行重点服务客户。建设银行还与湖北恩施亚洲最大溶洞项目、石林风景名胜区管理局、黄山旅游发展股份有限公司、桂林旅游发展总公司等诸多文化休闲旅游项目或企业建立了紧密的合作关系。

三是与中国广播电视网络有限公司达成战略合作意向。建设银行拓展与客户的信贷合作，同时按照银企双方高层会晤时的合作愿景，积极探索与中国广电在住房租赁、乡村振兴等领域的业务创新合作。

（4）创新产品，推动传统工艺保护传承。建设银行积极响应党和国家政策要求，激发各分行创新活力，推出特色金融产品，并结合当地产业特色，满足各类传统工艺企业需求，推动传统工艺保护传承工作。目前已有浙江省分行小微企业“工匠贷”、江西省分行“瓷都陶艺贷”、广东省分行小微企业“大师贷”等产品相继推出。例如，建设银行浙江省分行与浙江省文化和旅游厅合作，创新推出小微企业“工匠贷”产品，以促进浙江区域传统工艺振兴发展、助力形成浙江地域文化品牌和特色的传统工艺为重点。该业务是向荣获政府或相关部门或政府授权的具有公信力的行业协会评定的“大师”（或＊＊师、＊＊家等）称号的企业主拥有的小微企业发放的，用于短期经营周转的人民币流动资金贷款业务。单户授信总额原则上不超过500万元，其中信用贷款的额度按“大师”称号级别（地市级、省级、国家级）办理；贷款期限最长1年；利率实行差别化定价。

（5）探索业务模式创新，提供多样化抵质押融资服务。建设银行加强政策响应与机遇分析，积极探索知识产权质押和多种风险缓释的业务模式创新，明确将包括专利权、商标权、著作权在内的知识产权纳入可接受押品目录，支持和鼓励企业开展知识产权质押融资。目前，建设银行可接受的押品包括金融质押品、应收账款、房地产、知识产权等多种类型，为文化企业提供多样化的抵质押融资方式。

建设银行强化知识产权质押融资政策支持，将知识产权类押品的质押率上限由30%调整为50%，降低企业融资门槛，优化知识产权质押融资服务体系，完善知识产权风险评估机制，推进押品集约化管理，明确尽职免责要求，稳步推进知识产权质押融资业务。截至2020年末，建设银行知识产权质押贷款余额为14.67亿元，较年初增加4.16亿元，增幅为39.58%；存量客户有91户，较年初增加35户，增幅为62.50%。

2. 华夏银行：积极打造文化产业服务体系

华夏银行紧跟国家政策导向，将文化金融作为全行重要的业务支持领域。截至2020年末，该行为4011户文化企业提供了金融服务，文化产业贷款余额为529.3亿元，较2017年末增加330.19亿元，增长166%。

（1）全力打造文创金融服务体系。2017年10月，华夏银行在总行成立文创产业中心，同时在北京分行成立文创产业管理部，下辖6家文化金融专营机构，延伸指导10家文化金融特色机构，在北京地区形成总分支三个层面“一中心、一部、六核、十线程”的文化产业服务体系。2019年，武汉分行将洪山支行打造为文化金融特色支行，加大当地文化金融业务服务力度。2020年，昆明分行成立教育产业金融部，致力于加强对“文化+教育”领域客户的金融服务。

（2）积极开展“老字号行动计划”。①提高站位，启动“老字号行动计划”。2019年第三季度，华夏银行加强顶层设计，启动“北京老字号行动计划”，并于11月向全国推广，致力于为老字号提供融资、融商、融智的综合金融服务方案，全方位助力老字号的传承与发展，有针对性地满足老字号固本强基、文化弘扬、品牌保护、创新发展和改革增效中的金融需求，助力优秀文化传承发展。

②一户一策，切实加强老字号企业金融服务。截至2020年末，华夏银行聚焦知名餐饮、传统食品、医疗健康、民族服饰、文化传承、出版传媒和匠人传承等7个细分市场，与全国88家老字号企业进行了对接，融资余额

超过20亿元。同时，为20余家重点老字号企业制定了“一户一策”的综合金融服务方案，相关方案内容涵盖“商行+投行”“表内+表外”“本币+外币”“公司+普惠”“公司+个人和信用卡”“基础账务服务+资金保值增值”等综合化全方位金融服务。

③整合资源，专门推出老字号企业特色金融产品。2020年，华夏银行北京分行根据老字号企业的经营特点和金融需求，推出7款老字号特色金融产品。主要包括老字号年审制贷款、老字号保速贷、老字号金领贷、老字号知识产权通、老字号放薪贷、老字号墨香贷、老字号直融通。该系列产品从公司客户、小微企业、个人客户多角度出发，满足企业的各类金融需求。目前北京分行该产品业务余额为2.37亿元。

④发挥优势，与老字号企业加强全面合作。目前，华夏银行已与同仁堂、北京工美、时尚控股、祥龙资产、吴裕泰等老字号企业签署战略合作协议，并积极发挥资源和信息优势，向老字号企业提供咨询服务。同时，对于没有金融需求的老字号企业，华夏银行积极与其开展联合党建、共办公益、品牌共建等活动。

（3）持续整合推出适合文创企业的金融产品和服务。①持续丰富文创贷、文创融、文创投、文创贸四大产品体系，为文创类企业客户提供“投-融-顾-信”全方位一体化金融服务。一方面，持续丰富子产品系列，如整合运用“文创易贷”“轻松续贷”“科创易贷”等普惠金融产品，服务文化小微企业。另一方面，针对文创特色领域需求，专项推出特色产品。其中，2020年，华夏银行北京分行专门推出华夏文化园区贷系列产品，包括文化园区企业房抵E贷款、文化园区企业年审制贷款、文化园区企业安心续贷、文化园区企业房产按揭贷、文化园区企业循环贷、文化园区装修改造专项贷等6项产品。

②积极开展知识产权资产证券化业务，持续探索创新文创金融业务产品和服务。其中，2020年华夏银行参与投资全国首单储架系列知识产权资产证券化产品“第一创业-首创证券-文化租赁1期资产支持专项计划”，并成为此产品的资金监管银行，助力著作权、专利权等知识产权流转。

（4）积极服务“文化+”跨领域融合发展金融需求。①“文化+”领域实现重点项目投放。如，在“文化+旅游”领域，支持慕田峪长城、环球主题公园规划建设以及老旧厂房转型的首钢、竞园等文化产业园区建设。在“文化+科技”领域，支持以字节跳动、爱奇艺、完美游戏等为代表的一批文化科技公司。在“文化+体育”领域，以支持延庆赛区、首钢园区建设为切入点，做好冬奥场馆支持保障工作。在“文化+夜间经济”领域，支持北京坊、王府井、完美游戏、保利文化等北京市“夜京城”地标、夜间“文化 IP”。在“文化+教育”领域，广州分行推出“高教通”产品，并投放1.45亿元。

②加强金融网点与文化跨界融合。2020年11月18日，华夏银行广州分行首家图书馆银行荔湾支行正式开业，荔湾支行的藏书过万，已成为广州新晋的网红打卡地，吸引了众多市民慕名前来体验现实版的“书中自有黄金屋”。荔湾支行开业当天，广州分行与广州图书馆、荔湾区图书馆联手启动“书香华夏、阅读未来”公益阅读计划，把浓浓的书香墨香送进社区，并向社区的孩子们赠送书籍和阅读存折，鼓励大家快乐阅读。该跨界合作打造的图书馆银行，成功把银行网点升级为同时具备金融和文化服务能力的平台，提升了网点服务的深度和广度，更大程度地实现了业务空间的开发和共享。

（5）积极搭建文创金融业务平台。2020年，华夏银行继续加大银政合作力度。一是积极支持北京市文化产业“投贷奖”风险补偿金设立工作，成为首批意向出资的金融机构。二是积极参加中共北京市委宣传部组织的“文化产业园区授牌”活动，发布创新产品。同时，北京分行文创产业管理部参加服贸会东城分会场沙龙活动并做主题快闪演讲，与首都金融服务商会、铜牛电影产业园联合举办“普惠金融走进铜牛·助力文创复兴发展”直播宣讲活动等。三是参与承办国资委“新产品、新技术、新应用场景”推介发布会，与老字号企业签署战略合作协议。四是武汉分行加强与中共武汉市委宣传部、武汉市文化和旅游局、武汉市地方金融工作局等合作，入驻武汉文化金融服务中心，与武汉文化投资发展集团签署战略合作协议并开展基金托管业务合作，共同服务武汉地区文化企业。

（6）助力新冠肺炎疫情防控工作情况。①主动作为，积极落实文化产业的金融支持政策。疫情期间，华夏银行北京分行及时推出服务文创企业的“战疫十举措”，通过主动对接文化企业、开辟绿色服务通道、降低文化企业融资成本、增加灵活授信支持、加强线上金融服务、加强续贷金融服务、合理延后还款期限、推出“复工贷”“放心贷”专项产品、加强专属金融服务等措施，缓解了部分文化企业的经营风险，并在北京市发布《关于应对新冠肺炎疫情影响促进文化企业健康发展的若干措施》（京文领办发〔2020〕1号）3日内，快速为某文化企业办理了延期还款手续，与文化企业共克时艰。

②华夏银行武汉分行联合湖北省文化金融服务中心共同推出“文旅战疫复工贷”融资服务产品，加大对文旅企业的支持和扶持力度，为湖北某国际旅行社等企业提供了授信支持。

③积极参与《光明日报》牵头的“中小微文化企业帮扶计划”，投放了该计划的首笔贷款。其中，为满足受疫情影响回款困难、经营额度较小又没有房产抵押的某出版社的融资需求，华夏银行北京分行文创产业管理部深入了解企业的运营情况，为它量身定制融资方案，通过引入专业担保公司，给予企业授信支持，帮助中小微文化企业复工复产、渡过难关。

3. 北京银行：创新激荡文化活力

北京银行成立25年来，始终紧贴首都发展脉搏，严格贯彻落实北京市委、市政府部署和各级监管部门要求，将助推文化产业发展作为差异化经营、特色化发展的核心选择。截至2020年12月末，北京银行文化金融贷款余额为675.4亿元，较年初增加36.2亿元，增速为5.7%，累计为9300余户文化企业提供信贷资金超3400亿元。其中，北京地区文化金融贷款余额为340.1亿元，较年初增加26.3亿元，增速为8.4%。北京银行在服务文化产业上深耕不辍，不断推陈出新，开创了一条独具特色的文化金融创新发展之路。

（1）优化“专营化”网点布局。自2006年起，北京银行就将文化金融写入全行发展战略。总行层面成立文化金融领导小组，成立文创金融事业总部，成立首家文化创客中心。2020 年增设文化金融中心，搭建市场研究、政策制定、营销拓展和风险管理综合服务平台，制定文化金融特色考核体系。北京银行持续优化专营支行、特色支行、综合支行相互补充的服务网点布局，成立了朝外、宋庄等 22 家文创特色支行。雍和、大望路 2 家文创专营支行自 2017 年 10 月挂牌以来，已经累计为近 300 户企业放款 40 亿元。北京银行正在积极筹备第三家文创专营支行——前门文创专营支行。

（2）健全“多层次”服务路径。北京银行紧密围绕文化企业需求特点，通过模式创新，积极探索金融服务新路径。一是与北京市广播电视局签署总额为 300 亿元的合作协议，用于支持北京视听产业发展；作为首家金融机构与北京市文创板公司签订总额为 200 亿元的全面战略合作协议；与北京市文旅局签署了总额为 200 亿元的《支持北京网红打卡地高质量发展战略合作协议》。二是疫情期间，积极利用北京银行文化创客中心、中关村小巨人创客中心优势，对于因疫情影响不能及时办公的文化类等入孵企业，延长免费孵化期。并邀请行业专家为文化企业答疑解惑，举办近 20 场线上活动，帮助文化企业了解纾困政策。

（3）丰富“特色化”产品体系。一是不断聚焦产业特性、行业特质及企业特点，持续强化文化金融产品创新，为不同阶段、不同行业文化企业推出创意贷、文创普惠贷、文化 IP 通、智权贷、农旅贷、影视贷、文旅贷等文化金融产品。

二是 2020 年疫情期间，坚决落实北京市委、市政府政策部署要求，推出“京诚贷”专属产品，专门服务受疫情影响临时停业、资金周转困难的小微企业，以展期、续贷等方式提供信贷资金无缝衔接。

三是为北京市文化产业园区及园区内企业量身定制“京彩文园”专属金融服务方案；发布“运河帆影”金融产品体系，为北京历史文化金名片保驾护航；首批参与风险补偿机制，并与北京市文资中心携手探索打造“文信贷”文化小额信用贷款风险补偿体系；与北京市文化和旅游局共同发布了“漫步北京及网红打卡地金融支持计划”；为支持国家文化与金融合作示范区建设，与东城区政府共同发布“文化英才贷”。

（4）提供“专业化”人才保障。一是强化激励。持续加大对特色金融人才队伍的支持及培养力度，对业绩突出、能力出众的文化金融客户经理、产品经理、风险人员等，通过绩效、年度评优、人才培养等多种方式予以鼓励。

二是打造人才队伍。组建内外部文化金融服务专家团队，提升文化企业专业认知能力，形成充满活力的文化金融人才队伍和运行机制。

三是加大培训。出台《文化金融业务营销与管理指引》等文化领域指导意见，制定差异化培训机制，开设文化产业高级研修班，满足不同层级从业人员的业务培训需求，聘请外部咨询机构开展行业深入研究。

（5）建立“差异化”风控体系。一是明确导向。在每年的授信指导意见中均明确文化金融重点支持领域，指导客户经理甄别优质、高成长性文化企业。

二是差异授权。依据客户不同信用等级进行差异授权，并授予北京地区文创特色支行高于普通支行的审批权限，推动文化金融创新发展。

三是专职审批。设立文化金融绿色审批通道，设置专职审批人员，提高审批效率。出台文创成长企业专属评分卡，将文化企业“软”实力纳入考量范围并进行量化评价，实现表单式审批与差异化贷后审核相结合。

4. 杭州银行：专业助力文化产业发展

2013 年 10 月 11 日，杭州银行正式设立国内首家文化金融专营机构——杭州银行文创支行。通过创新体制机制和商业模式，探索适合文化企业的金融服务模式，助力文化产业发展。从文创支行设立开始，杭州银行便将文化金融视为全行调整业务结构、转变发展方式、塑造专业品牌、形成业务新增长点的重要领域。2020 年，杭州银行累计服务文化产业客户 1159 户，较 2019 年增加 168 户；截至 2020 年末，授信余额为 107.94 亿元，贷款余额为 61.08 亿元，较 2019 年末增加 15.6%。

（1）支持文化企业复工复产。2020 年，为助力文化企业抗击疫情、降低融资成本、保证运营资金，杭州银行围绕促进文化企业复工复产，推出多项举措：承诺不压贷、不抽贷，为在2020年上半年有续贷需求的文化企业提供专项额度保证；对受疫情影响较大、无法按时偿还本息的文化企业，可申请延期还款；对疫情期间的文化企业新增信贷需求，可提供最低至LPR的优惠利率。

（2）创新标准产品体系。为了更好地满足中小文化企业不同时期的核心需求，杭州银行推出了全生命周期的信贷产品体系，包括六大核心产品。①科易贷聚焦人才创业，以人定贷，是针对高端人才创办文化企业的信用贷款，广泛应用于园区创业企业，为初创型企业提供资金支持。②科保贷聚焦政策担保，以保定贷，是针对文化企业的政策性担保贷款，与政策性担保机构合作，解决企业融资难和融资价格高等问题。③成长贷聚焦行业成长，以销定贷，是针对高成长文化中小企业的信用贷款，主要适用于已有一定规模的成长型企业，用于帮助企业扩大经营。④诚信贷聚焦资本市场信息披露，以信定贷，针对新三板挂牌企业或拟登陆资本市场的文化企业，为企业提供流动性支持，帮助企业优化债务。⑤银投联贷聚焦创投评价，以投定贷，针对获得专业投资机构投资的文化企业，借鉴投资眼光做债权，为企业延缓股权稀释。⑥选择权配套上述五大产品，享客户成长。该产品是在为客户提供综合服务的基础上，获得一定的选择权，获得分享客户成长收益的权利。

（3）打造特色产品及服务。针对文化产业的轻资产特点和不同子行业的特性，杭州银行针对重点行业和项目推出了特色金融产品及服务。①影视传媒行业项目贷款，针对影视传媒行业的创新项目贷款。例如，在支持热播电视剧《长安十二时辰》的过程中，杭州银行创新评审方式，根据项目进度设置风控手段，为它提供了3000万元贷款支持。②教育直通车从项目融资、现金管理服务和教师金融服务三方面打造教育板块的全方位金融服务。该产品以现金流为核心，以企业无形资产和股权质押等方式，解决教育行业普遍缺失抵押物的问题。例如，以股权质押及股东担保的方式为某民营企业发放了3.5亿元的并购贷款，用于收购北京民营院校股权。③艺术品质押融资是杭州银行在艺术品行业融资方面的探索，通过联合专业第三方或拍卖公司推动艺术品质押融资。各文化细分行业的金融产品陆续推出，逐渐丰富了杭州银行的服务方式，满足了不同行业客户的需求。

（4）支持文化产业股权投资。杭州银行通过与政府引导基金、专业母基金的合作，打造股债共生的教育文化金融的生态环境。杭州银行联合杭州市文创办共同出资设立了杭州市文创产业引导母基金，已经评审通过12家文创投资基金落户杭州，预计撬动不低于20亿元的社会资本投资文创产业。这些基金投资了一批优秀的文创类企业，如以太玻色子基金所投的杭州二更网络科技有限公司等。

三　文化产业银行信贷发展展望与建议

第一，差异化经营显现，应加大力度鼓励中小商业银行服务文化产业。目前，在文化金融市场的竞争中，中小商业银行凭借差异化服务能力与比较优势，逐步成为中小文化企业服务的主力军。它们立足本地市场的差异化经营、精细化管理、专业化服务，不仅符合政策导向，也具备市场空间。一方面，银行竞争不断加剧，大型商业银行凭借强大的资本实力及客户基础对中小商业银行业务空间形成一定程度的压力，与大型商业银行开展差异化发展、错位化竞争是中小商业银行的必然选择。因此，通过扩大以文创行业为代表的新兴产业，可以抢占市场蓝海从而打造新型盈利点。另一方面，国内文化市场发展仍有较强的政策导向性，中小商业银行立足本地，依靠与当地省市县各级相关机构的密切联系，可实现对当地文化产业布局及发展战略的准确把握，有助于在文化金融领域扩大服务范围。

第二，普惠化服务下沉，支持银行业金融机构细化针对文化产业的普惠化措施。走过探索、起步、培育的初级阶段，但文化产业仍然呈现生机勃勃的局面，它不拘一格、形态各异的特点也吸引着年轻人不断加入。大部分文化企业具有成立时间短、发展潜力大的特点，这也成为银行支持文化产业的难点。在市场特点与潜力的作用下，未来银行支持文化金融必然进一步向普惠化方向发展，推动服务下沉，进一步增强银行金融服务的可获得性。一方面，银行应根据文化产业特性调整风险判断模型及标准，进一步贴合文化产业成长模式及轨迹；另一方面，应培养文化金融专业团队，掌握文化产业的各细分行业在经营、财务及产品消费等方面的特性，进一步增强营销、操作、审批的专业性。

第三，数字化进程加快，应大力推动文化金融利用金融科技，建立新型文化金融服务模式。金融科技浪潮对整个银行业产生了深远影响，传统的盈利、管理与服务模式都将发生变革。文化产业具有轻资产、轻资本、灵活性高、细分行业差异较大的特征，亟须在文化金融服务中注入信息技术的力量，以适应文化产业日新月异的变化。首先，借助互联网、云计算、大数据、人工智能、区块链等信息技术，将金融产品与高度差异化的文化产业场景相结合，提供特色产品、拓宽服务半径、降低获客成本，精准服务文创企业。其次，通过数字化场景转型，形成“物理网点＋线上银行＋流动银行”三位一体服务模式，实现业务的线上化、流程的自动化、决策的数据化、管理的敏捷化以及服务的智能化，增强服务能力，提升运营效率。最后，利用数据挖掘、大数据等数字手段，进一步建立健全无形资产评估、担保、交易、处置和登记管理流程，搭建操作性和实用性更强的无形资产质押系统。

B.3

2020年文化产业债券市场：融资规模降低明显，助力企业应对疫情困局

杨 涛　王小彩*

摘 要：2020年文化产业是受新冠肺炎疫情影响最大的产业之一，并呈现两极分化的态势。数字化文化业态以及线上文化市场崛起，传统文化娱乐行业出现断崖式下降，这直接影响了2020年文化产业债券市场。一方面，2020年文化产业债券市场发行规模较2019年下降25%，电信、广播电视和卫星传输服务业与文化艺术业等文化行业受疫情影响债券发行规模大幅下降，前十大文化产业上市公司总营业收入整体减少。另一方面，以疫情防控专项债为代表的债券市场助力文化企业复工复产。2020年文化产业债券市场发行数量与上年持平，单次平均融资规模显著减小。新闻和出版业、娱乐业等传统文化娱乐行业积极利用债券市场解决现金流短缺问题。2020年文化产业发行了8只疫情防控专项债，疫情防控专项债成为短期内维持企业资金链稳定与预算外投入的重要渠道。基于上述分析，本报告提出了三点建议：结合我国金融市场改革趋势，加大对文化产业债券市场的政策支持力度；以文化产业供应链为抓手，推动文化产业债券市场产品创新；以文化数据资产治理和管理为新起点，建设新型文化金融基础设施。

* 杨涛，国家金融与发展实验室副主任，中国社会科学院金融研究所研究员，博士研究生导师。王小彩，中国社会科学院大学博士研究生。

关键词： 文化产业债券 疫情防控专项债 文化数据资产

一 2020年文化产业债券市场发展概况

为了保持统计口径的一致性，本部分将结合 Wind 数据库资源，继续按照《中国文化金融发展报告（2020）》中的文化产业分类标准，将文化产业分为新闻和出版业，广播电影电视和影视录音制作业，文化艺术业，体育业，娱乐业，造纸和纸制品业，印刷和记录媒介复制业，文教、工美、体育和娱乐用品制造业，电信、广播电视和卫星传输服务业，互联网和相关服务业等 10 个二级行业，以此统计和分析 2020 年文化产业债券市场发展情况。根据 Wind 数据库统计的 10 个二级行业发行债券的数据，大致估算出 2020 年文化产业债券市场融资规模（具体见图 1）。

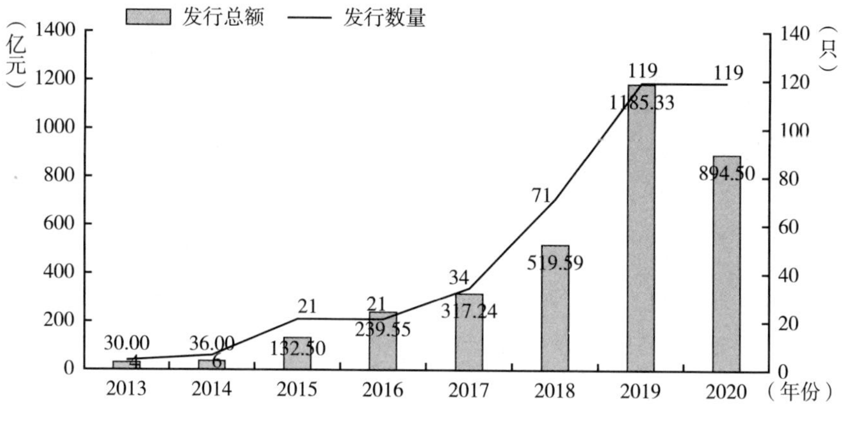

图 1 2013～2020 年文化产业债券发行数量和发行总额

数据来源：Wind 数据库（查询日期：2021－01－12；余同）及课题组整理。

根据 Wind 数据库及课题组整理，2020 年各类文化企业共发行 119 只债券，与 2019 年持平；发行总额为 894.5 亿元，较 2019 年下降了 25%，但是与 2018 年及之前年份相比，仍然处于较高的水平。此外，文化产业债券市场占整体债券市场的比重有所降低。根据中央结算公司公布的数据，2020年债券市场共发行各类债券37.75万亿元，文化产业债券市场发行总额占债券市场的比重为0.24%，较2019年略微降低。

发行金额方面，在2020年发行的119只文化产业债券中，最小发行金额为0.16亿元（乐信1B、乐信1次，资产支持证券），最大发行金额为38亿元（20印力2A，资产支持证券）；平均发行金额为7.54亿元，较2019年的9.96亿元有较大的降低，说明疫情冲击下单次平均融资规模显著减小。

利率方面，在2020年发行的119只文化产业债券中，票面（发行时）最低年化利率为0.1%（20广版EB，可转债），最高年化利率为7.5%（20明诚、20金桂，公司债）。119只债券中有88只采用固定利率的计息方式，占比为74%，其余采用累进利率。

期限方面，在2020年发行的119只文化产业债券中，最短期限为0.0548年（20中电信SCP018，短期融资券），最长期限为18.0110年（新华优A、新华优B、新华次，资产支持证券）。加权平均期限为3.36年，较2019年有所下降，表明文化市场对短期流动性资金的需求增加。

发行场所方面，在2020年发行的119只文化产业债券中，37只债券在上海证券交易所发行，占比为31%；13只债券在深圳证券交易所发行，占比为11%；69只债券在银行间市场发行，占比为58%。

此外，在2020年发行的119只文化产业债券中，有8只疫情防控专项债，分别是20长江出版（疫情防控债）MTN001、20皖出版（疫情防控债）CP001、20湖北广电（疫情防控债）MTN001、20小米（疫情防控债）PPN001、20优行绿色（疫情防控债）ABN001优先01、20优行绿色（疫情防控债）ABN001优先02、20优行绿色（疫情防控债）ABN001次、20金红叶（疫情防控债）SCP001，它们有力地支持了文化企业的疫情防控和复工复产。

整体来看，2020年我国文化产业受到疫情的负面冲击较大，导致文化产业债券融资规模出现了较大幅度的下降，占债券市场融资规模的比重进一步下降，远远低于文化产业增加值占GDP比重，推动文化产业债券市场发展任重道远。另外，文化产业债券发行数量与2019年持平，并且出现了一些疫情防控专项债，呈现“短期、小额、分散”的融资特点，债券成为文化企业重要的融资工具之一，对文化企业疫情防控和复工复产发挥了非常重要的作用，文化产业债券市场仍然具有较大的发展空间。

二　2020年各类文化行业债券发行情况

经过课题组统计，2020年各类文化行业债券发行情况见图2。电信、广播电视和卫星传输服务业依然是发行文化产业债券的主力，其次是新闻和出版业。

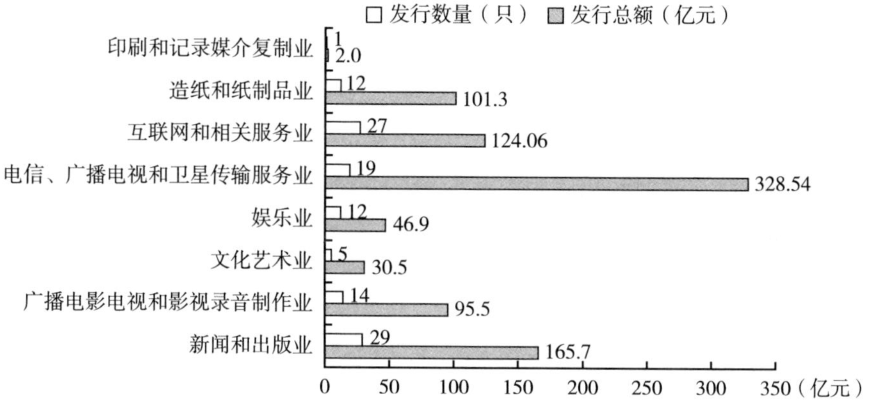

图2　2020年各类文化行业债券发行数量和发行总额

数据来源：Wind数据库及课题组整理。

2020年，电信、广播电视和卫星传输服务业共发行19只债券，发行总额为328.54亿元，比2019年下降了37%，呈现单笔平均发行金额较大的特点。其中，中国电信股份有限公司共发行6只债券，分别为5只短期融资券和1只公司债，发行总额为140亿元；华为投资控股有限公司共发行4只债券，全部为中期票据，发行总额为90亿元；中国联合网络通信有限公司共发行 3 只债券，全部为短期融资券，发行总额为 70 亿元。三家公司债券发行金额合计 300 亿元，占整个电信、广播电视和卫星传输服务业债券发行规模的 91% 。

2020 年，新闻和出版业共发行 29 只债券，发行总额为 165.7 亿元，较 2019 年增长了 77%，是文化产业债券市场发行规模排名第二的子行业。单笔发行规模最大为 20 亿元，为江苏凤凰出版传媒集团有限公司 2020 年公开发行公司债券（面向专业投资者）（第一期）和江西省出版集团公司 2020 年公开发行公司债券（第一期）。

造纸和纸制品业债券发行规模占整个文化产业债券发行规模的比重也较大。2020 年，造纸和纸制品业共发行 12 只债券，发行总额为 101.3 亿元，相较于 2019 年的 319.46 亿元，降低了 68%，受疫情的负面冲击非常大。但是 2020 年各家企业债券融资规模较为平均，与 2019 年金光集团债券发行规模占造纸和纸制品业债券发行规模的 71% 相比，2020 年金光集团仅发行了国金－金光供应链二期资产支持专项计划优先级资产支持证券和次级资产支持证券，共计 31 亿元。

2020 年，互联网和相关服务业共发行 27 只债券，较 2019 年增加了 14 只；发行总额为 124.06 亿元，较 2019 年下降了 14%。单次平均融资规模下降幅度非常明显。其中，中国电子信息产业集团有限公司共发行 4 只债券，募集资金 113 亿元，占整个互联网和相关服务业债券发行规模的 91%。此外，互联网和相关服务业积极进行债券产品创新，2020 年发行了“远洋－中金－云泰数通一号第 1 期 IDC 新型基础设施收益权资产支持专项计划”，意味着在互联网数据中心（IDC）新型基础设施资产证券化领域实现了历史性突破。

文化艺术业 2020 年共发行 5 只债券，发行总额为 30.5 亿元，较 2019 年下降了 31%。5 只债券均由北京市文化投资发展集团有限责任公司发行。

传统的文化娱乐产业受疫情影响较大，企业积极利用债券市场解决现金流短缺问题，融资规模较 2019 年大幅增加。娱乐业 2020 年共发行 12 只债券，发行总额为 46.9 亿元，较 2019 年增加了 34%。广播电影电视和影视录音制作业 2020 年共发行 14 只债券，发行总额为 95.5 亿元，较 2019 年增加了 267%，是 2020 年债券融资规模增速最大的文化行业。

印刷和记录媒介复制业 2020 年发行了 1 只债券，为上海翔港包装科技股份有限公司发行的可转换公司债券（简称翔港转债，代码 113566.SH），发行规模为 2 亿元。

体育业以及文教、工美体育和娱乐用品制造业两个行业 2020 年未发行新的债券。

从行业结构来看，疫情冲击下文化产业债券市场内部出现了分化与反转。新闻和出版业、娱乐业以及广播电影电视和影视录音制作业等行业积极利用债券市场，融资规模出现了大幅上涨。而电信、广播电视和卫星传输服务业，造纸和纸制品业以及互联网和相关服务业等行业在经历了 2019 年的大幅增长之后，融资规模出现明显回落。

三　2020年文化企业发行的债券类型

2020 年文化企业发行了多种类型的债券，具体数据详见表 1。

表 1　2020 年文化企业发行债券的类型

指标	定向工具	短期融资券	公司债	可交换债	可转债	中期票据	资产支持证券
发行数量（只）	4	38	19	3	5	24	26
发行总额（亿元）	26	317.5	173.04	28	39.3	206.4	104.26
总额占比（%）	2.91	35.49	19.34	3.13	4.39	23.07	11.66
加权平均利率（%）	4.45	2.52	4.68	0.81	0.4	3.55	—
加权平均期限（年）	2	0.41	4.14	3	6	3.93	9.18

数据来源：Wind 数据库及课题组整理。

根据统计，文化企业 2020 年发行的期限在 1 年以下的债券主要是短期融资券，共发行 38 只，加权平均期限为 0.41 年，发行总额为 317.5 亿元，占文化产业债券发行总额的 35.49%。2020 年，短期融资券的数量大幅增加，一定程度上反映了疫情冲击下文化企业对高流动性、低风险负债的偏好。

其他类型的债券加权平均期限均在1年以上，其中资产支持证券26只，发行总额占文化产业债券发行总额的11.66%，与2019年的22.19%相比下降的幅度较大；中期票据24只，发行总额占文化产业债券发行总额的23.07%，较2019年有所增加；定向工具、可转债、可交换债依然较少，尤其是2020年可转换债券受到了广泛的关注，但是文化企业发行可转换债券的比例不高，只有5只可转换债券，文化企业仍然倾向于纯粹的债权融资方式。

债券市场为文化企业提供了低风险、低利率的融资渠道，利用多种类型的债券进行融资依然是2020年文化企业融资的特点。如保利文化集团股份有限公司2020年发行了4只债券，包括3只短期融资券（20保利文化SCP005、20保利文化SCP004、20保利文化SCP003）和1只中期票据（20保利文化MTN001），融资总额为13亿元；陕西文化产业投资控股（集团）有限公司2020年发行了3只债券，包括2只定向工具（20陕文投PPN001、20陕文投PPN002）和1只短期融资券（20陕文投SCP001），融资总额为11亿元。

四 2020年我国前十大文化产业上市公司债权融资情况

本部分采取较窄的文化产业统计口径，聚焦文化传媒产业，主要包括传媒出版、动漫、媒体网站、广告营销、影视音乐、网络视频、文化艺术等领域。根据2020年三季报，按照总营业收入梳理出我国排名前十的文化产业上市公司，分析其债权融资情况，探寻文化产业2020年债权融资市场总体态势。

（一）前十大文化产业上市公司总体财务情况

从前十大文化产业上市公司的排名可以看出，疫情冲击下文化产业呈现两极分化的态势，数字化文化业态以及线上文化市场崛起，传统文化娱乐行业出现断崖式下降。2020 年前三季度，蓝色光标是文化产业上市公司中总营业收入最多的公司，总营业收入达到 288. 58 亿元。与 2019 年前三季度的 196. 88 亿元相比，蓝色光标总营业收入增速达到 46. 58%，主要是由于疫情导致对大数据和社交网络的需求大幅增加。完美世界取代万达电影，首次进入文化传媒产业上市公司前十的行列，反映了 2020 年疫情使得电影经营行业受到重创以及游戏产业快速崛起。与 2019 年相比，科达股份、利欧股份、分众传媒、中文传媒、凤凰传媒、东方明珠、省广集团、芒果超媒依然位列文化产业上市公司前十之中，但排名发生了变化。省广集团 2020 年前三季度净利润为 -0. 24 亿元，是前十大文化产业上市公司中唯一一家净利润为负的公司。东方明珠 2021 年 1 月 21 日发布《关于会计差错更正的公告》，对 2020 年前三季度总营业收入进行了调整，从 76. 28 亿元更正为 71. 53 亿元，本部分使用调整后的数据。具体数据详见表 2。

表 2　2020 年前三季度我国前十大文化产业上市公司财务情况

单位：亿元

排序	公司代码及简称	总营业收入	净利润	所有者权益	总负债
1	300058. SZ - 蓝色光标	288. 58	6. 31	92. 23	108. 97
2	002131. SZ - 利欧股份	106. 54	30. 88	112. 94	47. 50
3	300413. SZ - 芒果超媒	94. 71	16. 10	102. 51	86. 77
4	002400. SZ - 省广集团	87. 77	-0. 24	55. 40	30. 47
5	002624. SZ - 完美世界	80. 62	17. 79	117. 92	45. 24
6	601928. SH - 凤凰传媒	80. 18	11. 07	148. 90	106. 16
7	002027. SZ - 分众传媒	78. 75	21. 98	153. 97	49. 64
8	600373. SH - 中文传媒	73. 02	12. 85	148. 50	113. 97
9	600637. SH - 东方明珠	71. 53	12. 32	346. 88	108. 26
10	600986. SH - 科达股份	68. 93	1. 09	37. 53	37. 98

数据来源：上述公司 2020 年前三季度财务报告。

截至 2020 年第三季度末，前十大文化产业上市公司总负债较年初增加 28. 44 亿元，其中，流动负债增加 37. 53 亿元，非流动负债减少 9. 13 亿元（见表 3）。这表明虽然文化产业总负债规模小幅增长，但是负债结构发生了较大调整。在当前经济环境下，文化产业上市公司更偏向短期的流动负债，大大减少了非流动负债。此外，虽然前十大文化产业上市公司中有6家实现了总负债小幅增长，但考虑到中小文化企业的数量占文化类企业总数的80%以上，文化产业仍然面临着较大的融资收缩压力。

表3　2020年第三季度末我国前十大文化产业上市公司负债情况

单位：亿元

公司简称	总负债		流动负债		非流动负债	
	2020年第三季度末	2019年末	2020年第三季度末	2019年末	2020年第三季度末	2019年末
蓝色光标	108.97	102.24	98.92	90.02	10.04	12.22
利欧股份	47.50	51.87	33.84	47.16	13.66	4.72
芒果超媒	86.77	82.58	86.17	79.36	0.59	3.23
省广集团	30.47	31.46	29.09	29.53	1.39	1.93
完美世界	45.24	65.01	43.09	48.00	2.15	17.01
凤凰传媒	106.16	92.67	94.59	81.78	11.56	10.89
分众传媒	49.64	46.81	39.58	36.71	10.06	10.10
中文传媒	113.97	85.76	94.54	66.27	19.43	19.49
东方明珠	108.26	101.79	96.33	91.57	11.93	10.22
科达股份	37.98	46.33	35.85	44.07	2.13	2.26

数据来源：上述公司2020年前三季度财务报告。

（二）前十大文化产业上市公司债权融资情况

1. 蓝色光标

截至2020年第三季度末，蓝色光标总负债较年初增加6.73亿元至108.97亿元，其中非流动负债减少2.18亿元，而流动负债增加8.90亿元。流动负债中，短期借款为17.28亿元，较年初增加2.81亿元；应收账款为70.87亿元，较年初增加10.22亿元。非流动负债中，长期借款和长期应付款均减少（见表4）。蓝色光标整体负债与上年同期略微增加，长期借款和长期应付款等长期负债减少，短期负债继续增加，以流动负债为主的债务结构明显。

表 4　2020 年第三季度末我国前十大文化产业上市公司债权类融资情况

单位：亿元

公司简称	短期借款		应付账款		长期借款		应付债券		长期应付款	
	金额	较年初	金额	较年初	金额	较年初	金额	较年初	金额	较年初
蓝色光标	17. 28	2. 81	70. 87	10. 22	4. 04	-0. 47	0	0	1. 09	-0. 32
利欧股份	7. 68	-4. 44	17. 96	-0. 29	1. 17	1. 17	0	-1. 08	0	-0. 01
芒果超媒	0. 38	-3. 12	50. 09	-0. 39	0	0	0	0	0	0
省广集团	1. 17	-4. 85	17. 59	1. 98	0	0	0	0	0	0
完美世界	9. 60	-1. 79	5. 73	0. 87	1. 12	-1. 13	0	0	0. 01	0
凤凰传媒	0	-0. 14	52. 61	6. 02	0. 61	0	0	0	6. 24	-0. 07
分众传媒	1. 49	0. 98	6. 28	0. 57	7. 93	-0. 09	0	0	0	0
中文传媒	13. 69	3. 99	18. 63	4. 75	0	0	10	0	0	0
东方明珠	0. 65	-1. 45	30. 63	-6. 17	5. 44	1. 77	0	0	1. 36	0. 03
科达股份	4. 18	-0. 31	23. 87	-4. 79	1. 65	-0. 10	0	0	0	0

数据来源：上述公司 2020 年前三季度财务报告。

2. 利欧股份

截至 2020 年第三季度末，利欧股份总负债较年初减少 4. 37 亿元至 47. 50 亿元。其中，流动负债较年初减少 28% 至 33. 84 亿元，主要是由于短期借款从 12. 12 亿元减少到 7. 68 亿元，且短期借款近两年一直处于减少趋势。非流动负债较年初增加 189% 至 13. 66 亿元，主要是由于递延收益和递延所得税负债的大幅增加，而应付债券和长期应付款有所下降。总的来看，利欧股份融资需求较弱，总负债减少。

3. 芒果超媒

截至 2020 年第三季度末，芒果超媒总负债较年初增加 4. 19 亿元至 86. 77 亿元。其中，流动负债较年初增加 8. 6% 至 86. 17 亿元，主要是因为存货增加，而短期借款和应付账款出现下降。非流动负债较年初下降 81. 7% 至 0. 59 亿元，主要是由于递延收益 - 非流动负债从年初的 3. 08 亿元减少到 0. 56 亿元。总的来看，芒果超媒融资需求较大，尤其是短期负债增加的幅度较大。

4. 省广集团

截至2020年第三季度末，省广集团总负债较年初减少0.99亿元至30.47亿元。其中，流动负债较年初减少1%至29.09亿元，主要是由于短期借款从年初的6.02亿元减少到1.17亿元。非流动负债较年初减少28%至1.39亿元，主要是由于预计负债的减少。总的来看，省广集团融资需求略微减少，但是长期负债减少的幅度较大。

5. 完美世界

截至2020年第三季度末，完美世界总负债较年初减少19.77亿元至45.24亿元。其中，流动负债较年初减少10%至43.09亿元，主要是由于短期借款从11.39亿元减少到9.60亿元。非流动负债减少87%至2.15亿元，主要是由于其他非流动负债的大幅减少。总的来看，完美世界融资需求出现明显的下降，且流动负债和非流动负债都在减少。

6. 凤凰传媒

截至2020年第三季度末，凤凰传媒总负债较年初增加13.49亿元至106.16亿元。其中，流动负债较年初增加16%至94.59亿元，主要是由于合同负债的大量增加，应付账款也从年初的46.59亿元增加到52.61亿元。非流动负债较年初增加6%至11.56亿元。总的来看，凤凰传媒融资需求较大，短期负债和长期负债均有所增加，但是短期负债增加的幅度更大。

7. 分众传媒

截至2020年第三季度末，分众传媒总负债较年初增加2.83亿元至49.64亿元。其中，流动负债较年初增加8%至39.58亿元，短期借款、应付账款、合同负债等项目均有所增加。非流动负债较年初减少0.4%至10.06亿元，变化不大。总的来看，分众传媒融资需求依然较强。

8. 中文传媒

截至2020年第三季度末，中文传媒总负债较年初增加28.21亿元至113.97亿元。其中，流动负债较年初增加43%至94.54亿元，主要是由于短期借款和应付账款均有所增加。非流动负债略微下降至19.43亿元，变化不大。总的来看，中文传媒融资需求较大，主要是短期融资需求。

9. 东方明珠

截至2020年第三季度末，东方明珠总负债较年初增加6.47亿元至108.26亿元。其中，流动负债较年初增加5%至96.33亿元，主要是由于合同负债的增加，短期借款和应付账款都有所减少。非流动负债较年初增加17%至11.93亿元，主要是由于长期借款较年初增加1.77亿元。总的来看，东方明珠融资需求增加，短期负债和长期负债均有所增加，且长期负债增加的幅度更大。

10. 科达股份

截至2020年第三季度末，科达股份总负债较年初减少8.35亿元至37.98亿元。其中，流动负债较年初减少19%至35.85亿元，主要是由于应付账款由年初的28.66亿元减少到23.87亿元。非流动负债较年初减少6%至2.13亿元，主要是由于长期借款从1.75亿元减少到1.65亿元。总的来看，科达股份融资需求下降，短期负债和长期负债都出现了下降。

五　疫情防控常态化阶段促进文化产业债券市场发展的对策建议

第一，结合我国金融市场改革趋势，加大对文化产业债券市场的政策支持力度。《中共中央关于制定国民经济和社会发展第十四个五年规划和二〇三五年远景目标的建议》明确提出“提高直接融资比重”，因此深入推进文化产业债券市场发展是题中应有之义。尽管近年来文化产业发展迅速，文化产业债券市场也得到了更多的关注，但是整体来看仍存在“两个较低”：文化产业债券市场融资规模占整体债券市场融资规模的比重较低、文化产业债券市场融资规模占文化产业融资规模的比重较低。稳步提高文化产业债券市场融资比重，符合我国金融市场改革趋势。

由于受限于自身经营特点，文化企业在发行债券时存在诸多问题，因此需要进一步加大政策支持力度。借鉴并推广疫情期间的工作经验，充分利用政府、行业组织与当地文化企业紧密联系的优势，积极发挥文化金融服务中心等平台的作用，深入开展文化债券产品创新的研究，推动债券市场相关政策的普及和落地。尤其是要继续推进文化产业专项债券的发展，各地区出台细化的发行指引和明确的鼓励政策，并举办宣讲活动，对文化产业专项债券的扶持政策和发行流程进行介绍，增强各类文化企业发行债券的可行性和积极性。

第二，以文化产业供应链为抓手，推动文化产业债券市场产品创新。供应链模式不仅可以应用到信贷市场中，还可以广泛应用到债券市场中。尤其是对于文化产业来说，中小企业众多，存在上下游的密切联系，供应链模式可以解决单个文化企业难以独立发行债券的问题。当前文化产业供应链金融已经出现，早在 2018 年“国金－金光供应链资产支持专项计划”就已经发行，2020 年继续发行了“国金－金光供应链二期资产支持专项计划优先级资产支持证券”，实现了以金光集团上下游中小企业应收账款为基础资产的证券化。

在今后发展中，应积极探索文化产业供应链资产支持计划等创新产品。由政府搭建专门的文化产业供应链金融服务平台，以大型文化企业为核心，引入专门的中介服务机构，解决融资过程中的信息数据共享、监督执行、定价评估等问题，探索符合文化企业特点的供应链融资模式。鼓励金融机构加强对文化产业供应链债券产品的创新，围绕专利权、品牌、著作权等文化企业最核心的资产，积极探索以文化企业无形资产为基础的供应链金融模式。

第三，以文化数据资产治理和管理为新起点，建设新型文化金融基础设施。在数字经济背景下，文化企业的资产形态已经发生了结构上的重大变化。疫情冲击下，数字化文化业态快速崛起，文化数据资产将成为最重要的资产。文化数据资产主要包括文化企业生产过程中形成的数据资产，具有可复制、可再生、可共享等特征。未来文化数据资产治理和管理将作为一个最重要的新型文化金融基础设施，推动文化产业债券市场的创新发展。

从国家角度来看，建设国家文化大数据体系，加强培育数据要素市场，建立包括文化数据资产确权、评估、流转、交易等业务在内的机制和平台，从顶层设计上推动文化数据资产的治理和流转。从行业角度来看，探索建设企业文化数据资产等相应的治理规则和行业管理规范，增强保护和利用文化数据资产的积极性。从金融机构角度来看，加强对债券市场利用文化数据资产可行性和途径的研究和创新，尤其是在文化数据资产证券化、文化数据资产评估等方面进行探索。

B.4

2020年文化产业上市公司股权融资市场：下滑走势持续，新兴文化业态逆势增长

刘德良 *

摘　要：2020年新冠肺炎疫情发生以后，我国文化产业遭受重创，上市文化企业再融资规模呈现下滑走势。与此同时，新兴文化业态逆势增长，受到更多资本的关注。随着疫情防控逐步常态化，我国文化产业逐步恢复健康发展，加上注册制全面推行、再融资新规及退市新规落地等利好因素的出现，预计未来我国上市文化企业再融资市场有望回暖，企业优胜劣汰进程将进一步加快。

关键词：文化企业　股权融资　上市后再融资　锋尚文化　万达电影

一　2020年文化产业上市公司发展环境分析

（一）政策环境分析

自2020年以来，监管层先后推出注册制细则、再融资新规等一系列政

---

* 刘德良，新元智库和新元资本创办人，清华大学新经济与新产业研究中心特约研究员、中国人民大学文化产业研究院特约专家、中央财经大学文化经济研究院特约专家，文化金融50人论坛创始成员等。

策文件，不断优化上市文化企业股权融资环境，推动上市文化企业高质量发展。

1. 创业板注册制细则正式落地，注册制全面推行将提高IPO上市审核效率

自2019年科创板注册制试点这一重大改革任务正式落地以来，国家先后出台了一系列政策，不断推行注册制。2020年4月27日，中央全面深化改革委员会第十三次会议审议通过了《创业板改革并试点注册制总体实施方案》并指出，推进创业板改革并试点注册制，是深化资本市场改革、完善资本市场基础制度的重要安排。2020年6月12日，证监会发布《创业板首次公开发行股票注册管理办法（试行）》《创业板上市公司证券发行注册管理办法（试行）》《创业板上市公司持续监管办法（试行）》和《证券发行上市保荐业务管理办法》，深交所、中国结算、证券业协会等同步推出相关配套规则，创业板注册制细则正式落地。

2. 再融资新规落地，上市文化企业再融资环境有所改善

2020年2月14日，证监会正式发布《关于修改〈上市公司证券发行管理办法〉的决定》《关于修改〈创业板上市公司证券发行管理暂行办法〉的决定》《关于修改〈上市公司非公开发行股票实施细则〉的决定》（以上统称为“再融资新规”），通过精简发行条件、降低发行门槛、增加非公开发行对象、缩短锁定期、放宽定价机制、提高融资规模上限、延长批文有效期等方式，进一步放宽对上市公司再融资要求。如取消创业板公开发行证券最近一期末资产负债率高于45%的条件；取消创业板非公开发行股票连续2年盈利的条件等。这一系列政策的推出，将进一步改善上市文化企业的再融资环境。

3. 国务院明确六大方面17项重点举措，推动上市文化企业高质量发展

2020年9月23日，国务院总理李克强主持召开国务院常务会议，从完善上市公司治理制度规则、推动上市公司做优做强、发挥部门合力加强监管三方面部署了进一步提高上市公司质量的具体举措，明确了下一阶段提高上市公司质量的方向。10月5日，国务院发布《关于进一步提高上市公司质量的意见》，提出提高上市公司治理水平、推动上市公司做优做强、健全上

市公司退出机制、解决上市公司突出问题、提高上市公司及相关主体违法违规成本、形成提高上市公司质量的工作合力等6个方面17项重点举措。如加强资本市场融资端和投资端的协调平衡，引导上市公司兼顾发展需要和市场状况优化融资安排；完善上市公司再融资发行条件，研究推出更加便捷的融资方式等。这一系列举措的推出，将为上市文化公司高质量发展营造良好环境氛围，有利于推动资本市场健康快速发展。

（二）产业环境分析

从产业角度来看，随着疫情防控逐步常态化，我国遭受重创的文化产业正在逐步恢复健康发展，线上文化消费需求快速增长，互联网文化新兴业态逆势上行。

1. 规上文化企业营收增速由负转正，文化产业逐步恢复健康发展

2020年初，新冠肺炎疫情突袭而击，我国文化产业遭受重创。但是随着疫情防控逐步常态化，文化产业逐季稳步恢复，规模以上文化及相关产业企业营业收入增速由负转正。国家统计局数据显示，2020年，全国规模以上文化及相关产业企业营业收入为98514亿元，按可比口径计算，比上年增长2.2%。第一季度、上半年、前三季度分别下降13.9%、6.2%、0.6%。

2. 九大行业发展走势明显分化，新闻信息服务、创意设计服务保持高速增长

从细分行业来看，2020年，我国文化及相关产业九大行业发展走势明显分化。其中，新闻信息服务、创意设计服务两个行业发展较快，全年营业收入增速均超过10%，分别为18.0%、11.1%。文化消费终端生产、内容创作生产、文化投资运营、文化装备生产四个行业整体保持平稳增长，全年营业收入同比增速分别为5.1%、4.7%、2.8%、1.1%。文化娱乐休闲服务、文化传播渠道、文化辅助生产和中介服务三个行业全年营业收入出现下滑，分别同比下降30.2%、11.8%和6.9%。

3. “互联网+文化”保持快速增长，文化新业态逆势上行

疫情发生以来，衍生出的新技术、新渠道和新消费习惯给文化产业带来

了新的机遇，网络游戏、网络视频、直播等线上消费需求快速增长，“互联网+文化”保持快速增长，文化新业态逆势上行。国家统计局数据显示，2020年，文化新业态特征较为明显的16个行业小类实现营业收入31425亿元，比上年增长22.1%；占规模以上文化及相关产业企业营业收入的比重为31.9%，比上年提高9.0个百分点。

二　2020年文化产业上市公司股权融资情况

（一）IPO首发融资情况

2020年，我国IPO上市文化企业数量及首发融资规模双双实现增长，市场整体发展态势良好。其中，赴港上市文化企业数量加速增长，文化企业再掀赴港上市热潮。北京上市文化企业数量领跑全国，领先优势明显。

1. 文化企业IPO上市发展态势良好，创意设计服务企业表现活跃

2020年，我国IPO上市文化企业共计38家，首发融资规模达511.35亿元，分别较上年增长5.56%、98.48%，文化企业IPO上市发展态势良好。从细分领域来看（如图1所示），我国创意设计服务业新增IPO上市文化企业最多，共计14家，占全年新增IPO上市文化企业总数的36.84%。而新闻信息服务业企业网易成功在香港二次上市并募资超200亿元，导致该领域首发融资规模遥遥领先，在全年文化企业上市首发融资规模中的比重高达43.21%。

2. 赴港上市文化企业数量加速增长，文化企业再掀赴港上市热潮

自2018年香港联合交易所发布新订《上市规则》以来，更加宽松的上市条件、接纳双重股权制公司上市等政策红利促使越来越多的内地文化企业赴港上市。据新元文智－文化产业投融资大数据系统（文融通）统计，2020年，赴港上市的文化企业数量高达18家，占全年IPO上市文化企业总数的比重高达47.37%（如图2所示），数量较上年增长了50%（2019年同比增幅为20.00%），文化企业赴港热情明显上升。融资方面，2020年，赴

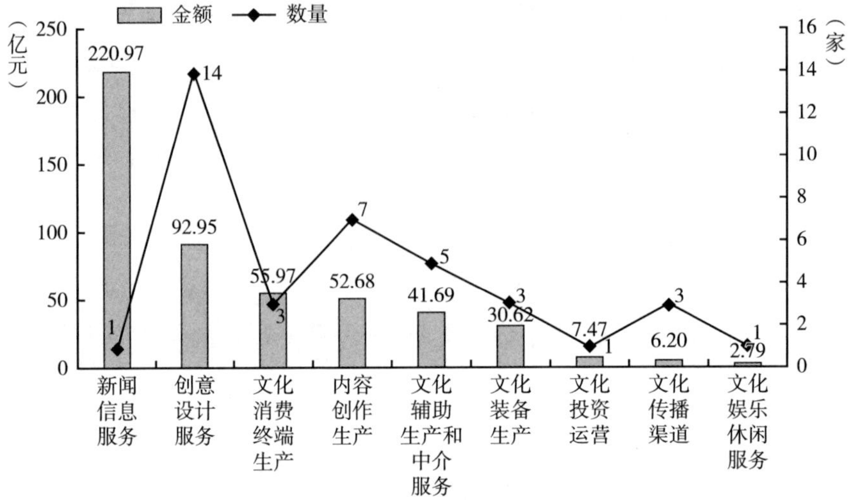

图 1　2020 年中国文化产业各细分领域 IPO 上市首发融资情况

数据来源：新元文智－文化产业投融资大数据系统（文融通）。

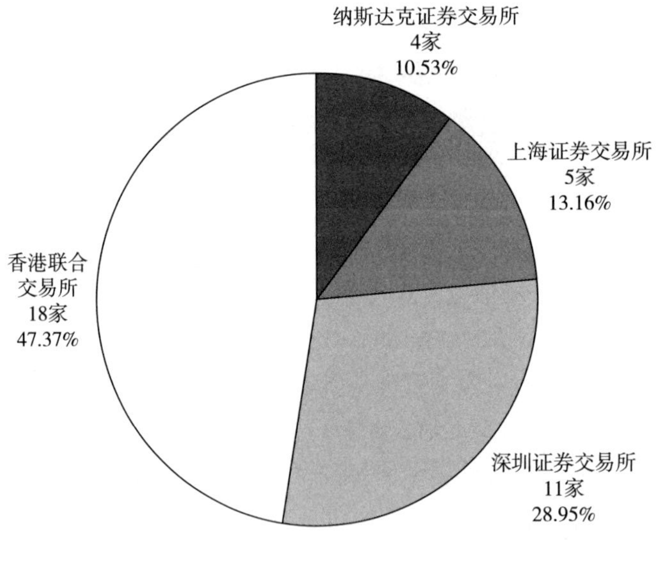

图 2　2020 年中国 IPO 上市文化企业上市地点分布

数据来源：新元文智－文化产业投融资大数据系统（文融通）。

港上市文化企业首发融资规模为360.77亿元，占全年文化企业IPO上市首发融资规模的70.55%。

3. 北上广新增IPO上市文化企业数量领跑全国，北京领先优势明显

文化产业是我国经济增长的重要动力源，一个地区上市文化企业数量的多少，往往可以在一定程度上反映出该地区整体的经济活力和文化产业发展水平。近年来，北京、广东、上海始终是我国上市文化企业最集中的几个地区。其中，北京作为全国文化中心、政治中心，上市文化企业数量始终居于全国前列。据新元文智－文化产业投融资大数据系统（文融通）统计，2020年，北京市IPO上市文化企业数量高达14家，首发融资规模为372.66亿元（如表1所示），分别占全国的36.84%、72.88%，领先优势明显。

表1　2020年中国部分省份文化企业IPO上市首发融资情况

地区	数量(家)	金额(亿元)	金额占比(%)
北京	14	372.66	72.88
广东	11	50.24	9.83
上海	4	47.51	9.29
陕西	1	10.50	2.05
浙江	2	9.64	1.89
湖北	1	7.76	1.52
安徽	1	4.01	0.78
河北	1	3.42	0.67
新疆	1	2.79	0.55
广西	1	1.47	0.29
江苏	1	1.33	0.26

数据来源：新元文智－文化产业投融资大数据系统（文融通）。

（二）上市后再融资情况

疫情发生以来，我国上市文化企业再融资市场持续降温，而新兴文化业态逆势增长，备受资本关注。

1. 疫情冲击下上市文化企业再融资规模继续下滑，市场持续降温

自2017年再融资政策收紧以来，在监管日益趋严、市场资金短缺的大环境下，我国上市文化企业再融资规模不断下滑。尽管2020年2月出台的再融资新规放宽了上市文化企业非公开发行的要求，但是在新冠肺炎疫情的冲击下，2020年我国上市文化企业再融资规模未出现增长态势，共计发生融资事件74起，融资规模为1172.49亿元，分别同比下降9.76%、1.17%（如图3所示），市场整体表现一般。

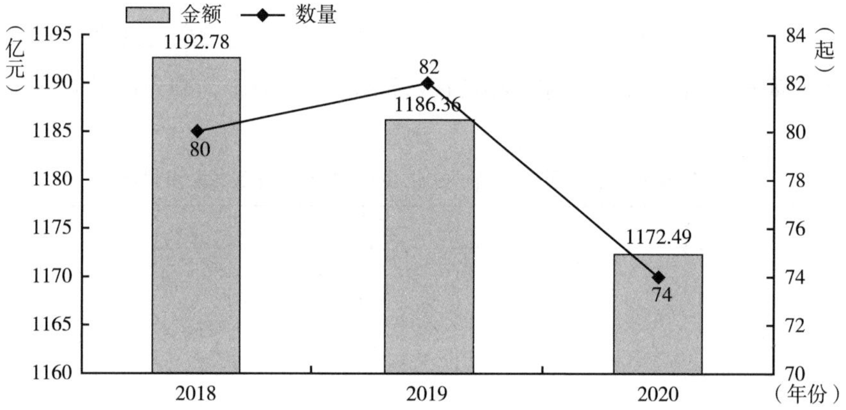

图3 2018～2020年中国上市文化企业再融资情况

数据来源：新元文智－文化产业投融资大数据系统（文融通）。

2. 新兴文化业态备受资本关注，内容创作生产领域融资能力遥遥领先

从行业分布来看，2020年，我国上市文化企业再融资主要集中在内容创作生产领域，以20起融资案例获得融资557.13亿元，分别占各领域再融资事件总数及总规模的27.03%、47.52%。这主要是由于2020年疫情发生以来，以互联网游戏等为代表的新兴文化消费大幅上升，导致内容创作生产领域受到越来越多资本的关注。其次是文化传播渠道领域，共计发生再融资事件17起，再融资规模为257.59亿元，占比均在20%以上。文化消费终端生产领域再融资规模为102.42亿元，居于各细分领域第三位（如图4所示）。其他领域上市文化企业再融资规模均不足百亿元，企业融资能力有待提升。

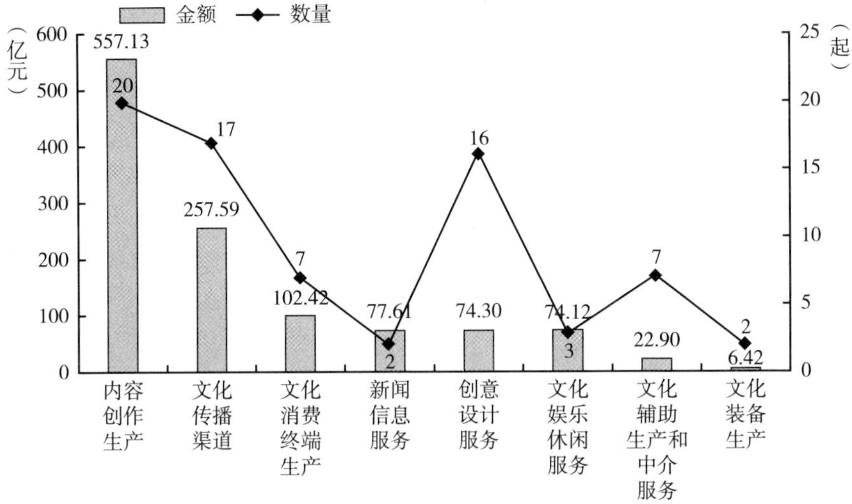

图 4　2020 年中国上市文化企业再融资行业分布情况

数据来源：新元文智－文化产业投融资大数据系统（文融通）。

3. 广东上市文化企业再融资能力全国居首，北京上市文化企业融资活跃

2020 年，我国上市文化企业再融资依旧集中在广东、上海、北京三地，融资规模合计占比超 80%（如表 2 所示）。其中，广东省无论是上市文化企业再融资频率还是融资能力，均遥遥领先于其他地区，全国占比分别高达 27.03%、49.37%。上海以 274.50 亿元的成绩居全国第二位。北京上市文化企业表现也较为活跃，再融资事件数量仅次于广东，16 起案例占全国案例总数的 21.62%，但由于单起融资规模较小，再融资规模的全国占比仅为 8.33%。

表 2　2020 年中国各省区市上市文化企业再融资情况（TOP 10）

序号	地区	数量(起)	金额(亿元)	金额占比(%)
1	广东	20	578.82	49.37
2	上海	11	274.50	23.41
3	北京	16	97.71	8.33
4	浙江	5	75.16	6.41
5	山东	2	43.00	3.67

续表

序号	地区	数量(起)	金额(亿元)	金额占比(%)
6	江西	5	35.00	2.99
7	广西	1	21.20	1.81
8	江苏	5	16.90	1.44
9	湖南	3	13.00	1.11
10	湖北	1	10.00	0.85

数据来源：新元文智－文化产业投融资大数据系统（文融通）。

三　2020年文化产业上市公司股权融资案例解析

（一）锋尚文化成为首批创业板注册制上会企业

1. 事件介绍

2020年8月24日，北京锋尚世纪文化传媒股份有限公司（股票代码：300860）成功IPO上市并募资24.9亿元，成为首批创业板注册制上会企业。

2. 企业简介

北京锋尚世纪文化传媒股份有限公司（以下简称“锋尚文化”）成立于2002年7月30日。作为创新型文化科技演艺产业集群，锋尚文化主营业务涵盖大型文化演艺活动、文化旅游演艺、景观艺术照明及演绎三大领域，致力于实现从项目投资、规划、设计、制作到运营的全链式经营模式。目前，公司成功打造了北京第二十九届奥运会开闭幕式灯光设计及制作、韩国平昌第二十三届冬奥会闭幕式交接仪式“北京8分钟”文艺表演总制作等一系列具有广泛影响力的项目。

3. 经营情况

公司以创意设计为核心，收入主要来源于大型文化演艺活动、文化旅游演艺、景观艺术照明及演绎等领域。2019年，总营收共计90778.8万元，同比增长59.66%。

4. 融资分析

近年来，随着文化创意产业的蓬勃发展，其市场空间持续扩大，尤其是对高端文化创意产品和服务的需求持续上升。凭借优秀的创意设计能力、丰富的重大项目经验、良好的市场声誉、强大的品牌影响力和全流程服务的经营模式，锋尚文化的业务规模不断扩大、业务链条不断延伸。但不容忽视的是，锋尚文化的融资渠道较为单一，面临着融资难和融资成本较高的问题，这些未来可能会制约公司对高端创意设计人才的引进及公司规模的扩张。并且，承接大型创意设计项目需要垫付一定的资金，公司对资金的需求量将逐步增大。而通过 IPO 上市对接资本市场，有助于锋尚文化开辟新的融资渠道，优化企业资本结构，缓解企业资金周转压力，进而提高公司在高端文化创意市场的竞争力。

（二）万达电影非公开发行募资

1. 事件介绍

2020 年 11 月 10 日，万达电影股份有限公司发布《非公开发行 A 股股票发行情况报告书》。报告书显示，本次非公开发行募集资金总额为 29.29 亿元，发行对象包括上海高毅资产管理合伙企业（有限合伙）、中信证券股份有限公司等 8 家。

2. 企业简介

万达电影股份有限公司（以下简称“万达电影”）是一家主要从事影院投资建设以及运营管理的电影院线公司，主营业务包括影院投资建设，电影投资制作、发行、放映及相关衍生业务，电视剧制作及发行，游戏发行等。

3. 融资分析

本次融资将进一步优化公司财务结构，为万达电影新建影院项目、拓展电影产业链等提供资金支持，有利于提升公司的影院票房收入及卖品、衍生品销量，进一步扩大会员规模。万达电影可利用全面覆盖电影全产业链的优势，充分发挥既有庞大院线终端、会员体系的显著优势和娱乐生态圈内的协同效应，增强电影、电视剧的投资、制作和发行业务，持续打造泛娱乐平台型公司。整体来看，本次融资将提升公司的综合资金实力、抗风险能力及可持续发展能力，为公司的后续经营发展提供保障。

四 疫情影响下文化产业上市公司股权融资特点与发展趋势分析

2020 年，新冠肺炎疫情的发生导致我国上市文化企业市值短期缩水，但随着疫情防控逐步常态化，资本市场整体回暖走势逐步显现。融资方面，再融资新规进一步放宽对上市企业非公开发行的要求，未来上市文化企业再融资市场有望回暖。此外，退市新规正式落地，A 股退市常态化可期，上市文化企业优胜劣汰进程或将加速。

（一）疫情冲击导致上市文化企业市值短期缩水，但资本市场整体回暖走势已现

作为国民经济发展的风向标，上市文化企业的市值表现一定程度上代表着行业的投资信心，进而能透露出新冠肺炎疫情对文化产业资本市场的影响。新元文智－文化产业投融资大数据系统（文融通）数据显示，2020 年第一季度末，我国 A 股上市文化企业的总市值较 2019 年末下降 7.07%。其中当代东方、长城影视等部分传媒企业的市值跌幅甚至超过了 30%，疫情的发生对我国第一季度的上市文化企业发展产生了较大冲击。随着疫情防控逐步常态化，疫情对资本市场的影响逐步减弱，2020 年末我国 A 股上市文化企业的总市值较第一季度末增长了 21.52%，较 2019 年末增长 12.93%。整体来看，疫情短期内对我国 A 股上市文化企业的发展造成了一定冲击，导致许多企业第一季度市值大幅缩水，但对全年业绩影响有限，我国文化产业资本市场回暖走势已经显现。

（二）A 股退市常态化可期，上市文化企业优胜劣汰进程或将加速

新元文智－文化产业投融资大数据系统（文融通）数据显示，截至

2020 年 12 月底，我国 A 股市场 ST 股数量增至 213 只，其中文化旅游类 ST 股共计 24 只，约占全行业 ST 股数量的 11%，多家上市文化企业面临退市风险。2020 年 9 月 23 日，国务院总理李克强主持召开国务院常务会议并提出，要健全上市公司多元化退出机制，严厉打击规避退市行为。12 月，沪深交易所正式发布退市新规，在对原有退市制度进一步细化明确的基础上，增加了多条触及退市的制度标准，同时严格退市执行，压缩规避空间。退市新规的实施，简化了退市流程，有利于提高退市效率、加快退市节奏。未来，随着退市监管日益趋严及退市新规的逐步实施，财务不达标、信息披露或者规范运作等方面存在重大缺陷的上市企业将更容易触及退市红线，被强制退市的僵尸股、垃圾股数量将有所增加，A 股退市常态化可期，我国上市文化企业优胜劣汰进程将进一步加快。

（三）再融资要求进一步放宽，上市文化企业再融资市场有望回暖

2020 年 2 月 14 日，证监会发布“再融资新规”，通过精简发行条件、缩短锁定期等方式进一步放宽对上市公司再融资要求。如，将股份锁定期由 36 个月和 12 个月分别缩短至 18 个月和 6 个月；非公开发行股票发行对象数量由分别不超过 10 名和 5 名，统一调整为不超过 35 名等。再融资新规将激发投资者对上市文化企业非公开发行的投资热情，进一步改善上市文化企业股权融资环境。尽管近几年在严监管、资本寒冬及新冠肺炎疫情等多重因素的影响下，我国上市文化企业再融资规模持续下跌，但随着再融资新规的逐步落地实施，未来我国上市文化企业再融资市场有望回暖。

B.5

2020年文化产业私募股权融资市场：规模持续下降，刺激政策下反弹在即

于　淼*

摘　要：近年来，国家出台了一系列政策文件支持私募股权投资进入文化及相关产业，鼓励创业投资基金、私募股权投资基金等投资机构积极投资文化产业。截至2020年底，我国文化类专业基金约有2000个，募资总目标规模超过20000亿元。全国文化产业相关的私募股权融资事件超过2.3万起，总融资规模超过1.5万亿元。2020年，全国文化产业私募股权融资由于受疫情影响，延续了2019年的下滑趋势，融资事件数量同比下降37.15%，融资金额同比下降38.34%。但单个融资事件的平均金额在增长，达到2.87亿元。在行业和地区分布上，互联网相关行业是吸纳资金最多的行业，其融资事件数量和融资金额占比均超过80%，北京是融资最多的地区。

关键词：文化金融　私募股权融资　文化产业

一　文化产业私募股权投融资市场整体情况

（一）文化产业私募股权融资的政策环境

自2009年《文化产业振兴规划》出台以来，文旅部和相关部门就私募

* 于淼，中国文化产业投资基金副总裁。

股权投资对文化及相关产业的支持和发展提出了一系列指导意见（如表1所示）。

表1　2010年以来文化产业私募股权融资相关的主要政策文件

年份	部门	文号	文件名称
2010	中央宣传部、中国人民银行、财政部、文化部、国家广电总局、国家新闻出版总署、银监会、证监会、保监会	银发〔2010〕94	《关于金融支持文化产业振兴和发展繁荣的指导意见》
2012	文化部	文产发〔2012〕7号	《关于印发〈文化部"十二五"时期文化产业倍增计划〉的通知》
2014	文化部、中国人民银行、财政部	文产发〔2014〕14号	《关于深入推进文化金融合作的意见》
2014	文化部、工业和信息化部、财政部	文产发〔2014〕27号	《关于大力支持小微文化企业发展的实施意见》
2018	国务院办公厅	国办发〔2018〕15号	《关于促进全域旅游发展的指导意见》
2019	文化和旅游部	文旅政法发〔2019〕29号	《关于印发〈关于促进旅游演艺发展的指导意见〉的通知》

通过梳理上述政策文件可以看出，近年来，我国十分支持私募股权投资进入文化及相关产业。为健全金融服务体系、拓宽企业融资渠道、引导多元资金支持文化产业发展，文件鼓励创业投资基金、风险投资基金、私募股权投资基金等风险偏好型的投资机构，积极投入处于初创阶段、市场前景广阔的新兴文化业态以及投资小微文化企业、投资文化产业。特别的，针对旅游和旅游演艺相关的投融资问题，文件对相关融资机制进行了阐述，鼓励设立相关产业基金，引导私募股权等风险资本投资相关产业和项目。

（二）文化产业相关私募股权基金情况及总体市场规模

根据中国证券投资基金业协会的数据，截至2021年3月，在协会系统中备案的文化相关专业基金产品有1690个，其中，影视和电影类专业基金

323 个、文旅和旅游类专业基金 293 个。[①] 清科私募通数据库中收录的文化类专业基金约有 2000 个，募资总目标规模超过 20000 亿元。[②]

从总体规模来看，截至 2020 年 12 月 31 日，全国文化产业相关的私募股权融资有 23280 起。从图 1 可以看出，2014 ~2017 年文化产业的私募股权融资十分火爆，融资事件数量和金额都快速增长，但从 2018 年开始增长速度放缓。目前，我国文化产业相关私募股权融资的总规模达到 15557 亿元。

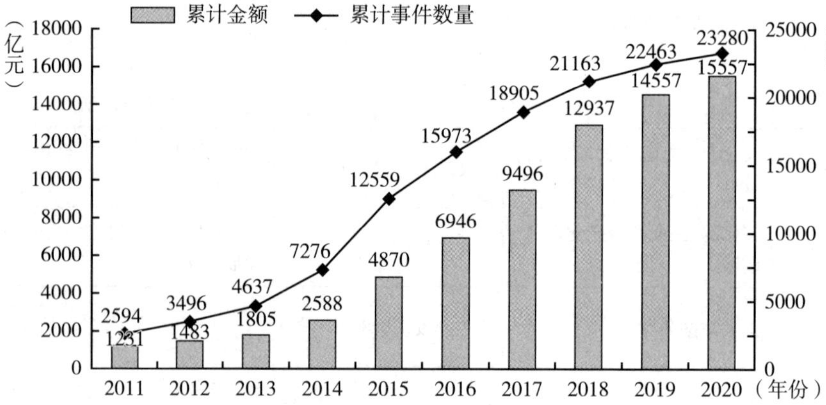

图 1　2011 ~2020 年全国文化产业相关私募股权融资累计金额和累计事件数量

数据来源：清科私募通数据库。

二　2020年文化产业私募股权融资情况

（一）整体情况

清科私募通的数据显示，2020 年，全国文化领域融资延续了 2019 年的下滑趋势（如图 2 所示），融资事件数量为 817 起，同比下降 37.15%，融资金额为 999 亿元，同比下降 38.34%。但单个融资事件的平均金额在不断增长，2018 年

---

① 数据来源：在中国证券投资基金业协会官方网站私募基金公示栏目通过关键词（文化、旅游、文旅、文娱、传媒、文投等）查询后整理数据得到，检索时间为 2021 年 3 月 28 日。

② 数据来源：清科私募通数据库，检索时间为 2021 年 3 月 28 日；具体的数据筛选方式备索。

突破2亿元后，2019年的平均金额为2.02亿元，2020年这个数据达到2.87亿元[①]，我国文化产业私募股权融资的头部效应愈加明显。文融通的数据显示了同样的下滑趋势（见图3）。2020年文融通收集的文化产业股权融资事件数量为311起，同比下降30.43%，融资金额为206.99亿元，同比下降67.51%。

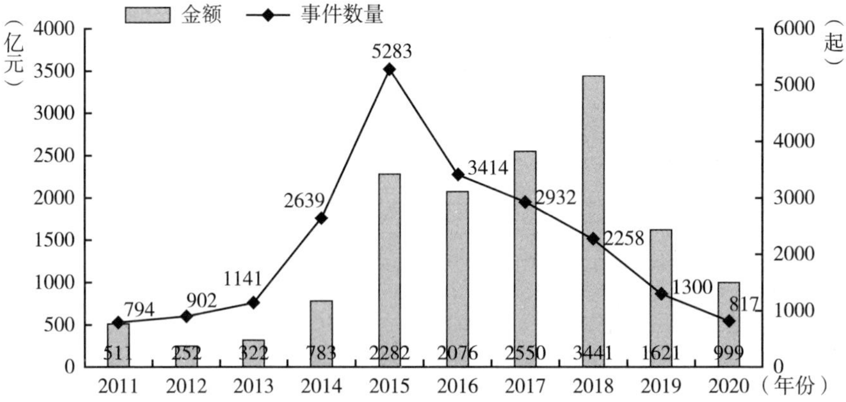

图2　2011～2020年全国文化产业私募股权融资情况

数据来源：清科私募通数据库。

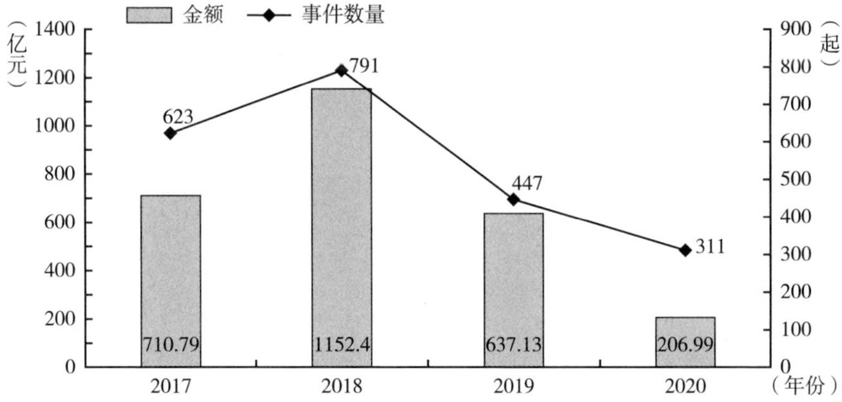

图3　2017～2020年全国文化产业私募股权融资情况

数据来源：新元文智－文化产业投融资大数据系统（文融通）。

① 此处数据统计口径与图2不一致。

（二）融资轮次分析

在融资的轮次方面，中早期和中晚期项目的融资情况不同（如图 4 所示）。2020 年，B + 轮及更早期，即中早期的融资事件数量为 692 起，占融资事件总数量的 84. 70% ，事件数量同比下降 40% ；融资金额为 421. 14 亿元，占比为 42. 15% ，融资金额同比下降 28. 24% 。但平均单个事件融资金额为 0. 61 亿元，同比上涨 19. 57% 。中早期项目融资的数量和金额都有所下降，但融资体量上升。

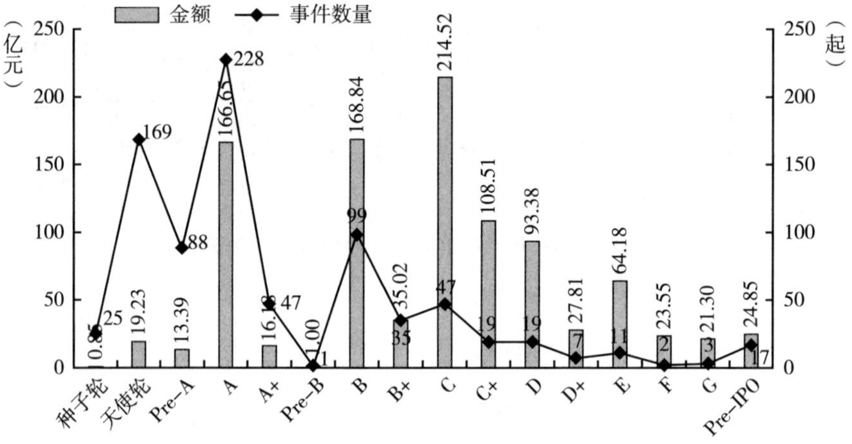

图 4　2020 年全国文化产业私募股权融资轮次分布

数据来源：清科私募通数据库。

C 轮及后期，即中晚期的融资事件数量为 125 起，占总数量的 15. 30% ，事件数量同比下降 19. 87% ；融资金额为 578. 09 亿元，占比为 57. 85% ，融资金额同比下降 47. 47% 。与中早期项目不同，中晚期项目的平均单个事件融资金额同比下降 34. 44% ，为 4. 6 亿元。2020 年，中晚期项目的融资金额下降幅度大，融资体量缩小。

（三）行业分布

在行业分布方面，互联网行业的覆盖面最广、吸金能力最强。清科私募通的数据显示，2020 年，互联网领域融资金额为 831.63 亿元，占总金额的 83.23%，事件数量为 689 起，占总数量的 84.33%，这两个比例均超过了 2019 年数据。可见，尽管 2020 年融资事件数量和金额都呈下降趋势，但行业集中度在提升，互联网行业依旧是私募股权投资机构最看重的领域。

文融通提供了更详细的行业数据分布情况。2020 年，融资金额排在前三位的行业分别是"互联网信息服务""数字内容服务""互联网文化娱乐平台"，这三个行业都与互联网相关，融资事件数量合计占事件总数量的 52.09%，融资金额合计占总金额的 58.88%。"广告服务"排第四位，事件数量占比为 13.83%，金额占比为 11.29%。与 2019 年相比，各行业融资数据大部分下滑严重，"互联网信息服务"的融资金额从 2019 年的 86.78 亿元下滑到 44.49 亿元，而"互联网文化娱乐平台"的融资金额仅相当于上年的 10%左右，"数字内容服务"融资金额的下滑幅度相对较小。此外，"广播影视节目制作"和"工艺美术品销售"的融资金额都超过 10 亿元。"版权服务"排在第七位，融资金额为 8.74 亿元。"设计服务""信息服务终端制造及销售"以及"文化经纪代理服务"排在第八位至第十位，融资金额分别为 7.90 亿元、7.53 亿元以及 5.28 亿元（具体见图 5）。

（四）地域分布

2020 年，全国文化产业融资主要分布在北京、广东、浙江、湖南和上海五个区域。作为文化中心，北京融资能力常年名列前茅，2020 年的融资规模远超其他地区。如图 6 所示，2020 年文化产业在北京的融资金额为 362.14 亿元，占总金额的 36.24%，事件数量为 215 起，占总数量的 26.32%。北京的文化产业投融资金额在 2017 年达到五年峰值 1479.44 亿元后逐步回落，2018 年下降到 912 亿元，2019 年进一步降到 710 亿元，2020 年持续了下滑趋势，同比下降约 50%。广东省文化产业融资金额排第二位，为 169.59 亿元，占总金额的 16.97%，事件数量为 159 起，占总数量的 19.46%。浙江位列第三，融资金额为 165.85 亿元，占比为 16.60%，事件数量为 116 起，占比为 14.20%。湖南地区融资的金额为 102.72 亿元，是第

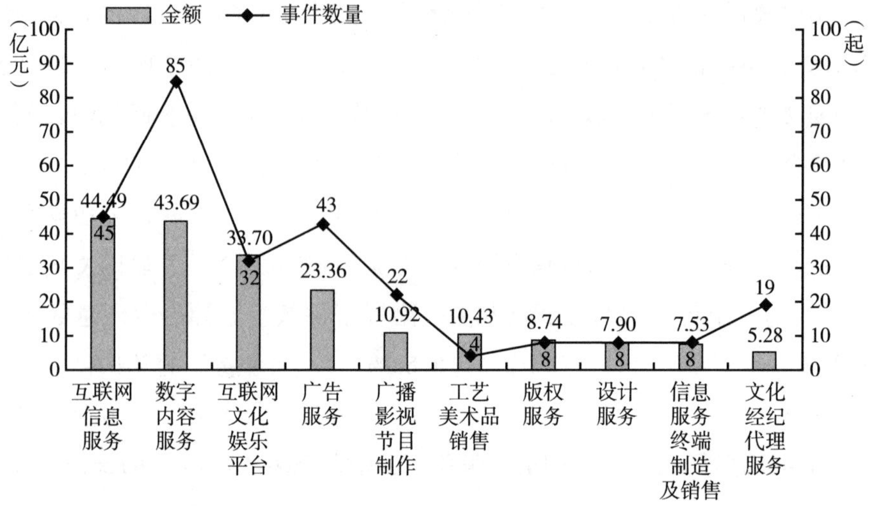

图 5　2020 年全国文化产业各行业私募股权融资分布

数据来源：新元文智 – 文化产业投融资大数据系统（文融通）。

四个融资超过百亿元的地区，融资事件数量为 6 起，单笔金额较大，超过了 17 亿元。

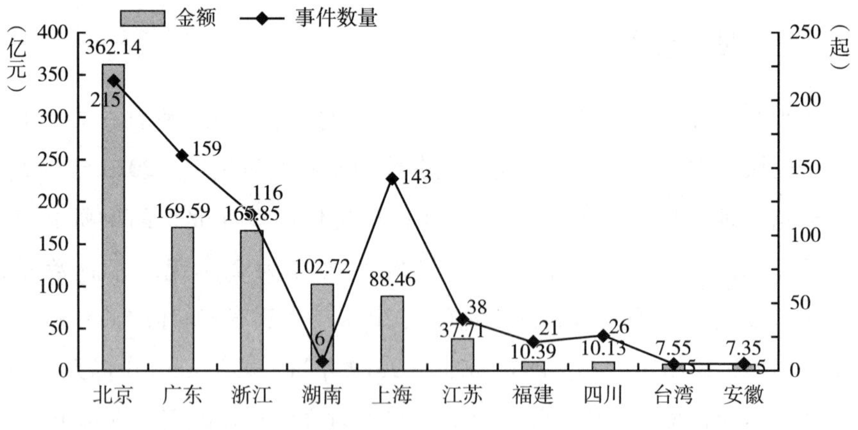

图 6　2020 年全国文化产业私募股权融资地区分布（TOP 10）

数据来源：清科私募通数据库。

文融通的数据显示了类似的地区分布情况（如图 7 所示）。北京排第一位，上海和浙江次之。2020 年，北京的融资金额占比为 44.02%，融资事件数量占比为 34.41%。如图 8 所示，排名第二到第四位的地区是上海、浙江和广东，融资金额占比分别为 25.35%、15.21% 和 8.30%。与 2019 年相比，各地区的融资金额都有所下滑，上海的下滑比例相对较小，为 14.68%，浙江和广东的下滑比例分别为 65.16% 和 37.79%。

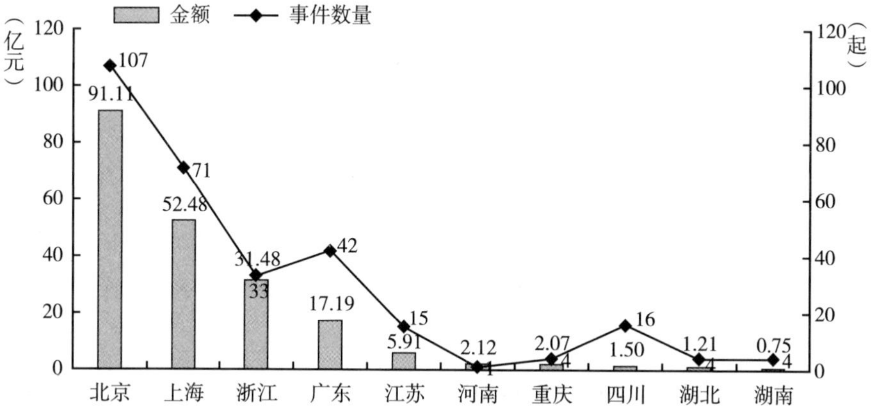

图 7　2020 年全国文化产业私募股权融资地区分布（TOP 10）

数据来源：新元文智 – 文化产业投融资大数据系统（文融通）。

（五）案例解析：界面·财联社完成 C 轮融资

1. 事件介绍

2020 年 8 月，界面·财联社宣布完成超 5 亿元的 C 轮融资，投资方包括中国互联网投资基金（以下简称“互联网基金”）、上海徐汇国有资产投资（集团）有限公司（以下简称“徐汇国投”）、上海市国资委下属的上海国鑫创业投资有限公司（以下简称“上海国鑫”）等战略投资者。交易完成后，互联网基金、徐汇国资和上海国鑫分别持有界面·财联社 5.37%、3.05% 和 4.83% 的股权。

2. 融资方介绍

界面·财联社是一家提供原创财经资讯的金融信息服务商，拥有互联网原创新闻资质。界面·财联社是通过界面新闻和蓝鲸·财联社合并诞生的。界面新闻成立于2014年9月，是上海报业集团旗下的新媒体矩阵的重要组成部分。2017年，界面新闻和蓝鲸·财联社完成合并，“界面新闻”改名为“界面·财联社”。目前，公司每天原创财经资讯超过800条，公司客户包括政府主管部门、投资机构、上市公司、个人投资者等。资讯内容覆盖全球主要资本市场、上市公司和金融机构。

3. 融资分析

2014年创立之初，界面新闻就获得了弘毅投资、海通证券、国泰君安等老牌投资人的支持。成立之后，公司几乎每年都获得知名投资人的青睐。2015年蓝色光标等向界面投资3500万元，2016年昆仑信托等投资3亿元，2017年众源资本对界面新闻投资。2020年公司完成C轮融资5亿元，通过多轮增资扩股，公司累计撬动社会资本超过11亿元。从公司本次融资及后续的变更可以看出以下几点。

第一，国有资本对新闻媒体和新闻内容的重视。界面·财联社拥有互联网原创新闻资质，是新闻传媒领域少有的优质标的。本次融资的投资方国资属性十分强烈，体现了国有资本对新闻传播媒体以及新闻内容创作的高度重视。

第二，有利于地方投资机构整合区域产业。界面新闻本身就是上海报业集团媒体融合发展探索实践的标志之一。本次融资中，以徐汇国投、上海国鑫为代表的上海地方投资机构的支持，充分契合上海打造人工智能、文化传媒、科技金融产业集群的大环境，有助于发挥产业溢出效应，助力上海建设国际金融中心。

第三，为公司可能进行的上市做准备。2020年完成C轮融资后，公司于2021年进行了股份制改制，“界面（上海）网络科技有限公司”变更为“上海界面财联社科技股份有限公司”，若2021年公司成功登陆资本市场，界面·财联社将成为上海宣传国资的标杆性上市企业。

三　文化产业私募股权投融资趋势分析

（一）受疫情影响整体融资下滑，触底反弹在即

2020 年，文化产业私募股权融资的事件数量和金额延续了 2019 年的下滑趋势。清科私募通的数据显示，事件数量下滑 37.15%，金额下降 38.34%。文融通的数据显示了同样的下滑趋势，2020 年文融通收集的文化产业股权融资事件数量下降 30.43%，融资金额下降 67.51%。主要原因是疫情的影响，除互联网相关的产业以外，线下演艺演出、电影、展会、旅游、文化服务等文化领域受到严重打击。另外，在疫情期间，私募股权投资机构无法及时开展投资调研、企业拜访等活动，投资机构内部决策程序也受影响，投资活跃度大幅度减弱。

2021 年，经济与社会秩序逐渐恢复，文化产业股权融资出现了触底反弹的迹象。从数据来看，2019 年第一季度融资事件数量为 378 起，融资金额为 462.96 亿元；2020 年同期融资事件数量为 163 起，融资金额为 167.15 亿元；2021 年截至 3 月 28 日，文化产业企业融资事件数量为 139 起，融资金额为 265.58 亿元，比 2020 年第一季度融资金额上涨 58.89%。虽然还难以判断文化产业私募股权融资情况能否恢复到 2019 年水平，但预计 2021 年融资总体情况将好于 2020 年。

（二）“十四五”期间文化产业私募股权融资趋势分析

《中共中央关于制定国民经济和社会发展第十四个五年规划和二〇三五年远景目标的建议》指出，2035 年我国要建成文化强国，国家文化软实力显著增强。“十四五”时期要丰富人民精神文化生活、提升中华文化影响力、增强国家文化软实力，在推进社会主义文化强国建设的过程中，弘扬优秀传统文化、推动中华优秀传统文化创造性转化、创新性发展，加强文化的科技创新，健全现代文化产业体系和市场体系。“十四五”规划指出，需要

完善企业创新服务体系，鼓励发展天使投资、创业投资，更好地发挥创业投资引导基金和私募股权基金的作用；深化金融供给侧结构性改革，完善资本市场基础制度，健全多层次资本市场体系，大力发展机构投资者，提高直接融资特别是股权融资比重。由此可见，在国家政策的支持下，私募股权基金作为企业创新服务体系的一部分将进一步深入文化产业的发展和改革中。

1. 打造更高品质的文化内容和更高质量的文化产品

“十四五”期间，私募股权将支持文化产业不断扩大优质文化产品的供给，不断提高内容质量。“80后”“90后”“00后”是当前文化内容和文化产品的主力消费者。文化产品消费人群审美标准的不断提高和对精品内容需求的不断增加是推动内容质量提升的重要驱动力。内容为王，高质量内容是文化产业的发展之本。精品制作成为内容行业的重要趋势，以往的“IP+流量明星”“攒局”模式失效，行业进入精品化时代。例如，网络电影正在从小成本、粗制滥造、走擦边球的传统路线，向精品化、规范化、工业化方向转变。同时，“限薪令”“限集令”“限古令”“限俗令”等政策加速了行业的优胜劣汰。在技术创新的不断推动下，渠道融合加强，“台+网”“台+院线”“台+网+院线”不断发展，其中互联网占据越来越重要的地位。因此，文化企业只有不断精耕细作打造精品，才能在互联网渠道的充分竞争中占据一席之地。

2. 支持文化与科技的更深度结合

2020年，文化产业中受疫情影响较小的领域都与互联网相关，如案例中的界面·财联社是互联网新媒体，而线上娱乐、线上直播、线上游戏等行业在疫情期间蓬勃发展，部分满足了人们隔离期间的文化娱乐生活。随着人工智能、区块链、云计算、大数据、边缘计算、智慧家庭、物联网、5G等现代技术的集体涌现，第四次工业革命将是以数字化、网络化、智能化为主要特征的大规模工业互联过程，云VR/AR、无线家庭娱乐、智能制造等将成为市场潜力最大且与5G高度相关的应用场景，前景十分光明。

3. 支持文化与旅游、文化与消费等产业的融合发展

文化产业的发展并不是孤立的，文化产业与旅游产业、消费产业等具有

天然的融合属性。在文旅融合方面，“十四五”规划中明确提出，要推动文化与旅游行业的融合发展，“坚持以文塑旅、以旅彰文，打造独具魅力的中华文化旅游体验”①。在文化与消费融合方面，在鼓励内需、畅通国内大循环的背景下，优化国内市场供给、推进文旅休闲消费提质升级是当前政府和企业面临的重要任务。经过不断更新换代，目前国产文化消费产品的质量不断提升。故宫文创、中国李宁、完美日记等一系列优秀的国产品牌提供了高性价比、高文化内涵的产品。国潮来袭，也充分彰显了新时代的文化消费自信。在“十四五”期间，文化产业必然会与其他相关产业一起相互促进、共同发展。

① 摘自《中华人民共和国国民经济和社会发展第十四个五年规划和2035年远景目标纲要》中的第三十六章“健全现代文化产业体系”。

B.6
2020年文化产业保险发展：科技赋能服务升级

王向楠　吴 婷*

摘　要：2020年初突如其来的全球新冠肺炎疫情重创我国文化产业，特殊时期的发展困境激发了文化产业与保险业的融合发展需求。除继续推动“保险＋服务”双轮驱动的新文化保险业务模式以外，文化产业与保险业协同发展的业务模式也已初具雏形。本报告着重梳理了2020年保险业为文化产业复苏所做的努力与创新，重点介绍了保险机构依托科技赋能开展的风险管理实践，包括文物（不动产）保险和文化活动综合保险等，还对我国文旅产业与保险业的协同创新发展路径进行了分析，并展望了保险业与文化产业的融合发展。

关键词：文物保险　文化活动综合保险　文旅产业

一　保险业和文化产业的融合发展

2020年，我国文化产业发展遭遇重创，整个产业全年都在落实“六稳”和“六保”工作，在全球新冠肺炎疫情反复冲击下艰难推动繁荣发展与稳步复苏。截至2020年底，国内假日旅游收入已恢复到同期的70%，但是依

* 王向楠，中国社会科学院金融研究所副研究员。吴婷，上海立信会计金融学院讲师。

然需要严格执行“75%”政策，即景区旅游、剧院演出、线下游乐娱乐场所的接待人数不超过核定人数的75%。

危中有机，文化产业也迎来了新的历史使命和政策红利期。首先，以文化产业高质量发展推动文化强国建设。党的十九届五中全会明确提出到2035年建成文化强国的目标，从战略和全局上对文化强国做出了整体规划与顶层设计，预示着提升文化软实力已经成为全面建设社会主义现代化国家新征程中的重要组成部分。其次，文化产业的数字化转型发展提速。2020年新冠肺炎疫情的持续影响进一步加速了文化产业的“智能+”转型，可实现“预约旅游、错峰旅游”“云旅游”等“线上+线下”双管齐下的基础信息设施建设已经全面铺开。最后，各地积极出台扶植文化产业复苏政策，包括鼓励金融业支持文化产业的全面复苏。

2020年伊始，突如其来的新冠肺炎疫情严重冲击了中国经济社会运行，此背景下，保险业充分动员、迅速行动、持续发力，发挥了重要的经济补偿、资金融通和社会管理功能，突出表现在对“六保”的支持上。特别是，保险业注意从多个方面支持文化及旅游产业复工复产。而这得到了文化和旅游部、中国银保监会和地方政府等的政策支持。

——2020年1月，中国银保监会等13部门联合发布的《关于促进社会服务领域商业保险发展的意见》表示，鼓励地方政府及有关部门更多运用保险机制加强和改进社会治理，积极开发教育、育幼、家政、文化、旅游、体育等领域专属商业保险产品；

——在文化和旅游部网站“应对疫情支持企业发展政策措施”模块中，关于金融扶持各地企业发展的措施涉及协调银行、保险机构开辟信贷、保险理赔“绿色”通道，加快放贷速度和理赔进度；

——“东西南北，四个银保监局交出助力小康建设新答卷”的新闻发布会中，西藏银保监局主要领导表示，金融业开发了包括“高原旅游中断补偿险”等在内的产品，助力文化旅游产业增值提效；

——《好风景有了好“钱景”——湖南张家界金融支持旅游扶贫

助力乡村振兴》报道指出，湖南省张家界市委、市政府通过组织开展政银企对接、建立风险补偿基金等措施，完善服务体系，大致支持金融机构开展扶贫工作。

在疫情防控常态化阶段，统筹好“安全与发展”问题，强化风险管理能力是实现“涅槃重生”的现实需求和必然选择，保险业与文化产业融合发展的需求将尤为突出：其一，保险公司作为专业风险管理机构参与文化企业的日常防灾防损工作，是一种更高效、更经济的联合价值创造实践；其二，文化产业“智能+”进程和保险科技应用的普及更容易触发“共振”，有利于两个行业之间产生更广泛、更深远的融合效应。回顾2020年，保险业通过科技手段所实现的全面风险管理服务已经为文化产业复工复产做出了重要贡献，尤其是在保护文物古建筑、保障大型文化活动顺利举行等方面进行了创新。

二　文物（不动产）保险风控服务

我国政府将纳入保护对象范围的不可移动文物统称为“文物保护单位”，文物（不可移动）保险创新实践破冰并获得持续发展，截至2020年底，该险种已在全国多地铺开。在经济发达地区，一些地方政府已经为辖区内的文化保护单位投保文物（不可移动）保险，如宁波市为辖区内的9处文物保护单位投保了文物（不可移动）保险，风险保障总额超过4300万元，并计划在未来三年内实现全市文物保护单位全覆盖。一些经济落后地区的地方政府也开始使用这种解决方案。例如，2020年4月，西藏林芝市首次为辖区内的7处文物保护单位投保“文物（不可移动）保护保险”，由中国人民财产保险股份有限公司林芝分公司承保，保障期限为1年，保费金额为10.44万元。

《中国文化金融发展报告（2020）》重点介绍了文物保护领域的“保险+服务”双轮驱动业务模式，保险机构在其中承担着损失补偿和风险管理的双重职能。文物古建筑有“独一无二”性，如果被损毁，即使采用最先进的现代修复或复制技术，也会丢失其历史文化遗产特质，这就要求文物保护的重心应在于“事前风控”而非“事后补偿”。伴随着保险科技的蓬勃发展，保险机构对文物古建筑的风险防范服务日益科技化和全面化，案例1总结了领先保险机构在文物古建筑保护方面的最新风险管理实践，其中物联网、大数据等创新型科技发挥了重要作用。

案例1：保险机构助力文物保护单位升级风险防控

长期以来，我国的文物古建筑管理机构受限于现有资源禀赋（如人力、物力、财力），没有建立起专业化的古建筑保护团队或规范的风险管理制度。然而，文物古建筑保护需要强有力的技术支撑，如果聘请外部第三方提供长期维保服务，不仅需要一笔较大的财务支出，还面临着服务质量和服务价格不稳定的市场风险。通过“保险＋服务”创新业务模式，推进保险机构和文物古建筑管理机构建立战略合作伙伴关系，实现文物古建筑长效维保机制的市场化和常态化。

中国人民财产保险股份有限公司宁波市分公司（以下简称“人财保险宁波”）通过“文物保险＋动态监测”综合解决方案，对自然灾害和意外事故风险提供科技防灾防损服务。以范宅为例，人财保险宁波风险管理实验室对古建筑的结构安全和消防安全实施日常监控，每季度根据《宁波市文物安全检查表》对范宅进行多达100多项的建筑结构和消防安全检查，一旦发现问题便及时通知业主单位整改。以张苍水故居为例，人财保险宁波在古建筑屋顶安装了“独立式烟感器”，实时监测风险，并通过传感器将风险数据实时上传至百度智能云消防物联网项目。如果发生火灾，传感器在一秒内可将受灾情形报送给相关部门，有利于及时控制风险损失。为了完善文物古建筑的事前风险防范机制，人财保险宁波制定了统一的服务标准和风控方案，今后将着手探索智慧消防在文物保护方面的应用场景，开发更多数字化、智能化、可视化的过程风险管控服务。此外，保险机构还致力于不断增强文物风险监测的专业性和高效性，包括组建内部的专家团队、引入更多外部第三方监测机构等。

中国平安财产保险股份有限公司（以下简称“平安财险”）结合西藏布达拉宫古建筑近几年的损失数据，针对实际保障需求，为古建筑定制了“服务＋保险”综合保障。平安财险为布达拉宫建立了三层“防灾控灾”服务系统：第一，通过引入物联网智慧用电系统和红外热像电力监测技术，实现古建筑电力故障的全程实时监测；第二，与产业链伙伴合作开发了水喷雾灭火系统、消防物联网火灾探测器、“平安果”灭火瓶等创新消防产品；第三，开发智慧巡检系统，并建立专属古建筑风险实验室，以满足布达拉宫古建筑的综合风险管理需求。此外，鉴于建立高质量、系统化的风控基础服务设施需要巨大的前期投入，平安财险针对古建筑经营管理方推出了“险租结合”创新融资模式，引入平安国际融资租赁有限公司为客户融资，共同出资建立科技风控服务系统。

（资料来源：《浙江日报》及网络信息）

三　文化活动综合保险解决方案

新冠肺炎疫情给全球的线下文化活动按下了暂停键，“活动取消保险”一度成为热门话题。事实上，大型体育赛事和特殊的文娱活动在举办前购买活动取消保险，可视为一种国际惯例。当前，我国活动取消保险的投保率不足10%。这次疫情以真实风险情景凸显了“活动取消保险”的重要性，也为今后的国内活动取消保险需求奠定了基础。

可喜的是，在第四次科技革命的背景下，我国保险业在重大文化活动保障方面开始展示有中国特色的“弯道超车”。例如，中国太平洋保险（集团）股份有限公司（以下简称“太保集团”）已经连续三年作为中国国际进口博览会（以下简称“进博会”）的保险服务商保障会展顺利召开，后续还将为2022年第19届杭州亚运会保驾护航；中国人民保险集团股份有限公司则成为北京冬奥会官方合作伙伴。案例2详细介绍了太保集团为第三届进博会提供的全过程风险管理解决方案。

案例2：太保集团保障进博会如期举行

太保集团连续三年承保进博会，相关的综合保险解决方案已经成功升级至3.0版本，保障金额也从最初的300亿元增至8848亿元。面对突发的新冠肺炎疫情，太保集团为2020年进博会定制了“全面保险保障+科技赋能风控服务”的综合解决方案，覆盖从筹备期、布展期、展览期到撤展期的全时间周期。

1. 全面保险保障

在财产险方面，太保集团为整个进博会提供的风险保障总额高达450亿元，包括为国家会展中心2020年运营期提供的财产损失险、雇主责任险、场地责任险等8个险种，以及为参展商、搭建商、运输商等相关方提供的货物运输险、展会责任险、人员意外险、艺术品保险等保障。

针对这次特殊的进博会，太保集团还因地制宜地创新产品。一方面，考虑到“线上+线下”全新模式的发展变化，在国内首推线上活动传输保险和网络安全保险。通过引入第三方专业机构，为进博会线上展览提供“风险评估、日常监测、应急响应、事后维护”等综合风险管理服务。太保集团为进博会提供了国际领先水平的网络安全保险保障，保险金额高达3亿元①。另一方面，考虑到全球新冠肺炎疫情的持续发酵，太保集团开发了新冠肺炎身故残疾责任保险，为主办方、参展商、供应链服务商、专业采购商、普通观众、媒体人员、工作人员及志愿者等相关主体提供了每人20万元的保险保障。此外，为了进一步激发进博会对上海周边经济的辐射效应，太保集团扩展了该产品的保障责任，将保障范围从进博会场馆红线内延展至整个长三角区域，并将保障期限延长了1个月。

为了适应防疫需要，太保集团对线上投保和理赔程序进行了升级。例如，在进博会官网设置了保险服务窗口，消费者可在PC端或手机端实现从产品投保至理赔申请的全程线上处理。为了落实现场理赔实效，太保集团特

① 鉴于网络安全风险的复杂性和动态性，国际保险业普遍采取谨慎承保态度。以最发达的美国网络安全保险市场为例，其保险金额多在1000万美元和2500万美元之间，最高保险金额为5000万美元。

设 1 亿元理赔专项准备金，并开通现场 100 万元以下案件处理权限。

2. 科技赋能风控服务

精准防疫是保障此次进博会顺利召开的重要前提，人员闭环管理、货物管理环境监测、突发事件的应急处理都是太保集团需要解决的现实难题。

进博会展前的全面风险防范准备。首先，在展馆的搭建期，太保集团成立了一支防疫风控突击队，在开展十天前长驻进博会展馆搭建第一线，开展全场馆的水电气基础工作系统、器具和展品的防疫检查，以及会展人员的防护等工作，对问题单位提出整改建议并对整改情况进行及时复查。其次，在总结往届进博会的现场风控经验基础上，太保集团的技术专家团队协助政府相关机构完成了《国家会展中心展台搭建风险管理手册》的修订及印制工作，并由风险查勘团队发放给展位搭建商。最后，太保集团通过风险情景压力测试完善应急响应流程，涵盖场内场外、进博会前中后期，提供应急救援、就医陪诊、快速理赔等全方位服务。根据多次现场演练情况，不断调整和完善响应计划。

进博会展中的科技风控监测。在风险监控方面，太保集团的风险查勘团队通过红外热成像仪器和红外热成像电气检测技术，对全场馆的展位供电箱进行实时监测。在紧急救援方面，太保集团组建了一支持有美国 AHA（美国心脏协会，American Heart Association）[①] 急救证书的应急医疗志愿者队伍，可第一时间进行医疗应急处理，将严重患者及时送往医疗站点。此外，利用在线的“视频医生”工具赋能现场工作人员提供必要的紧急问诊服务。在理赔服务方面，通过“太慧赔”全链路理赔服务体系，以客户为中心，以智能机器人为载体，以人工智能和大数据为驱动，让进博会客户在赔前、赔后均可获得暖心周到的健康增值服务。

（资料来源：中国新闻网及其他网络信息）

① 美国心脏协会是心脏病学领域最重要的学会之一，致力于心脏病和卒中的预防与治疗，并提供相关继续教育、流行病学年度报告。

四 文旅产业和保险业的协同创新发展

在“双循环”新发展格局下，文旅产业被视为促进消费升级和经济转型的一个支柱型产业。新时期，“文旅融合”和“以文促旅”是中国旅游产业产品迭代和整体升级的方向，体现了中国旅游业从“观光旅游”向“度假休闲”的转变。2020 年中秋国庆假期，全国共接待国内游客 6.37 亿人次；长假期间参加各类文化休闲活动的游客约占 85.0%。

经历了新冠肺炎疫情的“洗礼”，文旅企业日益意识到加强风险管理的重要性。保险业在保障文旅企业的运营安全方面可发挥重要作用。因此，越来越多的文旅企业开始尝试与保险机构建立多领域、多层次的合作伙伴关系，以实现资源共享、优势互补，谋求共同发展。例如，北京环球度假区与中国人寿保险（集团）公司（以下简称“中国人寿”）结成战略合作伙伴关系，临夏州河湟文化旅游投资发展集团有限公司与大家财产保险有限责任公司甘肃分公司签署保险战略合作协议等。案例 3 展示了北京环球度假区与中国人寿的战略合作框架，两者之间的合作代表着文旅产业和保险业协同创新发展实践的突破。

案例 3：北京环球度假区与中国人寿的协同发展

2020 年 10 月 26 日，北京环球度假区与中国人寿宣布达成战略合作，双方将围绕保险保障服务、品牌营销以及社会公益活动等领域开展系列合作。

第一，全面的风险管理服务。在北京环球度假区的园区建设及运营筹备阶段，中国人寿已经提供了约 300 亿元的保险保障，覆盖建筑工程、安装工程、第三者责任等多个细分领域，为项目的顺利实施与交付保驾护航。在园区正式开园运营后，中国人寿将继续围绕园区运营、游客安全、文化旅游产品开发等场景提供综合金融和保险服务。

第二，深度的商业发展合作。依托北京环球度假区的全球视野和消费者洞察优势，中国人寿可实现一系列定制品牌管理活动，如以沉浸式营销方式将“中国人寿”品牌嵌入园区景点设计中。据悉，北京环球度假区变形金刚基地景区的“霸天虎”过山车项目中已经设置了“国寿机器人”（CL Bot）的实体形象，并以中国消费者熟悉的叙事方式进行故事情节延伸以深化品牌宣传效果。

（资料来源：《中华工商时报》及网络信息）

五　总结与展望

在全球新冠肺炎疫情持续反复的大背景下，保险业与文化产业同舟共济，通过科技赋能实现精准防疫和科学风控，重点保障文化产业的“安全”复苏。《中华人民共和国乡村振兴促进法》和《文化和旅游部关于推动数字文化产业高质量发展的意见》（文旅产业发〔2020〕78 号），表明了文化产业支持“乡村振兴”和“数字经济转型”的战略发展方向。而《关于促进社会服务领域商业保险发展的意见》（银保监发〔2020〕4 号）的出台，又进一步强调贯彻和落实做大做强现代保险服务业的目标，尤其是促进社会服务领域的商业保险发展。

在经济转型和“双循环”发展的新时期，文化产业和保险业都迎来新的发展机遇。文化产业成为释放国内消费潜能的新极点，而保险业则成为“促进社会服务”和“创新社会治理”的重要市场力量。从“统筹安全与发展”的全局发展来看，保险业是文化产业提质增效发展的“风险管理专家”和“创新发展伙伴”。回顾近几年的《中国文化金融发展报告》，我国保险业与文化产业正在持续深入融合，从最初的融资担保和保险产品保障，至“保险 + 服务”双轮驱动创新业务模式，再至基于资源互补的战略协同创新发展，两个产业良性循环的“双赢”局面已经基本形成。

在“十四五”期间，保险业和文化产业至少将在以下两个方面实现深度融合发展。

第一，“乡村振兴”战略下的深入衔接。2020 年，文化和旅游部门已经聚焦疫情防控常态化阶段的群众出游新需求，在全国推出了 1000 个乡村旅游重点村和 300 条乡村旅游精品线路，整合资源，倾力打造集观光、研学、亲子、康养、度假、体验、美食、夜游等多维需求于一体的高品质乡村旅游品牌。与成熟的城市旅游路线相比，乡村旅游路线在基础设施和风险管理措施方面还有所欠缺，有效保障旅游路线的运营安全是发展乡村旅游首要的任务。未来，保险业积累的文化产业风险管理创新经验可持续为“乡村振兴”保驾护航，预计两个产业将有更多的协同空间和创新实践案例。

第二，“区域协调发展”战略下的深入衔接。随着长三角地区居民文化消费热情的持续高涨，长三角文化产业的区域协调发展创新实践也开始突破。2020 年，长三角文化产业投资联盟和长三角数字出版协同创新平台①正式成立，推进了区域文化产业带建设。在区域经济圈内部打破行政边界，实现信息互通、资源共享、智慧共融，促进产业聚集群发展，是加速行业新旧动能转化、构建数字化新生态的重要抓手。未来，保险业将在贯彻落实文化产业区域协调发展方面继续发挥市场机制作用。一方面，跨区域推广发展成熟的文化产业保险创新实践，如银政保联动融资、文化产品出口信用险、艺术品保险等；另一方面，加速建设跨区域的风险信息平台及其数据库，开发更具“性价比”的文化产业保险产品和服务。

① 长三角数字出版协同创新平台由安徽出版集团、上海世纪出版集团、凤凰出版传媒集团、浙江出版联合集团共同发起。

行 业 篇

Industry Reports

B.7 2020年电影金融：疫情冰期极冷，投融资重风控强整合

张 琦 卢孟杰*

摘 要： 2020年是电影市场艰难发展的一年，新冠肺炎疫情蔓延，国内电影行业遭受冲击，电影行业停工半年后迎来缓慢复苏。疫情冲击虽然影响巨大，但在科技变革与金融创新的背景下，我国影视企业抗风险能力得到强化，影视行业投融资更加审慎，互联网资本持续渗透影视领域，行业整合趋势明显。本报告分析了2020年中国电影金融发展的总体情况，以期进一步健全完善中国电影投融资的服务体系及各项体制机制，强化风险防控的意识与举措，使资本有序服务于优质内容创制，实现行业提质增效。

关键词： 电影金融 电影行业 电影投融资

* 张琦，北京电影学院管理学院副教授，硕士研究生导师，国家金融与发展实验室文化金融研究中心特聘研究员。卢孟杰，北京电影学院中国电影产业发展研究院硕士研究生。

一　2020年中国电影行业发展情况

（一）中国电影市场：艰难之中率先复苏，马太效应凸显

2020 年突如其来的新冠肺炎疫情影响了我国以及全球电影市场，2020 年我国春节档电影纷纷撤档，随后便是 178 天的影院停摆。直到 7 月 20 日，我国各地影院在严格的疫情防控政策下才得以逐渐复工。

受疫情影响，2020 年全年产出故事片 531 部，同比下降 37.53%；全年中国电影总票房为 204.17 亿元（约 31.28 亿美元），同比下降 68.17%（如表 1 所示）。根据 Comscore 统计，2020 年全球总票房为 122 亿美元，同比下跌 71%；北美 2020 年累计票房为 22.5 亿美元，同比下跌 80%，创北美影史 40 年来新低。[①] 全国市场银幕总量达到 75581 块，新增银幕 5794 块，同比增长 8.30%，但放映市场经营效率亟待提高。2020 年受疫情影响，影院的经营困难加大，单银幕产出 26.9 万元，同比下降 70.8%。

表 1　2016～2020 年电影行业发展基本指标一览

指标	2016 年	2017 年	2018 年	2019 年	2020 年
故事片产量(部)	772	798	902	850	531
票房(亿元)	492.83	559.11	609.80	642.66	204.17
院线(条)	48	49	48	50	50
银幕数(块)	41179	50776	60079	69787	75581
观影人次(亿人次)	13.72	16.2	17.16	17.3	5.48
平均票价(元)	35.92	34.51	35.3	37	37

数据来源：猫眼电影专业版；《中国电影产业研究报告》。

① "Global box office down 71% in 2020, China supplants North Americans top market," Boxofficepro, 2021-01-15.

2020年票房榜前十的电影票房之和为121.57亿元（如表2所示），占到总票房的59.5%，创历史新高，马太效应越发凸显。一方面原因是市场内除头部影片外可选择的影片少，另一方面原因是电影观众逐渐成熟，对优良制作的高质量影片更为青睐。

表2 2020年国产电影票房前十

排名	影片名称	类型	票房(亿元)
1	《八佰》	战争	31.09
2	《我和我的家乡》	剧情	28.30
3	《姜子牙》	动画	16.03
4	《金刚川》	战争	11.23
5	《夺冠》	剧情	8.36
6	《拆弹专家2》	犯罪	6.02
7	《除暴》	犯罪	5.38
8	《宠爱》	喜剧	5.10
9	《我在时间尽头等你》	爱情	5.05
10	《误杀》	剧情	5.01

数据来源：猫眼电影专业版。

（二）各级政府积极出台政策措施，帮扶电影企业纾困发展

2020年4月，国家电影局协调财政部、国家发改委、国家税务总局等部门，研究推出免征国家电影事业发展专项资金及其他财税优惠政策。此后，《关于电影等行业税费支持政策的公告》《关于暂免征收国家电影事业发展专项资金政策的公告》相继出台，为电影企业大幅减轻了资金压力。同时，各地方政府也相继出台电影扶持政策，如北京市电影局发布《致首都电影行业的公开信》，广泛征集反映抗疫事迹的影视作品并且择优给予资助扶持；中共上海市委宣传部发布《全力支持服务本市文化企业疫情防控平稳健康发展的若干政策措施》，提出精准实施影院补贴政策；中共江苏省委宣传部等八个部门共同出台《关于支持全省电影业应对新冠肺炎疫情影响促进平稳健康发展的政策措施》，为电影行业提供10条扶持政策；广东省电影局发布《关于中央和省级电影专资扶持受疫情影响影院资金分配方

案的公示》，向受疫情影响影院分配总计4888万元的电影专项资金；等等。这些措施都切实纾解了电影企业经营困难的问题。

电影行业进入调整期，在行业外资本撤离、又突遭疫情冲击的背景下，以银行为代表的金融机构，成为影视文创企业发展的重要支持力量。为了解决小微电影发行企业在疫情环境影响下的发行资金困难，北京农商银行2020年推出了特色金融产品“影视宣发贷”，为小微电影发行企业提供宣发贷款，该产品具有授信额度灵活、担保方式多样、利率政策优惠和审批流程高效等优势。

（三）电影产品供给：产品形态多元，行业整合加速

2020年延续近两年电影产量稳中有降的基本态势，全年产出故事片531部，虽然产量下降、市场空间缩小，但电影产品依然保持了类型和题材的多样化。《八佰》《金刚川》《我和我的家乡》《一点就到家》《拆弹专家2》《除暴》《沐浴之王》《夺冠》《掬水月在手》《一秒钟》等电影持续丰富着2020年特殊的电影产品市场。

受疫情影响，2020年大部分影视上市公司市值持续缩水。阿里影业、文投控股、北京文化、慈文传媒、长城影视等市值跌幅在30%以上；华谊兄弟、上海电影、欢喜传媒、幸福蓝海等市值跌幅超过10%；完美世界、万达电影、唐德影视等市值跌幅较小，控制在10%以内。芒果超媒、光线传媒、博纳影业等部分企业由于受年度结转周期影响，且具有网生内容生产能力、综合内容平台以及引进片发行规模，市值略有增长。

一批中小影视公司因抗风险能力较差而陷入困境。截至2020年12月25日，约有9860家影视公司关停，其中包括2814家影院企业。[①] 电影行业的供给端正面临着深刻的调整。疫情会导致大量的电影公司破产或被收购，电影行业会出现明显的整合重组趋势，市场和资源会进一步向头部公司集中。从中长期来看，这将加速电影行业调整产业结构，缩短行业的“挤泡沫”阶段，增强影视公司的长线管理能力，整体增强了行业的抗风险能力。

① 数据来源：企查查。

（四）电影销售渠道：窗口期缩短，发行模式多元

疫情期间，多部中外影片采取了优先网络的发行模式。原定春节档上映的《囧妈》在影院撤档后宣布在字节跳动的网络平台播放。之后，《肥龙过江》上线爱奇艺和腾讯视频，《寻狗启事》上线优酷视频，《大赢家》上线字节跳动系列平台。《春潮》和《春江水暖》两部文艺电影转网单点付费播出。影院复工后，《妙先生》等在影院票房空间不大的电影，采取了几乎零窗口期的上映模式。此情形在好莱坞同样上演，《汉密尔顿》《花木兰》《心灵奇旅》等电影转为流媒体播映；《寻龙传说》《神奇女侠1984》及2021年华纳全部17部影片院线流媒体同步上映。北京国际电影节等也开始尝试线上线下协同展映。窗口期在疫情影响下缩短加速，发行模式更加适应消费者的观影习惯和需求。

二　2020年中国电影投融资概述

（一）投融资主要事件

2020年，受疫情影响元气大伤的影视领域只有22起融资事件，涉及交易金额17.21亿元。[①] 互联网资本仍旧在2020年渗透对影视内容领域的布局。阿里收购芒果超媒5.26%股份，成为其第二大股东，此外还注资华谊兄弟与耐飞影视，进一步扩展自己的文娱板块。爱奇艺则以对合作伙伴的战略投资为主，腾讯在影视板块的投资更为稳健，2020年仅有对华谊兄弟的一笔投资。

除BAT外的新兴互联网企业也纷纷布局影视内容板块（如表3所示），其中最为典型的是2020年8月B站对欢喜传媒的战略投资。B站以每股1.48港元的价格认购346626954股欢喜传媒新发行的普通股，总认购价格达到5.13亿港元。交易完成后，B站持有欢喜传媒的股份约为扩股后总股本的9.90%。根据合作协议，在五年的合作期内双方将围绕影视剧播出和

① 《2020年文娱融资观察：300余家公司拿到367亿，腾讯投资44次》，微信公众平台，https://mp.weixin.qq.com/s/fyq8H_f5Bhz5dRdb_NsSCA，2020年12月21日。

影视 IP 衍生开发等方面开展系列合作。2020 年，在 B 站播放的《风犬少年的天空》《夺冠》都是欢喜传媒出品的作品。

表 3　2020 年影视行业融资事件整理

序号	时间	公司名称	轮次	金额	投资方
1	2020/1/16	猫眼娱乐	IPO 上市后	未透露	方源资本、郑志昊
2	2020/1/16	Base FX	战略投资	未透露	融创文化集团
3	2020/1/19	天伦之乐	A 轮	2000 万元	中天弧光影视基金（领投）
4	2020/2/12	北京文化	IPO 上市后	未透露	北京市文投集团
5	2020/4/17	粒子文化	C 轮	数千万元	七酷投资
6	2020/5/13	新湃传媒	B 轮	数千万元	小米集团
7	2020/6/5	尤达影业	战略投资	未透露	爱奇艺
8	2020/6/24	星异象	天使轮	数百万元	辰海资本
9	2020/7/4	华谊兄弟	IPO 上市后	22.9 亿元	腾讯、阿里
10	2020/8/30	欢喜传媒	IPO 上市后	5.13 亿港元	B 站
11	2020/8/31	耐飞影视	战略投资	未透露	阿里影业（阿里）
12	2020/9/8	华视网聚	战略投资	未透露	小米集团
13	2020/9/30	智慧大狗	战略投资	未透露	字节跳动
14	2020/10/9	灵河传媒	战略投资	未透露	爱奇艺
15	2020/10/14	小猪优版	天使轮	千万元级	北辰星资本
16	2020/10/21	次世文化	Pre-A 轮	数百万美元	顺为资本
17	2020/11/3	乐艺成邦	战略投资	未透露	爱奇艺
18	2020/11/7	芒果超媒	上市后融资	62 亿元	阿里
19	2020/11/10	万达电影	上市后融资	29.29 亿元	高毅资产、瑞士银行、中信证券、财通基金等
20	2020/11/18	橘品影业	A 轮	未透露	浅石创投、华录百纳、和力辰光
21	2020/12/15	星河视效	Pre-A 轮	数千万元	挚信资本
22	2020/12/24	移动电影院	战略投资	未透露	君度投资、中新航资本、中骏资本等

数据来源：IT 桔子。

（二）企业融资典型案例

1. 博纳影业再闯 IPO

2020 年 11 月，博纳影业国内首次发行募股顺利过会，即将正式登陆深交所中小板。在疫情和影视寒冬背景下，博纳影业成功登陆 A 股不仅提振了国内电影市场的信心，而且标志着资本市场对影视公司的再度开放。

受到影视、游戏等行业上市监管政策影响，在 2017 年金逸影视上市、2018 年芒果超媒借壳上市之后，国内影视企业 IPO 之路出现断层，开心麻花、和力辰光、华视娱乐、新丽传媒等多家知名影视公司都无功而返，影视行业资本监管日趋规范、严格。

博纳影业曾于2010 年在美国上市，但由于美股估值与国内市场差距较大，2016 年通过私有化交易从纳斯达克证券交易所退市。此后，博纳影业完成了国内首轮 25 亿元的融资，相继引入包括红杉资本、阿里影业、腾讯等在内的大牌机构和企业，投后估值高达 160 亿元，为排队上市做了充足的准备。此次博纳影业 IPO 过会受益于其稳健的业绩及募资规划，博纳影业近三年来营收稳定上升，分别实现了 20.0 亿元、27.8 亿元、31.1 亿元的营业收入①。在 2020 年上半年，受疫情影响博纳影业总体仍然保持了5836 万元的盈利，净利润为 2680 万元，同比增长 141.61%，显示出较高的抗风险能力。② 相关 IPO 申报材料显示，博纳影业此次计划发行不超过 1.22 亿股，意欲募集 14.24 亿元的资金，其中 8.19 亿元资金投向电影院项目，以“募投主投院线资产”等概念降低监管和市场对一般影视企业的风险考量。③

在行业加强监管和影视投融资风险难控的环境下，博纳影业 IPO 案例无疑会成为影视行业资本环境变化重要的风向标。

2. 万达电影完成 A 股影视公司最大量级融资

万达电影于 2020 年 4 月 21 日披露了《非公开发行 A 股股票预案》，

① 数据来源：博纳影业招股说明书。

② 《博纳再闯 IPO：主投主发 3 年赚 20 亿，中国最好的民营发行公司?》，微信公众平台，https://mp.weixin.qq.com/s/NcPOvsRRsAwaGxy8htzkwQ，2020 年 8 月 26 日。

③ 《博纳影业苦等三年 IPO 终过会，能否追回错过的那些年?》，虎嗅网，https://www.huxiu.com/article/392487.html? f=rss，2020 年 11 月 9 日。

预案中提到公司拟向不超过35名特定投资者非公开发行股票不超过6.24亿股，募集资金不超过43.5亿元，目的是进一步提升市场覆盖率和渗透率，扩大公司经营规模，增强持续盈利能力。

11月9日万达电影定增完成，以每股14.94元的价格发行股票1.96亿股，合计募集资金29.29亿元，相比于拟定的43.5亿元预案减少了14.21亿元，本次定增的实际发行对象包括高毅资产等7家投资机构和1名散户，这次定增也是A股影视行业历史上最大的一次。① 定增之后，万达电影将会把资金主要用于新建影院项目和补充公司流动资金及偿还借款，其中万达电影计划在未来3年投资新建影院约162家，使用资金约为20.27亿元。

本次定增发行完成后，高毅资本成为万达电影的第三大股东，持股总数达到1.07亿股，持股比例为4.71%，万达投资仍然是公司控股股东，但股权比例由45.46%下降至41.54%。

此次非公开发行对万达电影主要有财务状况与业务结构两方面影响。财务状况方面，非公开发行优化了公司的财务结构，减轻了公司的资金压力，改善了资产负债率指标，公司资金实力稳步提升，使得抗风险能力和财务稳健性有所增强；业务结构方面，新增影院建设将会持续扩大公司规模，巩固公司在院线行业的地位，同时进一步提高影院相关业务的收入。

根据万达电影财报，截至2020年9月30日，公司总资产为245.86亿元，总负债为124.92亿元，资产负债率为50.8%，远高于同期影视行业35.22%的资产负债率平均值。过高的资产负债率源于万达电影自上市以来大规模的投资并购动作，然而这些动作并未提升公司业绩，反而带来巨额商誉。根据万达电影披露的年报，2014年万达电影商誉为2300万元，而2015年同比激增至51.72亿元，巨额商誉带来的业绩巨亏副作用在2019年已有显露。受宏观经济下行、行业政策变化以及主控项目盈利未达预期等因素影

① 数据来源：万达电影披露的《非公开发行A股股票发行情况报告书暨上市公告书》；《万达电影29亿定增恐难解资金饥渴，专家称再不扭亏或被实施退市风险警示》，微信公众平台，https：//mp. weixin. qq. com/s/5RQIvvyzh76qxN1S2pjy2Q，2020年11月19日。

响，2019 年万达电影计提商誉等资产减值准备 59.09 亿元，导致报告期内公司净利润由盈转亏，为 -47.29 亿元。截至 2020 年 9 月底，万达电影的商誉已经高达 81.12 亿元。因此，本次募资资金对持续亏损且债台高筑的万达电影作用是否明显尚未可知。

（三）电影项目投资案例——《我和我的家乡》

近几年电影项目投资更加注重结构多元，采用联合出品模式抵御风险。2019 年《我和我的祖国》的成功，使《我和我的家乡》更具投资吸引力。灯塔数据显示，《我和我的家乡》有多达 63 家出品发行方，其中包括北京文化、博纳影业、万达电影等传统影视资本，中影集团、上影集团等国有资本，坏猴子、真乐道等主创资本，阿里巴巴影业、天津猫眼微影等互联网影视资本，抖音文化、哔哩哔哩等视频平台资本，多方操盘保证了影片从制作到宣发流程的畅通无阻，大大降低了项目市场风险。

北京文化作为这部电影的主要出品方和发行方，于 10 月 9 日发布了《关于电影〈我和我的家乡〉票房的公告》。公告称，截至 10 月 8 日 24 时，影片累计获得约 18.71 亿元的票房收入，超过公司最近一个会计年度经审计的合并财务报表营业收入的 50%。公司来源于该影片的收益约为 8000 万元 ~1 亿元，项目收益率为总票房的 4.3% ~5.3%。公告发布当天，北京文化股价高开低走，最终报收 7.99 元/股。虽然投资影片表现强势，但受股东减持、财务造假、年度业绩亏损等负面信息影响，10 月以来北京文化市值呈下跌趋势。

另一家发行方华录百纳也发布公告称，截至 2020 年 10 月 8 日 24 时，公司来源于该影片的营业收入区间为 1600 万元至 1700 万元，项目收益率约为总票房的 0.9%，虽然不足 1%，但考虑行业整体形势低迷，以及 2020 年上半年华录百纳营业收入仅为 5025.13 万元，《我和我的家乡》项目收益对挽救公司全年业绩发挥了重要作用。

在联合出品模式下，资方众多虽然稀释了项目份额，但高额的票房使回报十分可观，集合多方资源的头部项目仍是受电影投资者追捧的标的。

三　2020年中国上市影视公司表现及分析

（一）华谊兄弟

2020 年华谊兄弟在重建公司主营电影业务优势上做出了巨大的努力。然而受新冠肺炎疫情影响，作为影视与文旅融合的代表，华谊兄弟主要业务受到了较大的冲击。

电影产品方面，由华谊兄弟主控主投的《八佰》作为影院复工后上映的第一部国产大片，取得了 31 亿元的票房。公司参与投资出品的《金刚川》累计票房成绩超过 11 亿元，也为华谊兄弟带来了良好的口碑。12 月 31 日上映的《温暖的抱抱》作为跨年影片，首日票房达到 1.77 亿元，为公司新的一年电影业务开了个好头。华谊兄弟出品的《侍神令》《你好，李焕英》《749 局》《一直游到海水变蓝》安排于 2021 年上映，实现了各大档期的充分布局，华谊兄弟的主营业务收入有望极大增长。

华谊兄弟 2020 年度业绩报告显示，全年预计亏损 7.8 亿元～9.8 亿元，扣除非经常性损益后预计亏损 7.4 亿元～9.2 亿元，与上年亏损 39 亿元相比，华谊兄弟凭借优质作品使亏损额度大幅度减少。同时，凭借预计 13 亿元～16 亿元的营业收入，在新规定下免于因连续三年亏损而被迫退市。

值得一提的是，2020 年 4 月 29 日，华谊兄弟发布非公开发行 A 股股票预案，向阿里影业、腾讯计算机、阳光人寿等九家公司，定向增发 23 亿元。在缓解资金压力的同时，此次定增在股权融资的基础上，强化战略合作，布局华谊兄弟“影视＋实景”商业模式。

在品牌授权及实景娱乐方面，长沙、海口、郑州、苏州四地的实景项目在严格的疫情防控措施下于 2020 年第一季度相继恢复营业。武汉卓尔・华谊兄弟电影小镇项目、秦皇岛文化旅游项目等 2020 年完成签约的项目也在持续推进中；而华谊兄弟（济南）电影城计划于2021年开业。[①]

疫情影响下，华谊兄弟线上娱乐内容收入占比上升。公司全资子公司、孙公司投资制作的多部网剧《人间烟火花小厨》《九指神丐》等在优酷、爱奇艺、腾讯平台播出取得了良好效果，公司全资投资的多部电视剧及网剧也在稳步推进。

长期投资减值以及商誉减值也是影响华谊兄弟2020年利润的重要因素。例如，前三季度净利润亏损主要由于对Brothers International LLC的股权处置确认非经常性投资损失1.75亿元。[②] 而华谊兄弟在剥离部分资产的同时，进一步回笼资金聚焦影视板块，为扭转连续亏损清除了障碍。

（二）北京文化

北京文化2020年度业绩报告显示，公司受疫情影响较大，全年预计亏损6.4亿元~7.9亿元，较上年亏损23亿元在程度上有所缩减。营业收入预计为3.5亿元~4.5亿元，较上年的8.5亿元有所下降。

据北京文化于2020年11月27日披露的前三季度财报显示，短期负债高达8.96亿元，其余负债近9亿元，真实现金流为-11亿元，北京文化面临严重的偿债压力。2020年4月，北京文化花费8.38亿元收购北京东方山水度假村有限公司，而截至6月30日，该公司已亏损超435万元。北京文化2020年5月29日公告显示，向华夏银行北京分行贷款的5000万元和向民生银行贷款的6000万元两笔贷款宣布展期。为偿还债务，北京文化已将全资子公司摩天轮文化、星河文化以及东方山水度假村100%股权作为质押，向银行申请贷款，电影《封神三部曲》第一部分场剧本的著作权也作为质押标的进行融资租赁。

① 《华谊兄弟传媒股份有限公司2020年年度业绩预告》，东方财富网，https://pdf.dfcfw.com/pdf/H2_AN202101291455863209_1.pdf?1611952690000.pdf，2021年1月29日。

② 《华谊兄弟（300027）：Q3营收及扣非利润回升　影视+实景业务有序恢复》，新浪网，http://finance.sina.com.cn/stock/relnews/cn/2020-11-09/doc-iiznezxs0748490.shtml，2020年11月9日。

2020 年，北京文化多家持股 5% 以上的股东宣布减持。其中，西藏金宝所持北京文化股权比例由 7.38% 减至 5.29%，而西藏金宝背后的 100% 持股人为公开与北京文化董事长宋歌决裂的前副董事长楼晓曦。2020 年 7 月，青岛市国资委旗下的国资投资运营平台青岛西海岸发展（集团）有限公司的子公司从司法拍卖平台“公拍网”中获得北京文化 0.87% 的股份，北京文化尝试寻求国资解围。

同时，北京文化于 2020 年投资制作的某古装电视剧受到主演社会舆论的影响，该剧能否正常播出存在极大的不确定性，北京文化选择计提存货跌价准备。①

（三）光线传媒

2020 年光线传媒参与投资、发行或协助推广的影片有《妙先生》《八佰》《荞麦疯长》《我的女友是机器人》《姜子牙》《金刚川》《如果声音不记得》《崖上的波妞》等，总票房达 62.85 亿元；2019 年参与投资、发行的影片《误杀》《两只老虎》《南方车站的聚会》等 2020 年票房约为 5.02 亿元；合计年度总票房约 67.87 亿元。②

2020 年 7 月影院逐渐恢复营业，光线传媒参投影片《八佰》上映 7 天累计票房收入（含服务费）达 14.34 亿元，为公司带来 3000 万元至 3600 万元营收。③ 重点主控影片《姜子牙》上映 11 天后票房高达 14.56 亿元，预计分账后为公司带来 3.6 亿元至 4 亿元营业 + 收入。④《姜子牙》上映前一天（9 月 30 日）光线传媒收盘总市值一度高达 488.74 亿元，但

---

① 《北京京西文化旅游股份有限公司 2020 年度业绩预告》，东方财富网，https://pdf.dfcfw.com/pdf/H2_AN202101291455867703_1.pdf?1611953151000.pdf，2021 年 1 月 29 日。

② 《北京光线传媒股份有限公司 2020 年度业绩预告》，巨潮资讯网，http://static.cninfo.com.cn/finalpage/2021-01-28/1209209280.PDF，2021 年 1 月 28 日。

③ 《光线传媒：关于电影〈八佰〉票房的公告》，东方财富网，http://data.eastmoney.com/notices/detail/300251/AN202008281403301029.html，2020 年 8 月 28 日。

④ 《光线传媒：关于电影〈姜子牙〉票房的公告》，东方财富网，http://data.eastmoney.com/notices/detail/300251/AN202010121420923058.html，2020 年 10 月 12 日。

上映后影片口碑失利，国庆档结束后6个交易日，光线传媒市值蒸发超100亿元。

光线传媒于2020年10月27日披露三季报，公司前三季度实现营业总收入4.8亿元，同比下降80.5%；母公司净利润为6372万元，同比下降94.3%。报告期内，公司毛利率为33.7%，同比降低11.5个百分点，净利率为13%，同比降低32.1个百分点。[①]

2021年1月28日《北京光线传媒股份有限公司2020年度业绩预告》发布，受疫情影响，光线传媒全年预计盈利2.3亿~3亿元，上年盈利9.48亿元，同比下滑68.34%~75.73%。扣除非经常性损益后，净利润为1.7亿~2.4亿元，同比下滑72.28%~80.35%。[②] 由于疫情公司整体业绩有所影响，但值得一提的是公司衍生收入及利润得到较高增长，电影业务的毛利率也有所上升。

（四）阿里影业

阿里影业参与投资及发行的影片自8月下旬起陆续登陆院线，但受电影市场恢复程度、新片供给及不断反复的疫情影响，阿里影业的互联网宣发业务仍受到严重冲击。

互联网宣发是阿里影业最重要的收入板块，包括淘票票、凤凰云智等互联网票务，灯塔、电影宣传发行与内容投资等。根据阿里影业2020/2021年度中期报告，自2020年3月31日至2020年9月30日，阿里影业互联网宣发业务营收共3.81亿元，相比上年同期的11.80亿元下降68%，其中票务营收0.81亿元，同比下降82%；凤凰云智系统商服务营收0.4亿元，同比下降76%；内容宣发及参投、灯塔等营收2.44亿元，下降47%；其他业务

① 《光线传媒：2020年前三季度归母净利润同比下降94.3%，降幅超营收》，百度百家号，https：//baijiahao.baidu.com/s? id=1681628908139696784&wfr=spider&for=pc，2020年10月26日。

② 《北京光线传媒股份有限公司2020年度业绩预告》，巨潮资讯网，http：//static.cninfo.com.cn/finalpage/2021-01-28/1209209280.PDF，2021年1月28日。

如广告、商业化服务营收732万元，同比下降82%。互联网宣发业务板块对阿里影业的营收贡献比重大幅下降，由2019年的79%降到41%，毛利为1.3亿元，同比下降48%。[①]

2020年阿里影业对淘票票与灯塔进行产品升级，升级后淘票票围绕电影和演出展开全场景内容运营、精细化运营，以降低市场费用。灯塔和优酷平台合作，升级成为覆盖院线、网络电影和剧综的综合决策平台，为疫情期间网络电影、剧集，综艺等线上内容需求提供数据服务；截至9月30日，灯塔参与了《倩女幽魂：人间情》《灰烬重生》等53个网络电影剧集宣发项目，线上业务同比增长76.7%；为《夺冠》等73部院线影片提供宣发服务。

2020年阿里影业投资、发行影片数量及票房大幅下滑，参与投资和发行的影片包括《八佰》《1917》《我和我的家乡》《夺冠》《一点就到家》，总票房达43亿元。值得一提的是，《我在时间尽头等你》《一点就到家》以及2021年春节档影片《刺杀小说家》均出自阿里影业“锦橙合制计划”，小成本爱情电影《我在时间尽头等你》斩获5.05亿元票房，成为当年七夕档期票房冠军。

四　疫情防控常态化阶段如何构建中国电影金融体系

疫情防控常态化阶段的电影市场亟待构建多元化组合式的金融体系，完善电影收益流程模式，实现真正的产业升级换代。构建路径应以政府的金融政策为方向，以建立多重立体的风险防范机制为关键，以科技赋能为新出路。

第一，贯彻执行促进电影行业发展政策，勇于创新。政府关于金融供给侧结构性改革、金融体系调整以及支持电影金融发展等方面的重大决策方

① 《阿里影业2020/21年度中期报告》，东方财富网，https://pdf.dfcfw.com/pdf/H2_AN202012021435279571_1.pdf?1606926584000.pdf，2020年12月2日。

针，为构建科学、规范的电影金融体系指明了方向。2014 年 5 月 31 日财政部、国家发展改革委等七部门联合印发的《关于支持电影发展若干经济政策的通知》（财教〔2014〕56 号），以及 2020 年 1 月 31 日中国人民银行、财政部等五部门联合印发的《关于进一步强化金融支持防控新型冠状病毒感染肺炎疫情的通知》（银发〔2020〕29 号）等文件强调，加强电影事业发展专项资金等各类专项资金的管理，开发性、政策性银行加大信贷支持力度，发挥金融租赁特色优势，合理调度金融资源，保障金融基础设施安全。《中华人民共和国电影产业促进法》和即将出台的《中华人民共和国文化产业促进法》为金融支持电影产业发展提供了有利的法律保障。

第二，探索通过金融手段提升电影行业防控风险的能力。在构建中国电影金融体系的过程中，应重点关注提升电影项目与电影企业的抗风险能力。从政策层面，建议相关部门建立健全突发事件下的财税扶持政策；从监管层面，完善包括行业协会在内的全行业监督保障系统，加强专项资金等补贴的使用监管；从机制层面，完善“再担保”机制，目前电影市场尚处于恢复期，融资信用有所下降，需依托第三方机构担保，提振投资人信心；从应用层面，开发符合中国电影市场的保险产品也是夯实电影金融保障体系的重要一环，创新电影完工险、意外伤害险等保险品种，对保障对象要分清主次，进行差异化扶持。通过科学合理的体系构建与政策设计，为电影企业提供有力保障。

第三，积极创新金融产品，拓展电影行业融资渠道。目前我国电影行业融资渠道仍然比较单一，亟待拓展融资渠道。在国际上，有发行预售、完片担保（核心）、缺口/过桥贷款、退税政策、拼盘基金等多种融资方式。要构建包括现行多种融资方式在内的多层次电影投融资体系，就要开发更多的融资工具，鼓励银行机构创新适合中国电影市场的信贷产品，如供应链融资、股权质押贷款、收账款质押融资等。此外，需构建具有前瞻性、可供量化的市场估值模型，并兼容商业银行、保险公司等融资服务机构的价值评估模块，开辟中国电影金融的理性发展时代。

第四，探索通过金融手段创新结算机制，促进电影投资效率提升。现行分账体系中出品方/发行方账款回收周期较长，存在投资回报期过长、资金占用成本过高、资金使用效率过低的问题。需探索现行分账体系下，出品方/发行方资金回收新补充模式，完善资金链流通及缩小回收压力。建议创新票房结算环节，设立“票房结算基金”乃至“票房预结算基金”，或在影片上映前签订合作协议，由第三方评估后垫资给片方结算，实现票房提前回款，如此就能加快电影行业的资金周转效率，提前变现，让产业链后端现金流跟上行业发展步伐，为发行方和参投方创造平等汇款地位，减轻现金流压力。

B.8
2020年艺术品市场：交易先抑后扬，艺术品金融创新动力不足*

范 勇　韩宗佳**

摘　要：　2020年线下的艺术品市场受疫情冲击较大，呈先抑后扬之势。随着疫情得到有效控制，相关政策出台和多项措施落地，中国艺术品市场逐渐快速趋好。互联网拍卖不断升温，文玩电商迅猛发展，艺术品消费场景发生极大变化。本报告在系统梳理市场基础、需求、政策、文化等艺术品金融市场影响因素的基础上，提出将艺术品金融外延拓展至大审美经济、为新生事物设置宽容期、出台专业人才培养相关政策法规、加强政策监管与科技赋能等对策建议。

关键词：　艺术品市场　艺术品金融　大审美经济

一　艺术品市场发展概况

（一）艺术品市场整体先抑后扬

1. 上半年市场低速运行

据雅昌艺术市场监测中心（AMMA）的不完全统计，受疫情影响，艺

* 感谢亚洲艺术品金融商学院团队尹艳丽、彭锋和德勤管理咨询（上海）有限公司团队朱泽浩、刘恬为本次报告撰写提供的大力支持。

** 范勇，亚洲艺术品金融商学院创始人，联合国世界丝路论坛数字经济研究院高级研究员。韩宗佳，德勤管理咨询（上海）有限公司合伙人。

术品拍卖市场2020年上半年成交总额同比减少91%，缩减至2003年秋拍水平，仅为20亿元；2020年2～5月，中国线下拍卖会几乎完全停滞，线上拍卖成为主力，直至6月线下拍卖才陆续得以恢复。

2. 下半年市场活力逐渐恢复

随着疫情得到有效控制，相关政策出台和多项措施落地，中国艺术品市场逐渐快速趋好。互联网拍卖不断升温，文玩电商迅猛发展，艺术品消费场景发生极大变化，过亿元拍品不断涌现。仅嘉德公司2020年秋拍成交总额就达23.2亿元，超出同年春季成交总额的45%；38个专场，5700余件拍品，总成交率达81%；成交价超亿元珍品2件，超千万元拍品37件。①

（二）艺术品金融创新动力不足

1. 市场萎靡不振、迷茫前行

一方面源于艺术品市场的波动性。受疫情影响艺术品市场先抑后扬，但理性思维占主导的艺术品金融市场，对艺术品市场波动需要更多理解和判断。另一方面源于全球金融市场的脆弱性。疫情发生后，各国普遍采取宽松财政和货币政策，但这只是延后危机暴发而非彻底消除。2020年12月，Trading Economics发布数据称，2020年全球主权信用评级降级数量创下1980年以来历史新高，最严重的一个月约14%的国家遭到降级。全球金融市场日益复杂，必然增加国内艺术品金融市场的迷茫情绪。

2. 市场生态欠佳、创新动力不足

艺术品金融市场是跨界融合的新兴事物，涵盖艺术品和金融两个市场领域，需要结合艺术品市场特点创新金融领域工具，既要攻克艺术品市场原有痛点，又要解决金融市场固有问题，还要适应艺术品金融市场的创新需求。但当前相关法律法规、行业管理、监管体系和服务体系等方面都存在缺失，导致金融创新动力不足，直接影响艺术品金融生态构建和市场健康发展。

---

① 《中国嘉德2020秋拍总成交逾23亿元》，《北京商报》2020年12月7日。

二　艺术品金融市场影响因素分析

（一）艺术品市场是艺术品金融的基础

1. 画廊业危机中创造新模式

（1）上半年停滞不前，下半年明显增长。2020 年上半年，画廊线下活动基本停滞。画廊只好创新尝试云导览、直播带货等新模式，初步取得一点成效；2020 年下半年，画廊进入相对稳定状态，逐步开展活动，销售业绩出现明显增长。虽然画廊举办或参加展览总体数量减少，但销售业绩好于往年。雅昌艺术网数据显示，2020 年 60% 以上的画廊办展数量少于 5 场，45% 以上的画廊展览销售情况出现增长趋势（如图 1 和图 2 所示）；2020 年画廊影响力榜单排名前 15 的画廊表示，画廊展览平均售出作品数量可达 50% 以上，部分展览可售出 50% ~80% 的作品。

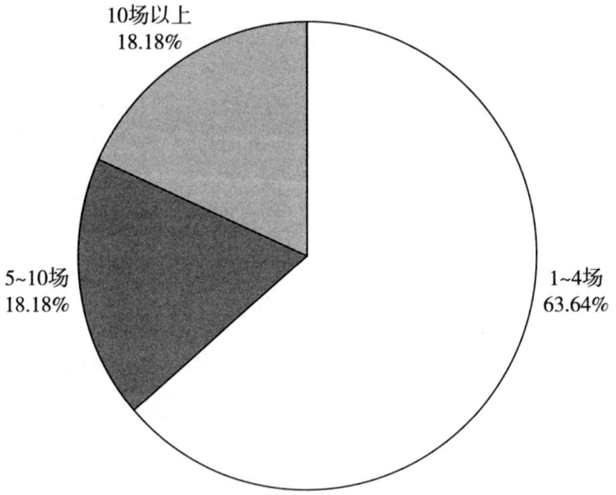

图 1　2020 年画廊举办展览数量情况

数据来源：雅昌艺术网。

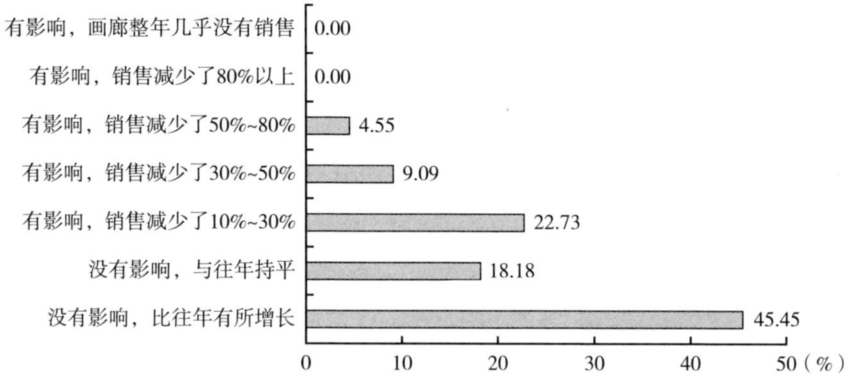

图 2　2020 年画廊展览销售情况（与往年对比）

数据来源：雅昌艺术网。

（2）加大线上投入力度，举办线上展览。2020 年画廊线上展览成为新举措。2020 年数据显示，线上展厅投入是画廊运营成本中的一项全新投入，约占 1. 14%，且 80% 以上的画廊已开始在线上展厅方面进行投入；目前，画廊开发线上平台最主要的障碍是缺乏专业人才、技术障碍和资金缺乏（如图 3 和图 4 所示）。

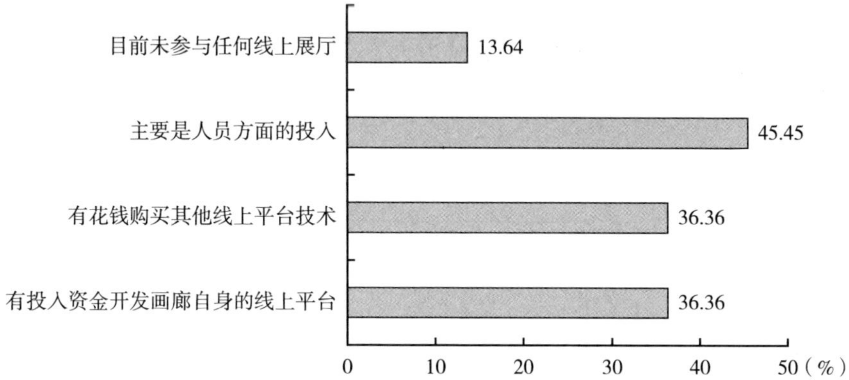

图 3　2020 年画廊线上展厅投入情况

数据来源：雅昌艺术网。

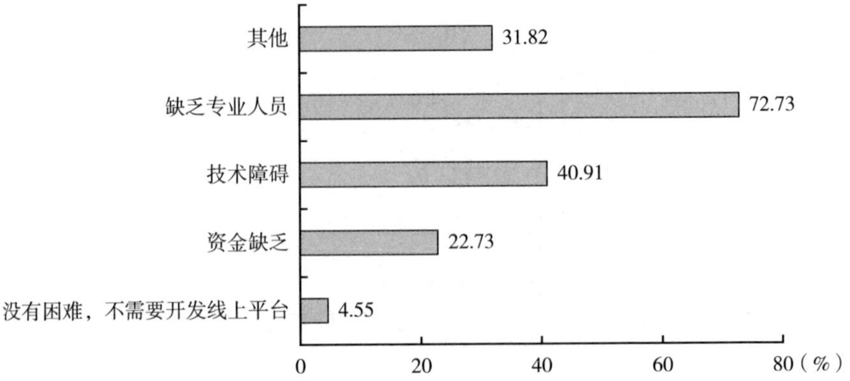

图 4　2020 年画廊线上平台主要障碍

数据来源：雅昌艺术网。

2. 线上线下艺博会共现新惊喜

（1）艺博会总体行情好于往年。2020 年线下艺博会大面积取消，只有下半年的上海西岸、ART021、艺术深圳、北京当代·艺术展和广州当代等如期开展，其他艺博会均转为线上举行。许多国际机构、画廊、藏家及业内人士因疫情无法参加，这为国内部分机构和藏家带来销售与购买机会。2020 年西岸艺博会 A 馆共有 51 家画廊，VIP 开幕当日已有画廊完成 80% 以上销售；有 25 家画廊销售总额超过 6000 万元，销售作品总量超过 150 件，销售额超过 200 万元画廊至少有 7 家（如表 1 所示）。

表 1　2020 年西岸艺术与设计博览会 VIP 开幕部分销售统计

画廊名称	销售数量	销售总额
白立方	至少 5 件	1000 万元
里森	至少 5 件	超过 1000 万元
立木	11 件	约 860 万元
佩斯	至少 10 件	至少 600 万元
常青	5 件	约 600 万元
蜂巢当代艺术中心	12 件	500 万元
德玉堂	8 件	至少 200 万元

数据来源：雅昌艺术网。

（2）线上展览带来惊喜。2020 年疫情突然来袭，线下艺博会全部被迫取消，只能线上寻求新突破。“2020 春季 · Collect + 艺术周”依托在艺“Collect +”小程序平台开设“云端展览”，为观众提供云端新体验，在线展出 50 场年度重要展览和数千件经典作品，吸引 30 家一线画廊参与；蜂巢当代艺术中心线上艺博会在直播两天内即售出 7 件作品，最高成交价 20 多万元，给主办方和线上参展画廊带来许多惊喜。

3. 传统拍卖市场缓慢前行

（1）头部公司受到的冲击相对较弱。2020 年中国艺术品拍卖市场两极分化较大。许多中小拍卖公司停拍，但头部公司受到的冲击相对较弱，顶级头部公司纷纷拿出珍品来增加业绩、振奋艺术品市场情绪；同时委托方的期望成交价也有所降低，所以头部公司上拍拍品数量、成交数量和拍卖成交总额虽有小幅下降，但成交率均有提升（如表 2 所示）。

表 2　北京嘉德和北京保利 2020 年大拍数据对比

指标	北京嘉德(春秋两季大拍)		北京保利(春秋两季大拍)	
	2019 年	2020 年	2019 年	2020 年
上拍拍品数量(件)	12967	10262	11760	9522
成交数量(件)	10076	8403	7828	6898
成交率(%)	77.70	81.88	66.56	72.44
成交总额(亿元)	44.00	39.13	61.81	55.69

数据来源：马学东《2020 年国内艺术品拍卖市场行情之变》，搜狐网，https://www.sohu.com/a/442438364_652775，2020 年 1 月 7 日。

（2）书画板块成交额依然独占鳌头。2020 年艺术品拍卖市场中，书画板块成交额独占鳌头，14 家拍卖行成交额合计达 123.84 亿元。但书画艺术拍品亿元以上级别作品数量减少，仅 14 件（如表 3 所示），成交价超过 5000 万元的作品共计 12 件（不含亿元以上拍品）。

表3　2020年书画拍卖市场亿元以上作品

排名	拍品名称	成交价
1	吴彬 约1610年作《十面灵璧图卷》手卷	512900000元
2	任仁发《五王醉归图》手卷设色纸本	306551000港元
3	宋龙舒本《王文公文集》《宋人信札册》纸本写本	263350000元
4	潘天寿1958年作《耕罢》立轴设色纸本	178825000元
5	崔如琢2017年作《秋山烟翠》镜心	189750000元
6	崔如琢2020年作《暗香浮动鸟鸣春》手卷	177100000元
7	崔如琢2020年作《清秋荷塘听雨眠》手卷	172500000元
8	朱敦儒《睽索贴》册片	150650000元
9	傅抱石1942年作《大涤草堂图》立轴	138000000元
10	齐白石《花草工虫册》十开册页	129950000元
11	文同苏轼《墨竹卷》手卷	121900000元
12	崔如琢2020年作《雨洗溪光净》镜心	120750000元
13	李可染1987年作《高岩飞瀑图》镜片水墨纸本	116725000元
14	傅抱石1946年作《二湘图》立轴	104650000元

数据来源：雅昌艺术网。

4. 网络拍卖市场成新亮点

（1）网拍成交额出现质的飞越。2020年互联网拍卖成为艺术品市场新亮点，网拍成交额出现质的飞越。如中国嘉德网络拍卖业务2020年完成4.2亿元，占累计网拍成交额的84%；仅中国嘉德第17期一期网拍成交额就达3373.64万元，平均成交率为94%。此外，还有中贸圣佳、北京荣宝、艺典中国等知名拍卖行也都及时举办网拍，形式多样、如火如荼。

（2）网拍引入直播电商模式。2020年直播电商加入网拍领域，网络拍卖已从概念变成现实。藏家通过网络参与实时竞价、收看网络直播，通过拍卖公司App提供的照片进行竞投的筛选等开始成为新常态。上海嘉禾通过引入直播拍卖先后举行20期网拍，其中第16期网拍成交1893万元。

5. 文玩电商市场发展较为迅猛

自疫情发生以来，线下文玩市场加速“枯萎”，文玩艺术品借助互联网平台加速“破圈”。2020 年中国文玩电商市场交易规模比 2016 年增长近 12 倍，中国文玩电商活跃用户规模 2020 年底较 2020 年初增长约 1.6 倍（如图 5 和图 6 所示）。随着中国文玩电商活跃用户规模迅速增加，文玩电商开始备受资本青睐，融资频频（如表 4 所示）。

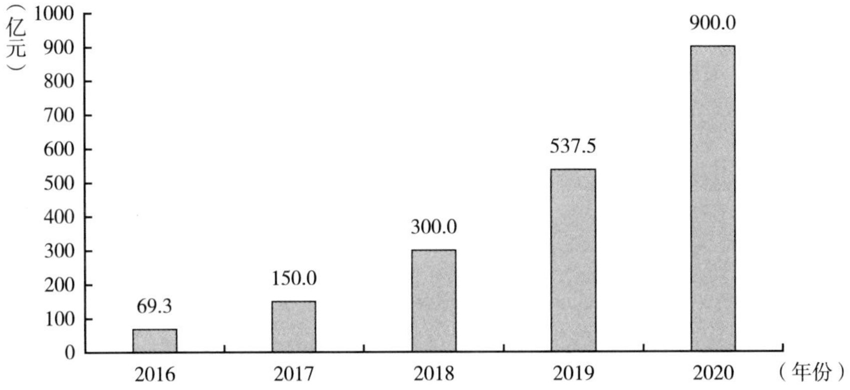

图 5　2016～2020 年中国文玩电商市场交易规模

数据来源：MobTech。

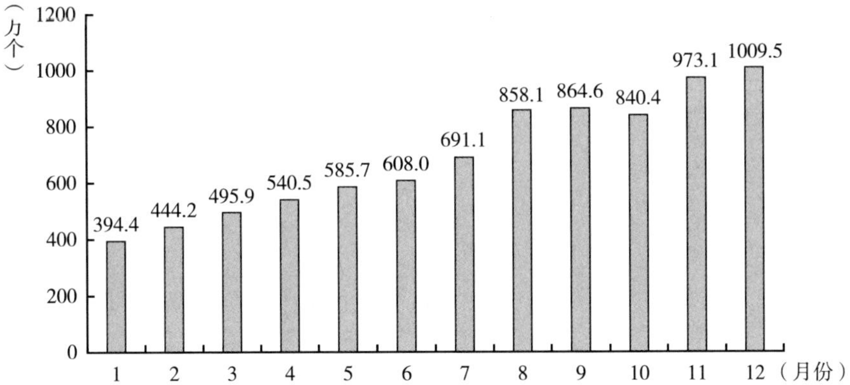

图 6　2020 年中国文玩电商活跃用户规模

数据来源：MobTech。

表 4　2020 年部分文玩电商公司融资记录

融资方	所在地	融资时间	融资轮次	融资金额	投资方
至尊宝物	广州	2020. 2. 28	天使轮	1200 万美元	贝塔斯曼亚洲投资基金、IDG 资本
玩物得志	杭州	2020. 4. 20	B 轮	数千万美元	源码资本、老股东
		2020. 11. 4	C 轮	8000 万美元	众源资本、华兴新经济基金等
天天鉴宝	郑州	2020. 4. 24	B1 轮	数千万美元	元璟资本、华映资本、海纳亚洲

数据来源：网经社。

（二）艺术品财富管理需求正在逐步升温

1. 高净值客户规模不断增加

2020 年，中国高净值人群达到 262 万人，比 2018 年增了 65 万人，年均复合增长率由 2016～2018 年的 12% 升至 2018～2020 年的 15%（如图 7 所示）。截至 2020 年末，全国有 24 个省区市高净值人群超过 2 万人，高净值人群超 10 万人的省区市有 9 个，5 万～10 万人的省区市有 8 个。①

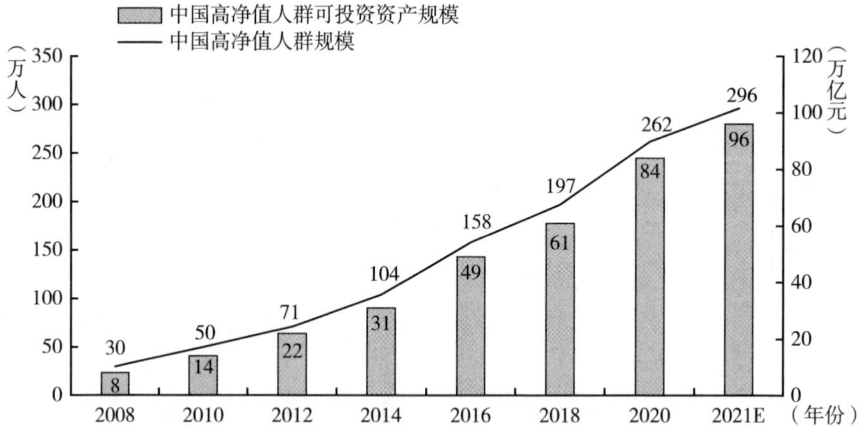

图 7　中国高净值人群规模及其可投资资产规模情况

数据来源：招商银行、贝恩公司联合发布的《中国私人财富报告（2021）》。

① 数据来源：招商银行、贝恩公司联合发布的《中国私人财富报告（2021）》。

艺术品投资近年来越来越受高净值人群关注。根据德勤的数据，2020年中国高净值人群全球艺术品投资总规模达5.04万亿元，家庭总投资配置中艺术品投资占比为6%（如图8所示）。2020年中国高净值人群对艺术品投资领域的关注重点没有发生明显变化，约有98.25万高净值人士对中国书画感兴趣（如表5所示）。

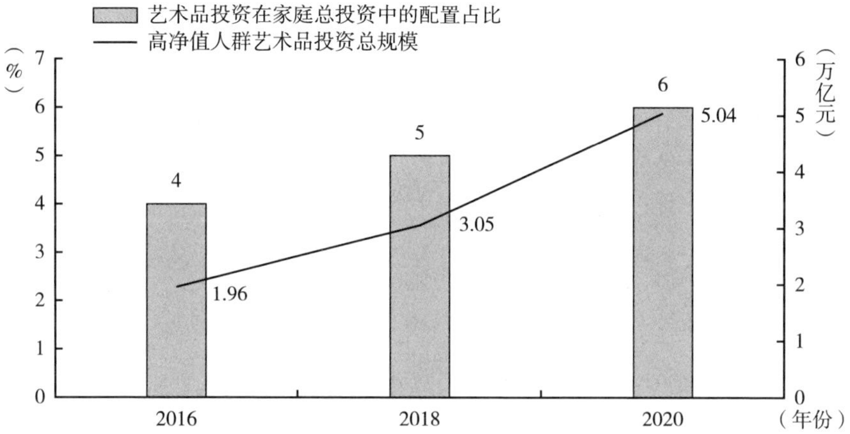

图8　中国高净值人群艺术品投资情况

数据来源：德勤管理咨询（上海）有限公司团队提供。

表5　中国高净值人群关注艺术品类情况

前五	占比（%）	对该类别感兴趣的高净值人群人数(万人)		
		2016年	2018年	2020年
		158	197	262
中国书画	37.5	59.25	73.88	98.25
珠宝翡翠	21.2	33.50	41.76	55.54
玉石器	10.6	16.75	20.88	27.77
西画雕塑	8.7	13.75	17.14	22.79
瓷器	6.7	10.59	13.20	17.55

数据来源：贝恩公司高净值人群收入-财富分布模型，德勤，胡润百富。

2. 财富管理行业发展势头强劲

2020 年银行年报数据显示，符合标准的客户数达 96.13 万户，总管理客户资产规模 13.42 万亿元；从资产规模来看，13 家上市国有大行与股份行主力私人银行（除邮储银行和渤海银行外）新增总体资产管理规模超 2.2 万亿元，其中招商银行私人银行客户总资产规模增长 5436 亿元，位居所有银行之首。因艺术品金融的巨大发展潜力和对盈利空间的把握，艺术品购买、收藏规划与投资服务等逐渐成为私人银行服务高净值客户群的重要业务板块。

2020 年 8 月五矿信托重磅推出的“五矿信托 - 艺享世家 1 号 - 艺术品消费选择权集合资金信托计划”，创新探索“财富管理 + 消费选择权”模式；2020 年 11 月陆家嘴信托成立首单艺术文化类慈善信托“弘远 6 号”，首次聚焦文化艺术领域，为来沪务工人员子女提供了近距离接触高雅艺术的机会。

（三）系列政策出台维护艺术品市场稳定发展

1. 进博会相关政策助力文物回流

2020 年 10 月，《关于中国国际进口博览会展期内销售的进口展品税收优惠政策的通知》《关于支持 2020 年第三届中国国际进口博览会文物类展品监管和便利化措施的公告》等相继发布，积极推动进博会器件文物进口税收减免优惠政策和公益展示服务落地实施。2020 年 12 月 9 日，第三届进博会展出《雪江山水》和《西巡图》等 5 件中国古画，顺利实现优秀文物海外回流。

2. 鼓励民间收藏帮助树立信心

2020 年 3 月 1 日，上海市人民政府出台《上海市民间收藏文物经营管理办法》，用法律条文形式规范文物市场健康有序发展。2020 年 11 月 10 日，国家文物局和上海市人民政府共同签署战略合作协议，旨在加快建设中国国际文物艺术品交易中心，社会文物管理综合改革试点亦于同日在上海启动，以鼓励民间合法收藏文物、促进文物市场规范活跃发展。

3. 加快数字化发展提供技术支持

2020 年 5 月，中央文化体制改革和发展工作领导小组办公室发布《关于做好国家文化大数据体系建设的通知》，重点强调建设国家文化大数据体系，推进文化和数字深度融合；提出通过文物数字化技术可有效解决文物记录问题和科研、保护、展示等问题，同时要高度重视新基建工作，通过新基建引领文化产业在文物数字化、文化大数据体系建设等方面发展，从而为艺术品金融产业发展提供技术与数据支撑。

（四）多元文化应用场景急需艺术品金融市场不断创新

1. 国潮回归扩大文化艺术品消费规模

2020 年国潮回归特点清晰可见，传统文化和审美正在加速复苏，并引发年轻人对“东方美学”的追捧。这种消费者需求为国货打开新发展空间，国货崛起也正在重塑消费者文化追求。国潮回归不断扩大文化艺术品消费规模，为艺术品金融广泛应用奠定了良好规模基础。

2. 文化赋能城市经济高质量发展

2020 年城市居民需求和行为仍在发生明显变化，对城市的发展诉求进入更高阶段，城市综合体的内涵也需要不断拓展和更新。文化赋能城市发展，成为建设人文城市的重要路径之一。城市为文化提供物质基础和空间承载，文化为城市赋予精神内涵和气质灵魂。在此过程中，既需要文化艺术支撑，又需要金融工具扶持，融合艺术品金融思维和工具，才能促进文化更好地赋能城市。

3. 文博产业正在加速发展

2020 年文博领域动作很大，陆续出台一系列政策，如《博物馆定级评估办法》《文物建筑开放导则》《上海市民间收藏文物经营管理办法》《太原市博物馆促进条例》等，开始积极开展文物活化和文物安全等工作；此外，还包括正在酝酿编写的文物保险评估标准等。这些为文物数字化和文物数字 IP 市场化、产业化发展都提供了很好的保障。

4. 数字艺术品资产引发关注

2020 年科技发展深度介入艺术品领域。截至 2020 年底，SuperRare、Nifty

Gateway 等五大加密艺术品平台共售出 5 万余件艺术品。相较于传统艺术品，NFT 艺术品具有显著提升的流通性，2020 年 11 月 13 日当天，NFT 市场日交易量超过 618500 美元，交易者人数超过 1800 人。科技能够让艺术品从创造到交易全流程上链可追溯，可为解决艺术品确权、估值等难题提供更多支持。

三　艺术品金融市场面临的主要问题及发展对策

（一）艺术品金融市场面临的主要问题

1. 对中国优秀传统文化和本土原创艺术重视不够

2020 年画廊总体市场业绩虽然还不错，但国外画廊、艺术家和艺术品仍然占主导，世界排名前 300 的画廊占艺博会参会总数的六成以上。这种表象折射出对中国优秀传统文化和本土原创艺术重视不够，亟待大力扶持和积极传播，才能更好地弘扬中国优秀传统文化，支持本土原创艺术更好发展。

2. 高质量艺术不多，潮流艺术占比较大

2020 年的艺术品市场为迎合年轻人喜好引进许多潮流艺术。但潮流艺术是否持久最终仍取决于艺术所带来的精神价值。所以艺术品市场还是要关注艺术本质上的精神价值，把民族原创文化艺术带动起来，在鼓励多元生态、全球对话和借鉴国际的基础上，用国家投入和社会投入重点发展本国高质量艺术。

3. 艺术品金融工具发展缓慢，金融创新动力不足

2020 年艺术品金融工具方面，中国嘉德等公司的艺术品抵押投融资业务只针对自有客户提供服务支持，艺术品保险主要依赖国外再保险做基础支撑，艺术品行业大数据建设没有取得特别成效，艺术品金融资产证券化、金融化可操作性政策和手段相对较少，导致难以制定和开发相关金融服务和产品，金融创新动力始终不足。

4. 艺术品金融专业人才匮乏，影响生态构建进程

中国艺术品金融市场发展面临艺术品金融咨询业、中介机构、专业机构

皆不发达的局面。国内数千家金融机构中，截至2019年私人银行只有22家①，同期苏黎世有101家。国内艺术品金融专业机构和部门数量不够，更谈不上质量，其根本原因是专业人才短缺，直接影响艺术品金融生态的构建进程。

（二）艺术品金融市场的发展对策

1. 将艺术品金融外延扩大至大审美经济

艺术品消费场景不断扩大，将为艺术品金融发展带来广阔前景和空间。艺术品应向知识产权、产业链条、城市社区、工业改造等多个领域拓展，与文旅产业、乡村振兴、工业非遗盘活等充分结合，推动艺术品金融从具象艺术品投资财富管理延伸到大审美经济，推动城市从功能社区向人文社区转型，从智能智慧城市向人文智慧城市转型。

2. 为新生事物设置宽容期

数据资产作为新生事物风险很高，发达国家对它有严格立法、期货监管和证券监管等规范要求，但同时也出台相应解决创新障碍的保障法案。我们可借鉴国外经验，针对NFT等新生事物设置宽容期。但要明晰底线，特别是NFT等新生事物法律权属不清、数字立法滞后，所以对潜在金融风险还应及时监管和防范。

3. 出台专业人才培养相关政策法规

专业人才培养需要政策指引。艺术品金融专业人才短缺的现状迫切需要出台相关政策来扶持专业人才培养，从而促进整个行业生态加速发展。建议专属经营、持牌经营、持证上岗等政策和措施的出台，推动新经济发展背景下积极利用好艺术品金融这种先进文化思想工具，加速推动艺术品金融市场的发展。

4. 加强政策监管与科技赋能

监管和金融科技已密不可分，并在全球金融市场已广泛应用。艺术品

---

① 数据来源：《中国私人银行发展报告（2020）》。

金融发展也应进一步结合大数据等前沿科技，借鉴“供应链金融 + 区块链”方式，完善艺术品分类、标识与估值，形成更规范可信的监管制度，进而形成可复制、可输出的中国艺术品金融行业标准，由监管部门推动艺术品供应链金融在线化、平台化发展，进而提升大众对艺术品金融行业的信任度。

B.9

2020年数字文化产业投融资：逆势飞扬，几占半壁江山

刘德良*

摘　要：　我国数字文化产业营商环境持续优化，新业态不断涌现，成为文化产业高质量发展的重要驱动力。2020年虽然文化产业整体受挫，但数字文化产业备受资本市场青睐。2020年，我国数字文化产业社会融资规模达到1234.90亿元，占全国文化产业社会融资总规模的45.44%。其中，债券为最主要的资金来源渠道，融资规模高达663.64亿元，占数字文化产业各渠道社会融资总规模的53.74%。分地区来看，广东、北京、上海为数字文化产业社会融资的主阵地，分别涉及资金518.99亿元、375.87亿元、234.10亿元，在数字文化产业社会融资总规模中的占比合计达到91.42%。在投资方面，新三板数字文化产业投资市场降温，涉及资金规模为16.80亿元，同比下降11.17%；而上市数字文化企业投资步伐加快，涉及资金规模为904.70亿元，同比增长89.86%。

关键词：　数字文化产业　社会融资　私募股权　新三板

---

* 刘德良，新元智库和新元资本创办人，清华大学新经济与新产业研究中心特约研究员，中国人民大学文化产业研究院特约专家，中央财经大学文化经济研究院特约专家，文化金融50人论坛创始成员等。

一　数字文化产业发展情况

数字文化产业以数字游戏、数字音频、数字阅读、智能设备等为代表，是一种智力密集型、高附加值的新兴产业，具有低消耗、引领性、可持续的特点。近几年，随着云计算、虚拟技术、人工智能、大数据等技术的成熟与普及，我国数字文化产业迈向新时代，正处于高速增长期，新业态不断涌现。

（一）政策环境持续优化

近年来，我国出台一系列政策文件促进数字文化产业发展，如2017年4月，文化部出台《关于推动数字文化产业创新发展的指导意见》，提出实施数字内容创新发展工程，鼓励对艺术品、文物、非物质文化遗产等文化资源进行数字化转化和开发等，向全社会发出了鼓励数字文化产业发展的明确信号；2017年8月，文化部印发《“十三五”时期公共数字文化建设规划》，指出要鼓励公共文化单位、高等院校与高科技文化企业合作，共同开展关键技术攻关，研发公共数字文化产品；2020年11月，文化和旅游部发布《关于推动数字文化产业高质量发展的意见》，强调要培育一批具有较强核心竞争力的大型数字文化企业，引导互联网及其他领域龙头企业布局数字文化产业等。在一系列利好政策的助推下，我国数字文化产业取得快速发展。

（二）新业态不断涌现

2017年文化部印发的《关于推动数字文化产业创新发展的指导意见》，从促进优秀文化资源数字化、培育云演艺业态、丰富云展览业态、发展沉浸式业态、提升数字文化装备实力等方面，明确新型业态培育的主要措施和重点领域。在政策的助推下，近几年，我国数字文化产业创新活跃，短视频、直播、数字艺术、沉浸式体验等新业态不断涌现。尤其是在新冠肺炎疫情期间，大量文化活动搬上“云端”，云录制、云展览、云综艺、云演出、云直播、云拉歌等新业态不仅满足了消费者线上新兴文化消费需求，也为数字文化产业形成了更多新增长点、增长极。

二　数字文化产业投融资情况

近年来，随着云计算、人工智能、大数据等技术的进一步应用，加上利好政策的推动，我国数字文化产业与金融的融合程度不断加深，越发成为推动文化产业高质量发展的重要驱动力。

（一）社会融资市场趋于谨慎

1. 社会融资市场降温，北上广为融资主阵地

（1）社会融资案例数量、融资规模双向下滑。新元文智－文化产业投融资大数据系统（文融通）数据显示，2020 年，在国际贸易摩擦加剧、新冠肺炎疫情等多重因素影响下，我国数字文化产业社会融资数量、融资规模均呈现下滑态势。其中，案例数量为 292 起，同比减少 23. 56%，融资规模为 1234. 90 亿元，同比减少 11. 97%（如图 1 所示），但仍占全国文化产业社会融资总规模的 45. 44%。

（2）债券渠道吸纳过半数资金，为融资主渠道。分渠道来看，2020 年，我国数字文化产业募集的资金主要来自债券融资渠道，共计发生融资案例 13 起，融资规模高达 663. 64 亿元，占数字文化产业各渠道社会融资总规模的 53. 74%；其次为上市首发融资、私募股权融资两个渠道，分别募集资金 331. 67 亿元、153. 86 亿元；其他渠道募资规模均在百亿元以下（如图 2 所示）。

（3）北上广融资优势明显，吸纳超九成资金。2020 年，我国数字文化产业募集资金主要分布在广东、北京、上海三地，分别涉及资金 518. 99 亿元、375. 87 亿元、234. 10 亿元，在数字文化产业社会融资总规模中的占比合计达到 91. 42%（如图 3 所示）。与 2019 年相比，上海融资规模实现大幅

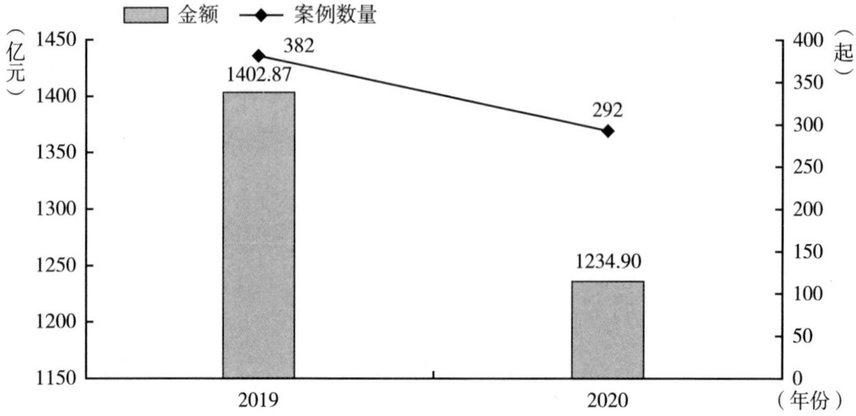

图1　2019～2020年我国数字文化产业社会融资情况

数据来源：新元文智－文化产业投融资大数据系统（文融通）。

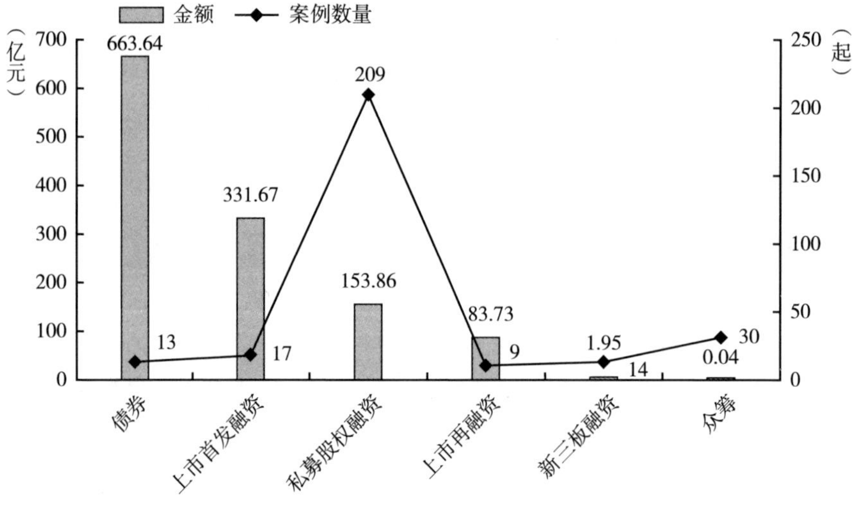

图2　2020年我国数字文化产业各渠道社会融资情况

注：为避免重复计算，上市再融资、新三板融资中不计相应的债券、信托融资。
数据来源：新元文智－文化产业投融资大数据系统（文融通）。

增长，同比增幅为93.08%，而北京、广东融资规模均呈现下滑走势，分别同比减少27.12%、1.33%。

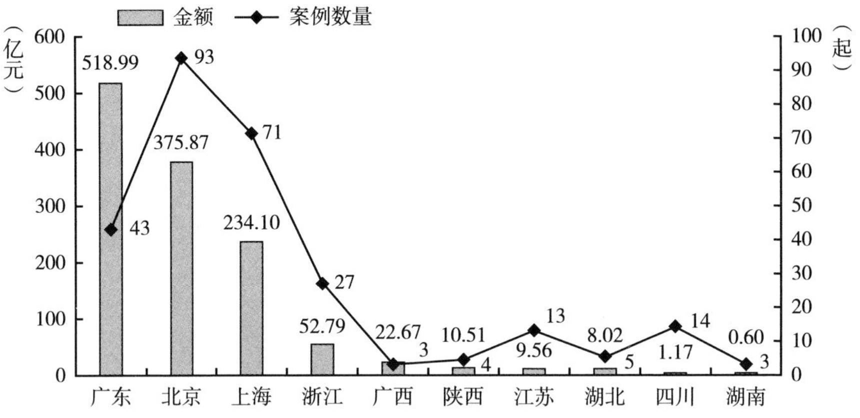

图3　2020年我国数字文化产业社会融资地区分布（TOP 10）

数据来源：新元文智－文化产业投融资大数据系统（文融通）。

2. 社会融资渠道喜忧参半，多数波动明显

（1）私募股权融资市场降温，但资金仍加速涌入上海。上海融资规模呈增长态势，位居全国次席。2020年，我国数字文化产业私募股权融资渠道共发生209起案例，同比下降24.00%，透露金额案例涉及资金规模为153.86亿元，同比下降71.11%（如图4所示）。分地区来看，北京私募股权融资规模由2019年的367.75亿元下降到2020年的66.58亿元，但仍以43.27%的占比居全国首位。上海融资规模位列次席，为49.77亿元，同比增长9.02%，在全国数字文化产业私募股权融资总规模中的占比达到32.35%。

成熟期数字文化企业吸金实力强，融资规模是初创期企业的4倍多。2020年，我国初创期（种子轮、天使轮、Pre-A轮、A轮、A+轮）数字文化企业共发生融资案例80起，涉及资金规模为16.07亿元，分别占数字文化企业私募股权融资总案例数量及总规模的38.28%、10.44%（如图5所示）。成熟期（B轮、B+轮、C轮、C+轮、D轮、F轮－上市前）数字文化企业共发生融资案例30起，低于初创期企业，但涉及资金规模是初创期企业的4倍多，可见成熟期的数字文化企业吸金能力更强。

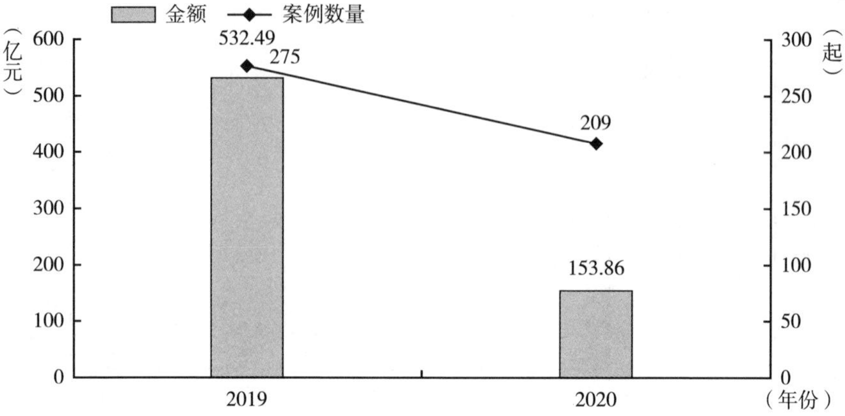

图 4　2019～2020 年我国数字文化产业私募股权融资情况

数据来源：新元文智－文化产业投融资大数据系统（文融通）。

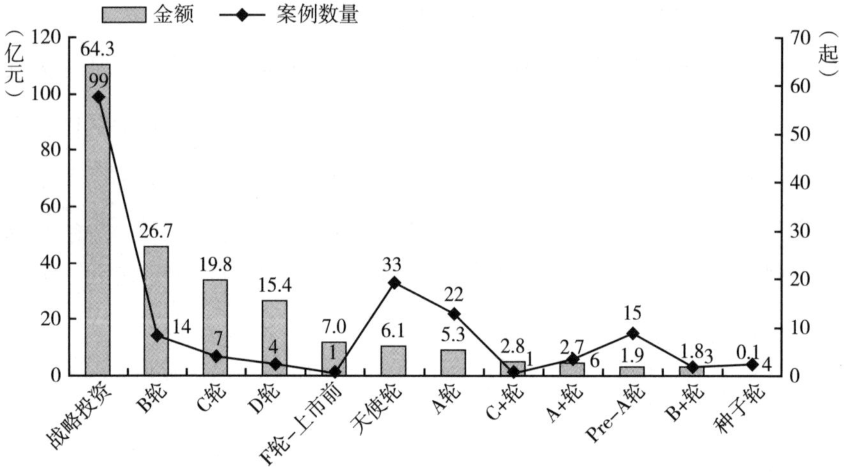

图 5　2020 年我国数字文化产业私募股权融资轮次分布情况

数据来源：新元文智－文化产业投融资大数据系统（文融通）。

（2）新三板数字文化企业融资市场表现低迷，全数为定向发行股票融资。2020 年，我国已挂牌新三板数字文化企业融资市场表现低迷，14 起案例涉及资金 1.95 亿元，分别同比减少 39.13%、44.84%（如图 6 所示）。从融资类型来看，全数为定向发行股票融资案例。从融资地区分布情况来看，北京市挂牌新三板数字文化企业无论是融资案例数量还是融资规模均居全国首位，以4起案例募集资金0.58亿元，分别占全国挂牌新三板数字文化企业融资案例总数量及融资总规模的28.57%、29.92%。

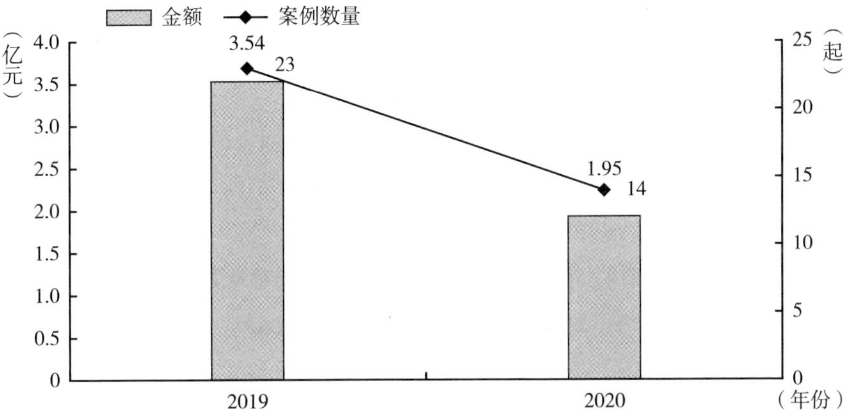

图6　2019～2020年我国数字文化企业挂牌后融资情况

数据来源：新元文智－文化产业投融资大数据系统（文融通）。

（3）上市数字文化企业融资市场升温，上市首发融资规模及再融资规模双向增长。17家数字文化企业成功IPO，上市首发融资规模呈增长趋势。2020年，我国共计有17家数字文化企业成功上市，与2019年持平，首发融资规模为331.67亿元，同比增长1.50倍（如图7所示），市场升温明显。其中，网易公司上市首发融资规模达到220.97亿元，为2020年最大的一起上市首发融资案例，引领带动作用明显。分地区来看，17家企业主要分布在北京、广东、上海、广西，它们在2020年分别有7家、3家、2家、2家企业完成IPO。

再融资案例数量增长逾两成，再融资规模增长逾一成。2020年，我国上市数字文化企业发生22起再融资案例，同比增长22.22%，成功募集资金747.37亿元，同比增长12.29%（如图8所示），市场升温。从再融资方式来看，以债券融资为主，以663.64亿元融资规模占数字文化企业再融资总规模的88.80%；定向增发融资（上市再融资）涉及资金规模为83.73亿

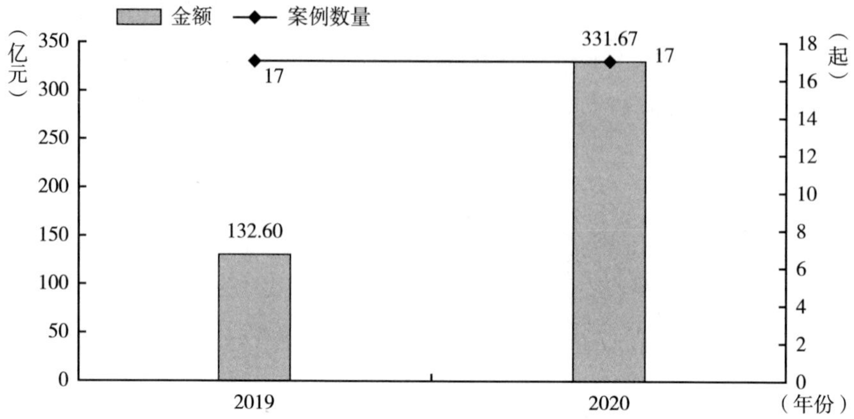

图 7　2019～2020 年我国数字文化企业上市首发融资情况

数据来源：新元文智－文化产业投融资大数据系统（文融通）。

元，占数字文化企业再融资总规模的 11.20%。从地区分布来看，广东省数字文化企业再融资规模领先，达到 502.29 亿元，在数字文化企业再融资总规模中的占比达到 67.21%。

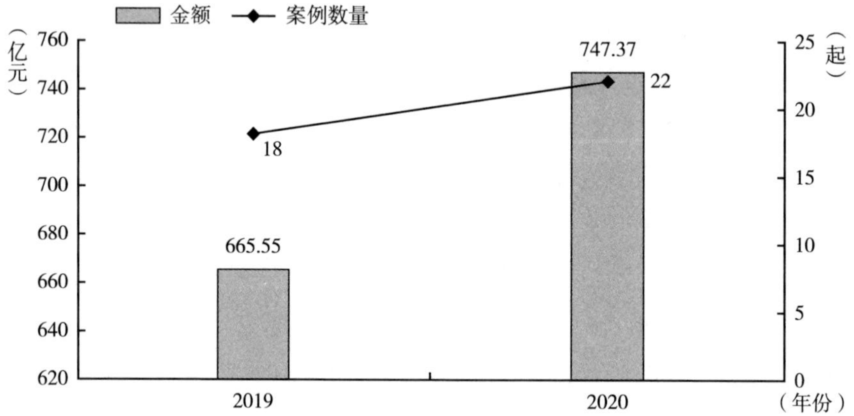

图 8　2019～2020 年我国数字文化企业再融资情况

数据来源：新元文智－文化产业投融资大数据系统（文融通）。

（4）债券市场小幅升温，广东融资规模稳居全国首位。2020 年，我国数字文化产业债券融资市场小幅升温，共发生 13 起案例，较 2019 年增加 1

起，涉及资金规模为663.64亿元，同比增长1.79%（如图9所示）。其中，广东融资规模同比增长4.01%，达到489.98亿元，稳居全国首位；上海融资规模也呈现增长态势，由2019年的33.60亿元增长到2020年的140.38亿元，升至次席；其他地区融资规模相对较低，均在30亿元以下。

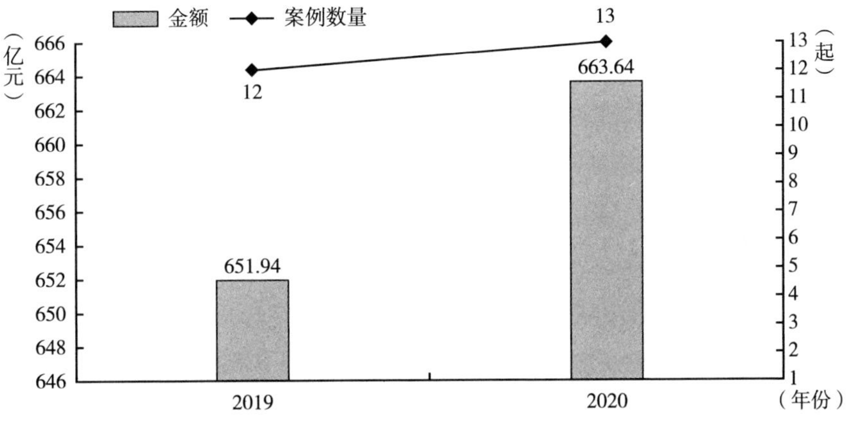

图9　2019～2020年我国数字文化产业债券融资情况

数据来源：新元文智－文化产业投融资大数据系统（文融通）。

（5）众筹融资市场降温明显，融资规模大幅下滑。2020年，我国数字文化产业众筹融资市场大幅降温，共发生30起案例，涉及资金规模为436.12万元，分别同比减少36.17%、59.17%（如图10所示）。在众筹的发展模式中，奖励众筹无疑是最受参与者青睐的众筹形式，2020年数字文化产业众筹渠道所融资金全数来源于奖励众筹。分地区来看，广东地区数字文化企业众筹融资规模领先，为212.53万元，但处于下行区间，同比减少34.74%；其次为浙江地区，融资规模为79.02亿元，同比减少46.12%。

（二）并购市场规模明显扩大

1. 并购活跃度下滑，但涉及资金规模逆势增长

据新元文智－文化产业投融资大数据系统（文融通）统计，2020年，我国数字文化产业共发生42起并购案例，同比减少36.36%，但涉及资金

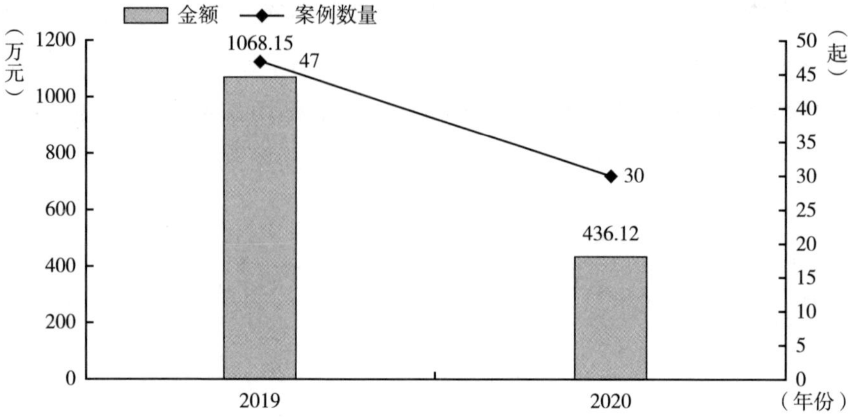

图 10　2019～2020 年我国数字文化产业众筹融资情况

数据来源：新元文智－文化产业投融资大数据系统（文融通）。

规模逆势增长到 394.96 亿元，同比增长 94.38%（如图 11 所示），并购市场涉及资金规模明显扩大。

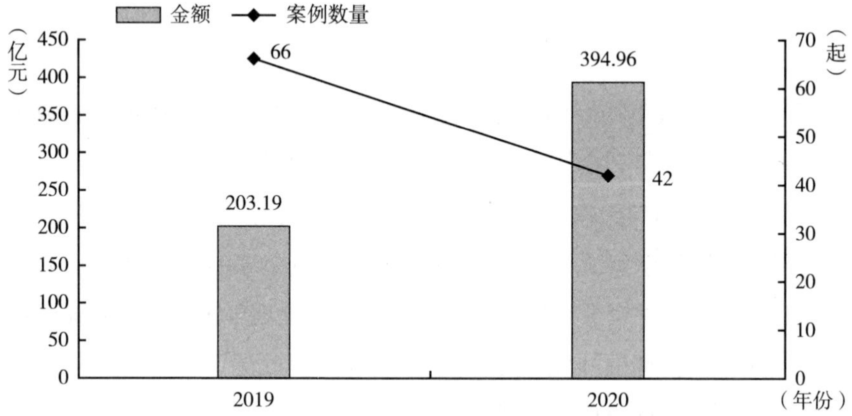

图 11　2019～2020 年我国数字文化产业并购情况

数据来源：新元文智－文化产业投融资大数据系统（文融通）。

2. 广东并购规模遥遥领先，占比近九成

2020 年，我国数字文化产业并购主要集中在广东、北京、上海三个地区，它们在数字文化产业并购总规模中的占比合计达到98.16%。其中，广东并购规模遥遥领先，涉及资金规模为347.18亿元，占数字文化产业并购总规模的87.90%；其次为北京，涉及资金规模为27.99亿元，占数字文化产业并购总规模的7.09%；上海并购规模位列第三，为12.54亿元，占数字文化产业并购总规模的3.18%（如图12所示）。

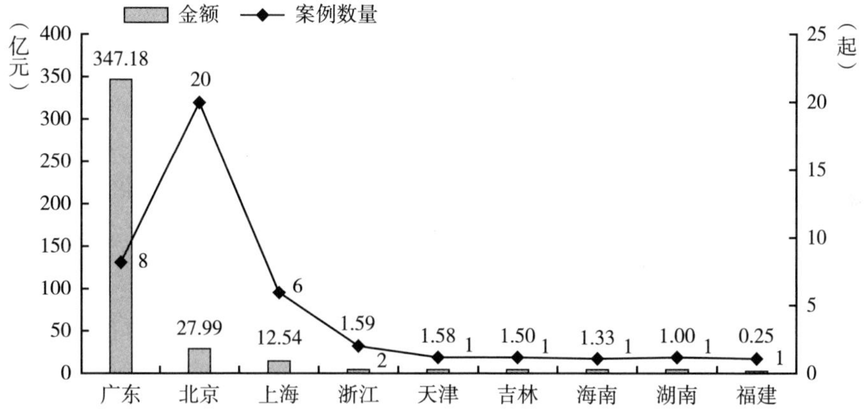

图12　2020年我国数字文化产业并购地区分布情况（TOP 10）

数据来源：新元文智－文化产业投融资大数据系统（文融通）。

（三）投资市场喜忧参半

1. 新三板投资市场降温，陕西优势明显

（1）投资趋于谨慎，投资规模下滑一成多。2020年，我国新三板挂牌数字文化企业投资案例数量、投资规模双向下滑。其中，投资案例数量为163起，同比减少11.89%；涉及资金规模为16.80亿元，同比下降11.16%（如图13所示），市场明显降温。其中，股权投资涉及资金规模领先，为8.32亿元，占新三板挂牌数字文化企业投资总规模的49.51%。新设子公司案例数量居各投资方式之首，为106起，占比为65.03%。

（2）陕西企业投资扩张最为强劲，投资规模领跑全国市场。从区域分布来看，2020年，陕西、北京、福建、广东、江苏等17个省区市的新三板

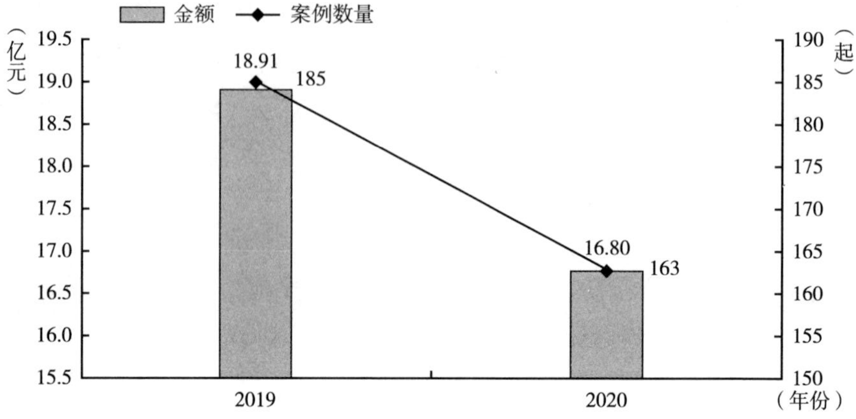

图 13　2019～2020 年我国数字文化企业挂牌后投资情况

数据来源：新元文智－文化产业投融资大数据系统（文融通）。

数字文化企业有投资案例发生。其中，陕西新三板数字文化企业投资扩张最为强劲，投资资金规模达 7.41 亿元，在全国新三板数字文化企业投资总规模中的占比为 44.09%，遥遥领先（如图 14 所示）。

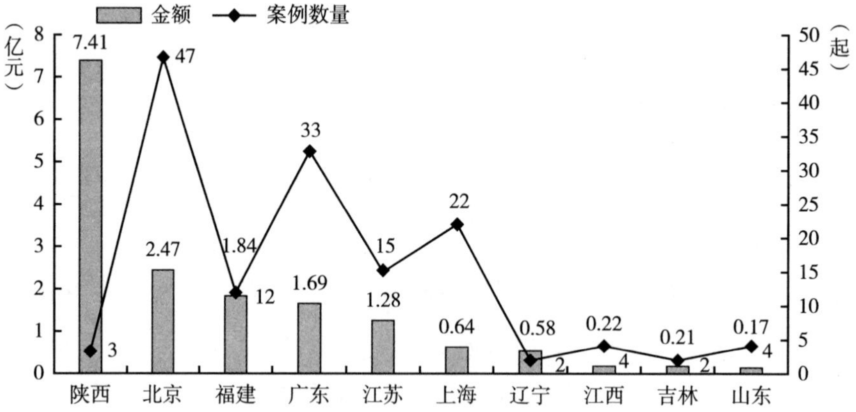

图 14　2020 年我国数字文化企业挂牌后投资地区分布情况（TOP 10）

数据来源：新元文智－文化产业投融资大数据系统（文融通）。

2. 上市投资市场升温，广东投资规模全国领先

（1）投资步伐加快，并购为主要投资方式。2020 年，我国上市数字文化企业投资步伐加快，共发生投资案例 287 起，同比增长 75.00%，涉及资金规模为 904.70 亿元，同比增长 89.86%（如图 15 所示）。从投资方式来看，以并购为主，投资规模达 567.96 亿元，占上市数字文化企业投资总规模的 62.78%；股权投资、投资基金、新设子公司三种方式投资规模相对较小，分别为 187.43 亿元、140.99 亿元、8.32 亿元。

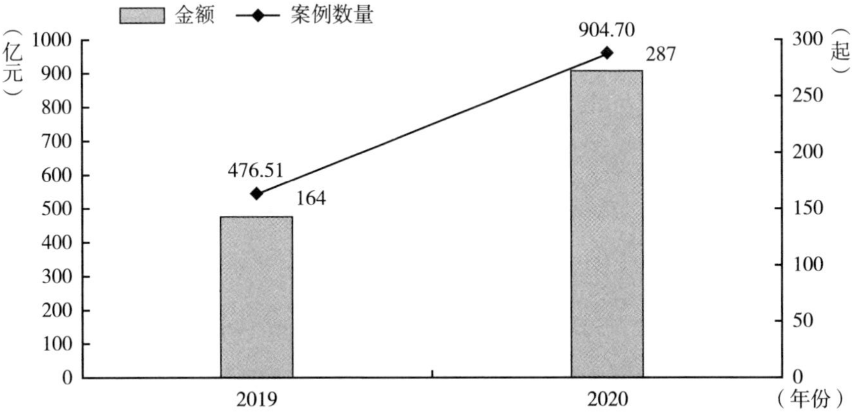

图 15　2019～2020 年我国数字文化企业上市后投资情况

数据来源：新元文智－文化产业投融资大数据系统（文融通）。

（2）广东企业投资规模稳居全国首位，且呈扩张态势。2020 年，广东省数字文化企业投资规模同比增长 68.34%，达到 311.59 亿元，稳居全国首位；北京市紧随其后，涉及资金规模为 297.06 亿元，同比也实现大幅度增长；其他地区投资规模相对较小，均在 150 亿元以下（如图 16 所示）。

三　数字文化产业投融资案例分析：云想科技

2020 年 12 月 17 日，云想科技在港交所主板正式挂牌上市。

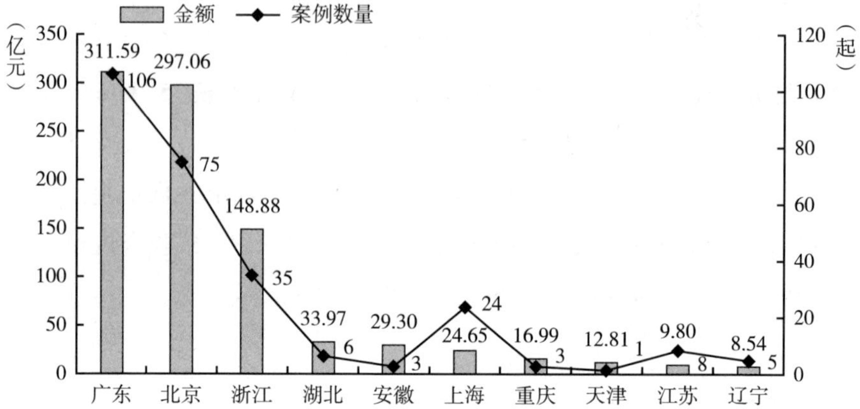

图 16　2020 年我国数字文化企业上市后投资地区分布（TOP 10）

数据来源：新元文智－文化产业投融资大数据系统（文融通）。

（一）公司介绍

云想科技控股有限公司（以下简称“云想科技”）创立于 2012 年，是基于大数据技术，集移动短视频内容生产、分发、交易和商业化于一体的集团企业，拥有大数据管理能力和数据驱动下的大规模短视频生产能力，业务涵盖短视频营销、短视频交易、视频制作、事件营销等效果类内容产业，多年来不断为中国重要的互联网企业客户提供技术服务与支持。2020 年 12 月 17 日，云想科技在港交所主板正式挂牌上市。配发结果显示，云想科技拟发行 2 亿股，另有 15% 的超额配股权，每手 1000 股，以发售价每股 6. 98 港元计算，所得款项净额约为 12. 93 亿港元。值得注意的是，云想科技的香港公开发售最终认购达 114. 45 倍，国际配售亦同步获得超额认购，达到业内较高的水平。同时，在行业 PE 偏高的基础上采用接近区间上限定价，一方面表明公司对未来发展充满信心，另一方面也表明投资机构对公司未来发展持续看好。同时，公司依然为投资者在二级市场的参与留足了增长空间。

（二）财务情况

招股说明书资料显示，云想科技在2017～2019年实现了高速增长，2017～2019年营业收入年复合增长率高达213.5%；利润年复合增长率也达到48.6%。2019年，云想科技实现营业收入23.13亿元，实现利润7293万元。2020年上半年，云想科技实现营业收入7.97亿元，实现利润5707万元。

云想科技获得如此出色业绩的原因，除行业整体高增长外，最核心的因素还是它成功与头条系巨量引擎绑定，由此进入包括抖音、火山、西瓜在内的头条系视频平台营销体系中。未来，短视频或将持续变革移动营销。随着产业链上下游对垂直领域的关注，用户和多频道网络内容创作的垂直化与短视频的无边界营销相互促进，2026年短视频营销市场规模有望突破7000亿元，千亿元市场规模有待云想科技挖掘。

（三）业务模式

据招股说明书，云想科技主要包括线上营销解决方案业务和泛娱乐内容服务业务两大核心业务模式。

线上营销解决方案业务主要凭借公司自有的数据管理平台，直接或通过广告代理向广告主提供一站式线上营销解决方案（尤其为短视频营销解决方案），通过规划、推出及管理广告宣传活动，助力广告主获取、转化及挽留消费者，并以高效的方式达到营销目标。主要以原生信息流广告的形式投放短视频或文字及图片素材，并拥有内部制作团队，可制作定制化、具吸引力及引人注目的广告素材。针对线上营销解决方案向广告客户收取主要结合OCPM（优化每千次展示成本）、OCPC（优化每次点击成本）及CPC（每次点击成本）计量的费用，而云想科技通过媒体合作伙伴在线上投放广告获取用户流量，并主要根据相同机制支付流量获取费用。

泛娱乐内容服务业务主要通过花边网站及其移动端经营一个泛娱乐内容平台。花边平台汇总来自专业媒体、艺人经纪公司及自媒体账户的泛娱乐文章及照片，并向访客提供实时定制化信息。收入主要来自在花边平台向第三方广告联盟（如搜狗）及广告主提供广告位。花边平台通过与内容分发合作伙伴合作获得流量，并根据 CPC 向彼等支付流量获取费用。此外，云想科技还有偶像请回答及嬉游大娱记两个短视频 KOL（关键意见领袖）节目，通过提供最新电视及电影明星采访及娱乐新闻，扩大泛娱乐内容服务覆盖范围。

总之，云想科技之所以能获得资本市场的认可，核心还是因为云想科技所处赛道的潜力。华盛前哨的数据显示，以广告收入总额计算，中国线上营销的复合年增长率为 31.1%；短视频营销的市场份额占线上营销市场的比重由 2015 年的 0.1% 增长至 2019 年的 15.9%，并预期由 2020 年的 21.7% 进一步增长至 2024 年的 34.5%，云想科技的发展潜力不容小觑。

区 域 篇

Regional Reports

B.10
2020年北京市文化金融发展报告

段卓杉　刘晓哲*

摘　要：受新冠肺炎疫情发生与防控、市场环境等影响，北京市文化金融发展呈现新的特点。北京市出台了有效的政策应对疫情影响，缓解了文化产业投融资市场的压力，但北京市文化产业投融资规模整体上仍呈下降趋势。2020年，北京市文化产业实现融资规模616.82亿元，同比下降14.98%，融资事件数量同比下降19.23%。基于北京市文化金融发展现状与趋势，本报告提出相应的建议，包括：引导市场并购整合，促进文化产业结构转型升级；加大对潜力文化企业的扶持力度，助力对接资本市场发展；防范债务性违约风险，加快文化信用体系建设进程；推动各类资本投资，深化科技文化与金融融合。

关键词：文化金融　社会融资　北京

* 段卓杉，新元智库文化金融部研究总监。刘晓哲，新元智库分析师。

一 2020年北京市文化金融发展环境分析

（一）产业环境：文化产业复苏回暖，金融产业平稳运行

2020 年，北京市积极组织新冠肺炎疫情防控、有序推进复工复产等，文化产业、金融产业发展取得良好成效。

1. 文化产业复苏回暖，规模以上法人单位收入由负转正

随着新冠肺炎疫情防控、经济社会发展等取得较显著成效，北京市文化产业发展逐步恢复。根据北京市统计局的数据，2020 年，北京市规模以上文化产业法人单位收入为 14209.3 亿元，同比增长 0.9%，与上半年下降 5.0% 相比，实现正向增长。分行业类别看，新闻信息服务、创意设计服务、内容创作生产在北京市文化产业发展中占有重要地位，三者规模以上法人单位收入分别占 29.20%、23.75%、20.40%。内容创作生产、新闻信息服务收入增长明显，分别同比增长 26.0%、12.9%（如图 1 所示）。①

2. 金融产业平稳运行，收入与利润向好

面对疫情冲击等挑战，北京市金融产业在保障疫情防控、推进复工复产、支撑文化产业高质量发展等方面发挥了积极作用。根据北京市地方金融监督管理局的数据，2020 年，北京市金融业增加值达 7188 亿元，比 2019 年增长 5.4%，占地区生产总值的 19.8%。北京市金融业收入与利润态势向好，2020 年，金融业资产、营业收入、利润分别同比增长 7.7%、6.0%、6.1%。②

① 《规模以上文化产业情况》，北京市统计局网站，http：//tjj.beijing.gov.cn/tjsj_31433/yjdsj_31440/wh/2020/202102/t20210201_2250444.html，2021 年 2 月 1 日。

② 《2020 年度全市金融运行情况》，北京市地方金融监督管理局网站，http：//jrj.beijing.gov.cn/jrgzdt/202102/t20210225_2288572.html，2021 年 2 月 25 日。

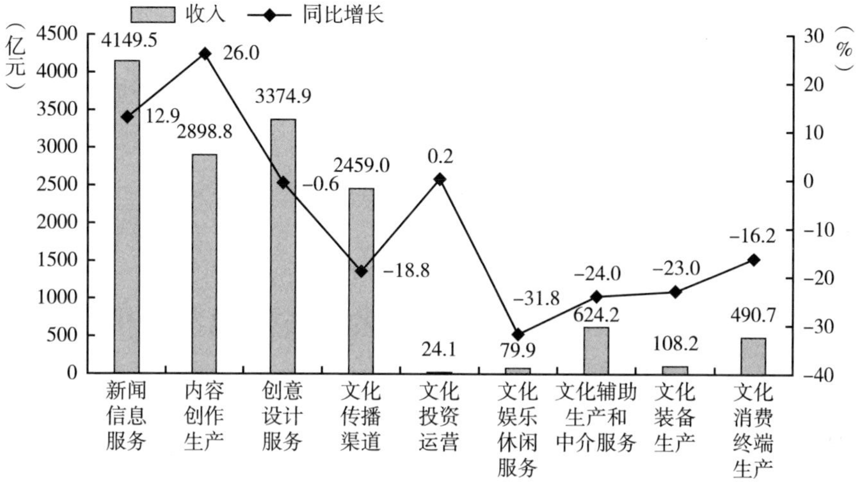

图1　2020年北京市规模以上文化产业各行业法人单位收入情况

数据来源：北京市统计局。

（二）政策环境：体制机制改革加快，营商环境进一步优化

2020年，北京市文化金融市场政策环境利好，释放多重积极信号，营商环境进一步优化。一方面，北京市积极应对新冠肺炎疫情，推进金融支持文化产业发展，进一步深化了文化与金融的融合发展；另一方面，我国金融市场改革深入推进，极大地激发了北京市文化金融发展的潜力。

为应对疫情冲击、营造良好营商环境等，北京市出台多项政策文件，推动文化金融发展。如《关于应对新型冠状病毒感染的肺炎疫情影响促进中小微企业持续健康发展的若干举措》（京政办发〔2020〕7号）、《关于应对新冠肺炎疫情影响促进文化企业健康发展的若干措施》（京文领办发〔2020〕1号）、《关于加强金融支持文化产业健康发展的若干措施》（京文领办发〔2020〕2号）等政策文件。通过落实"投贷奖"政策、加大信贷投放力度、加强风险投资对企业的支持等，引导、撬动更多的社会资本扩大文化产业投融资规模，促进金融助力文化产业高质量运行。

2020 年，我国继续深化金融市场体制机制改革，并在保持严监管的态势下，服务经济社会发展，防范化解金融风险。尤其值得注意的是，新三板精选层挂牌、创业板注册制等措施的落地，极利于激发投资者热情，改善资本市场环境，促进北京市文化企业积极挂牌、上市投融资发展。

二　2020年北京市文化金融发展情况分析

（一）社会融资活跃，募资走势与全国一致

2020 年，受新冠肺炎疫情发生与防控、文化金融市场环境等影响，北京市文化产业社会融资规模有所下降，但仍在全国文化产业社会融资总规模中占有较大比重。

1. 社会融资能力强劲，活跃度全国居首

2020 年，北京市文化产业社会融资与全国保持同步走势，融资事件数量同比下降 19.23%、社会融资规模同比下降 14.98%。据统计，北京市文化产业发生了 378 起社会融资事件（涉及私募股权融资、新三板融资、上市首发融资、上市再融资、债券融资、信托融资、众筹融资，不含银行贷款），活跃度居全国首位；社会融资规模为 616.82 亿元，仅次于广东，居全国第二位。总体看，北京市文化产业社会融资能力较为强劲。

2. 互联网信息服务募资额领先，社会融资领域集中度较高

2020 年，北京市文化产业社会融资资金主要涌向互联网信息服务、数字内容服务、玩具制造等文化领域（如图 2 所示）。互联网信息服务融资规模处于文化产业领先地位，达 253.28 亿元，占北京市文化产业融资规模的 41.06%；数字内容服务、玩具制造融资规模也较为突出，分别为 56.93 亿元、50.70 亿元，占比分别为 9.23%、8.22%。3 个文化细分领域融资规模合计占比为 58.51%。

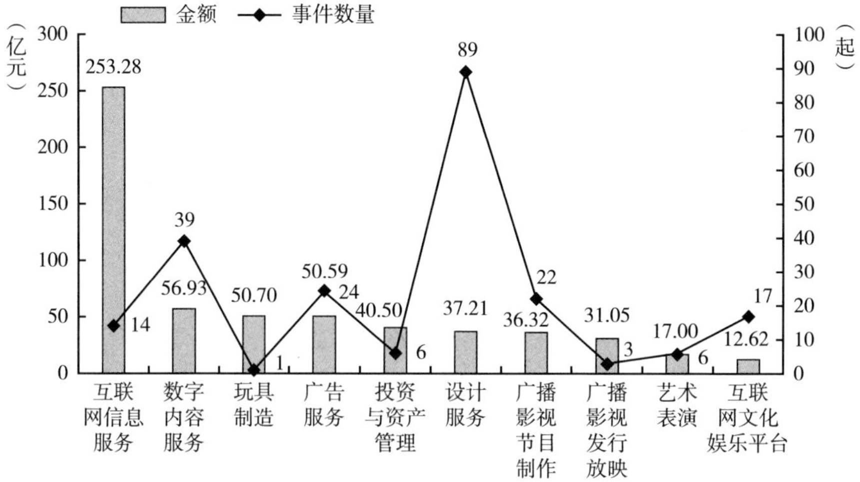

图2　2020 年北京市文化产业细分领域社会融资规模分布（TOP 10）

数据来源：新元文智 - 文化产业投融资大数据系统（文融通）。

（二）融资渠道较为丰富，发展特征明显

1. 文化产业私募股权融资活跃，募资规模全国领先

近年来，北京市持续推进全国文化中心建设，文化与金融要素不断集聚，文化产业私募股权融资发展取得一定成效。据新元文智 - 文化产业投融资大数据系统统计，2020 年，北京市文化产业私募股权渠道发生了 107 起融资事件，融资活跃度居全国首位；其中，75 起事件披露金额共计 91. 11 亿元，远高于其他省区市，占全国文化产业私募股权融资总规模的 44. 02%。与 2019 年相比，市场收紧，融资事件数量、融资规模分别下降 25. 69%、76. 58%。2020 年，北京市文化产业私募股权融资资金主要涌向互联网信息服务领域，共计发生了 13 起融资事件，涉及资金规模为 32. 30 亿元（如图 3 所示），分别占比为 12. 15%、35. 46%。北京市拥有一点资讯、今日头条等互联网信息服务知名企业，这些企业发展迅速，吸引了大量资本，也对整个互联网信息服务领域融资发挥了良好的带动作用。

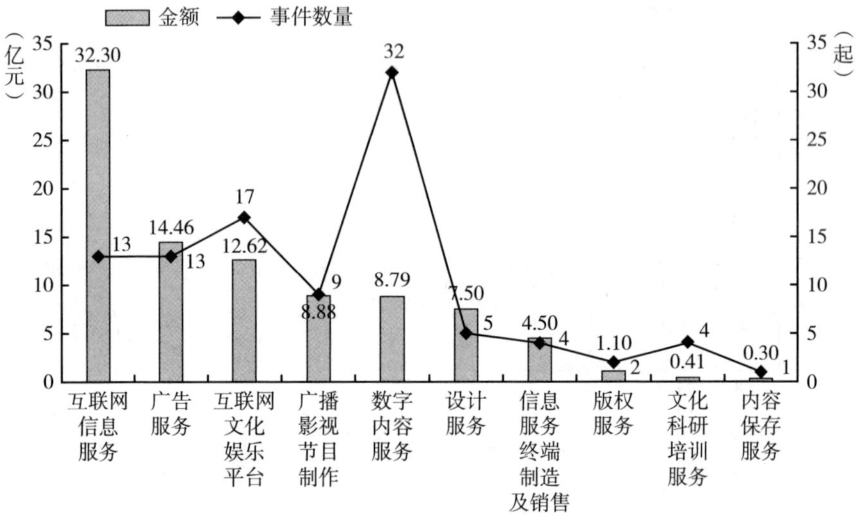

图 3　2020 年北京市文化产业细分领域私募股权融资规模分布（TOP 10）

数据来源：新元文智 - 文化产业投融资大数据系统（文融通）。

2. 新三板挂牌文化企业融资低位运行，未来向好

近年来，新三板挂牌文化企业融资（发行股票）形势较为严峻。2020 年，北京市共发生 8 起新三板挂牌文化企业融资事件，同比下降 50.00%；募集资金 2.90 亿元，同比下降 12.29%，但融资规模仍居全国第一。据统计，融资资金主要分布在广播电视节目传输领域，通过 1 起事件募资 2.15 亿元，占北京市新三板挂牌文化企业融资规模的 74.22%。此外，广告服务、数字内容服务等领域的融资规模均相对较小，不足 1 亿元（如图 4 所示）。总体看，虽然新三板挂牌文化企业融资仍处于低位，但新三板改革不断深入，市场释放多重利好信号，如精选层落地、推出自办发行制度等，融资预期向好。

3. 上市文化企业融资良好，首发融资、再融资活跃度提升

新增上市文化企业数量增长，赴港上市热度较高。据统计，2020 年，北京市有 14 家文化企业 IPO 上市，较 2019 年增长 55.56%，其中港交所的地位凸显，64.29% 的（9 家）企业为赴港上市；上市首发融资规模达

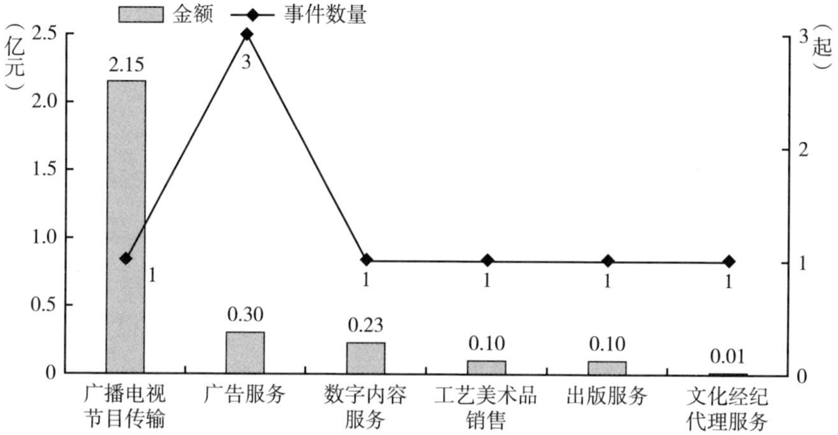

图4　2020 年北京市文化产业细分领域新三板融资规模分布

数据来源：新元文智 - 文化产业投融资大数据系统（文融通）。

372.66 亿元，居全国各省区市首位。新增上市文化企业涉及 8 个文化领域，广告服务领域新增上市企业数量最多，为 4 家，占比为 28.57%；互联网信息服务领域融资规模居首，220.97 亿元的融资规模占北京市上市首发融资总规模的 59.30%（如图 5 所示）。

上市再融资活跃度提升，广播影视发行放映融资规模领先。2020 年，北京市上市文化企业共计发生了 8 起再融资（发行股票）事件，高于全国其他省区市，且同比增长 166.67%，活跃度较 2019 年有所提升；融资规模为 49.43 亿元，同比下降 53.36%，预计受疫情、市场环境等影响，单个企业的融资规模相对较低，导致融资总规模下降。受万达电影股份有限公司融资影响，广播影视发行放映融资规模居各领域首位，29.29 亿元的资金规模占各领域融资总规模的 59.25%；其次是广告服务领域，通过 4 起事件融资 12.19 亿元，融资规模占比为 24.65%（如图 6 所示）。

4. 文化产业债券融资以国企为主，融资事件数量上升

发行债券是企业获得资金的一种债权融资方式。据统计，2020 年，北京市发生了 15 起文化产业债券融资事件，同比增长 36.36%，有 13 起事

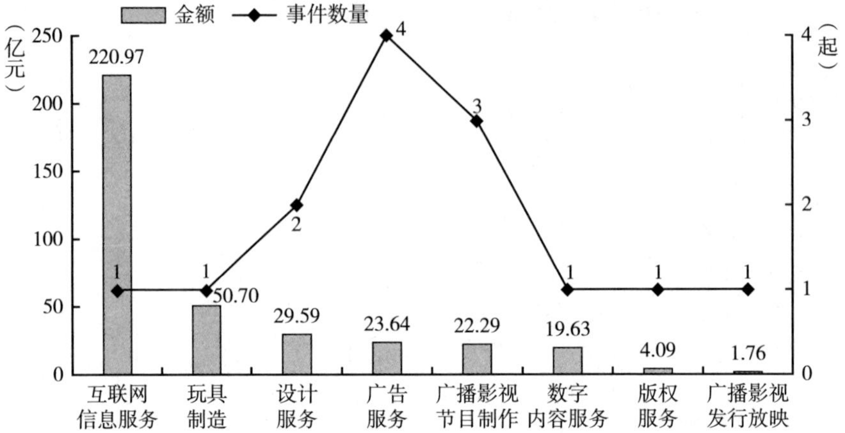

图5　2020年北京市文化产业细分领域上市首发融资规模分布

数据来源：新元文智－文化产业投融资大数据系统（文融通）。

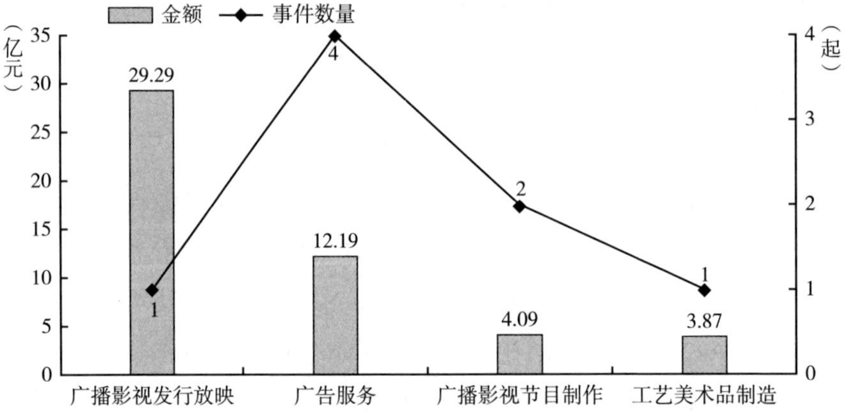

图6　2020年北京市文化产业细分领域上市再融资规模分布

数据来源：新元文智－文化产业投融资大数据系统（文融通）。

件的融资主体为国有企业，占比达86.67%。与上市再融资类似，债券融资以小规模事件为主，合计融资93.78亿元，同比下降47.28%。从融资领域看，投资与资产管理积极通过发债方式募集资金，融资活跃度、融资规模均居各领域首位，涉及融资事件6起，资金规模为40.50亿元，占北京市文化产业债券融资事件数量、融资规模的40.00%、43.19%（如图7所示）。

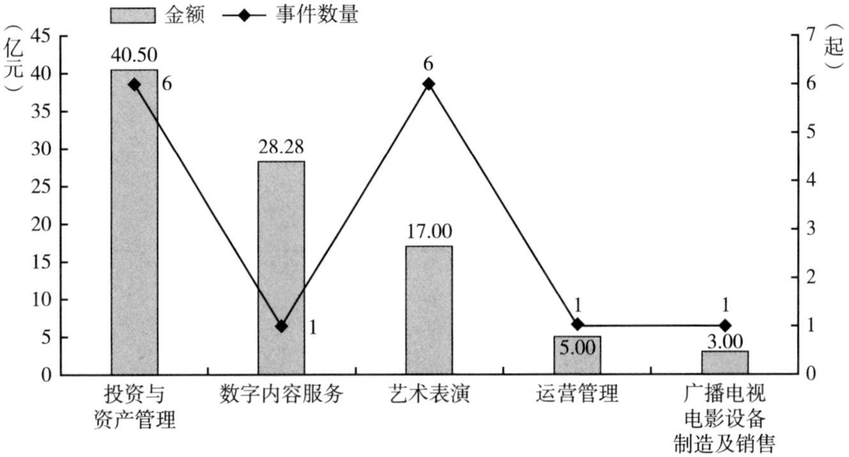

图7　2020年北京市文化产业细分领域债券融资规模分布

数据来源：新元文智－文化产业投融资大数据系统（文融通）。

5. 文化产业信托融资升温，分布集中

相比于债券融资，文化产业信托融资的市场地位较低。2020年，北京发生了9起文化产业信托融资事件，涉及资金共计6.32亿元，好于2019年①。9起融资事件仅涉及报纸信息服务、广播影视节目制作2个文化产业细分领域（如图8所示），分布相对集中，分别发生了2起、7起融资事件（22.22%、77.78%），资金规模分别为5.26亿元、1.06亿元（83.16%、16.84%）。

6. 文化产业众筹相对活跃，融资规模降幅较窄

2020年，北京市文化产业众筹融资活跃度、资金规模均高于全国其他地区，共计发生了217起融资事件，同比下降23.86%；融资规模为0.62亿元，同比下降11.16%，相比全国文化产业众筹融资规模同比下降36.05%，

① 2019年，北京市文化产业信托渠道未发生融资事件。

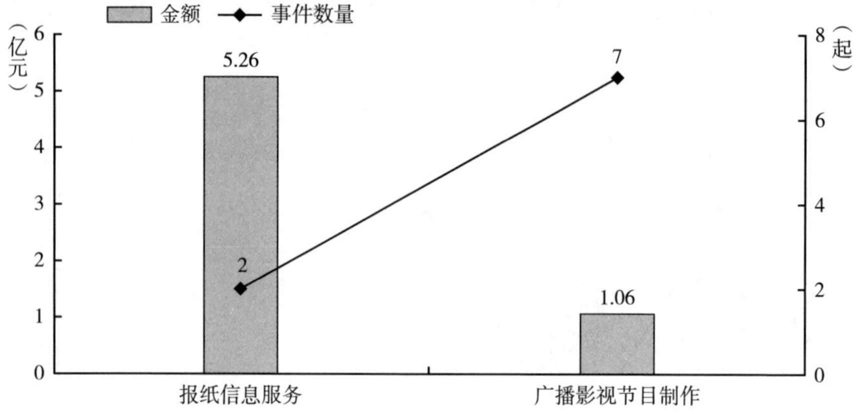

图 8　2020 年北京市文化产业细分领域信托融资规模分布

数据来源：新元文智 - 文化产业投融资大数据系统（文融通）。

降幅较窄。相比 2019 年，文化产业众筹市场降温。从文化领域分布看，出版服务领域众筹融资规模为 4000.00 万元，占比为 64.41%；其次是设计服务领域，融资规模为 1212.92 万元，占比为 19.53%；游乐游艺设备制造领域融资规模再次之，为 840.50 万元，占比为 13.53%；其他文化领域融资规模均不超过 100 万元（如图 9 所示）。出版服务、设计服务、游乐游艺设备制造融资规模合计占比为 97.47%，北京市文化产业众筹融资资金的集中度相对较高。

（三）挂牌企业投资谨慎，上市企业扩张力度加大

1. 新三板挂牌文化企业投资收紧，活跃度仍居全国首位

对外投资是企业实现资产增值的重要方式。新三板挂牌文化企业对外投资主要围绕强化主业、完善产业链、进入新领域等展开。据统计，2020 年，北京市新三板挂牌文化企业发生了 104 起对外投资事件，同比下降 24.64%，但投资活跃度仍居全国首位；投资资金规模为 6.91 亿元，同比下降 47.56%。相比于 2019 年，北京市新三板挂牌文化企业投资收紧，对外扩张更加谨慎。从投资主体所属领域看，数字内容服务企业频繁对外投资，

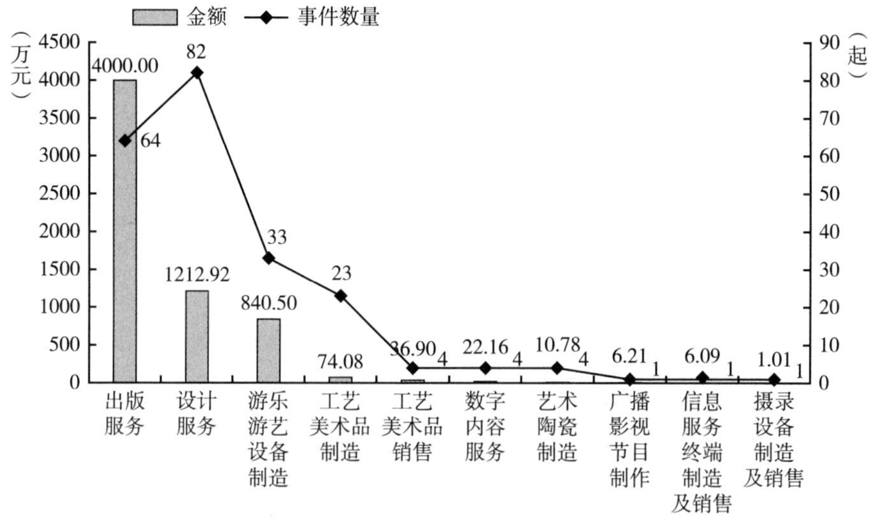

图9　2020年北京市文化产业细分领域众筹融资规模分布

数据来源：新元文智－文化产业投融资大数据系统（文融通）。

投资资金规模领先，共计发生了27起投资事件，涉及资金1.74亿元，分别占北京市挂牌文化企业投资事件总数量、投资总规模的25.96%、25.24%（如图10所示）。

2. 上市文化企业投资升温，扩张力度加大

上市文化企业对外投资有利于较快速实现战略布局、提升经营规模及盈利能力、促进持续发展等。据统计，2020年，北京市上市文化企业发生92起对外投资事件，活跃度仅次于广东，居全国第二位，同比增长33.33%；投资资金规模为309.13亿元，同比增长27.64%。北京市上市文化企业加快了投资步伐，扩张力度加大。2020年的新冠肺炎疫情对互联网领域有所推动，部分企业加快对外投资步伐，如互联网信息服务领域的上市企业发起对外投资事件37起，居各文化产业细分领域首位，投入资金规模为260.78亿元，远高于其他领域（如图11所示），占北京市上市文化企业投资规模的84.36%。

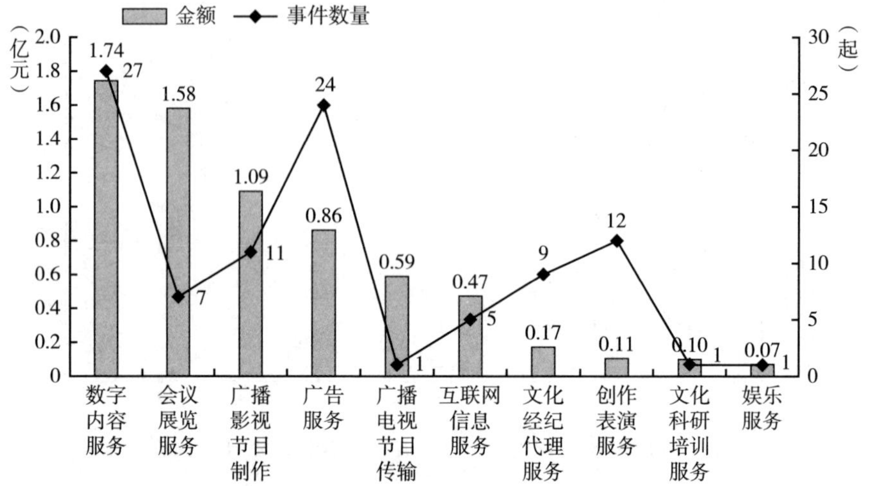

图 10　2020 年北京市文化产业细分领域新三板投资规模分布（TOP 10）

数据来源：新元文智－文化产业投融资大数据系统（文融通）。

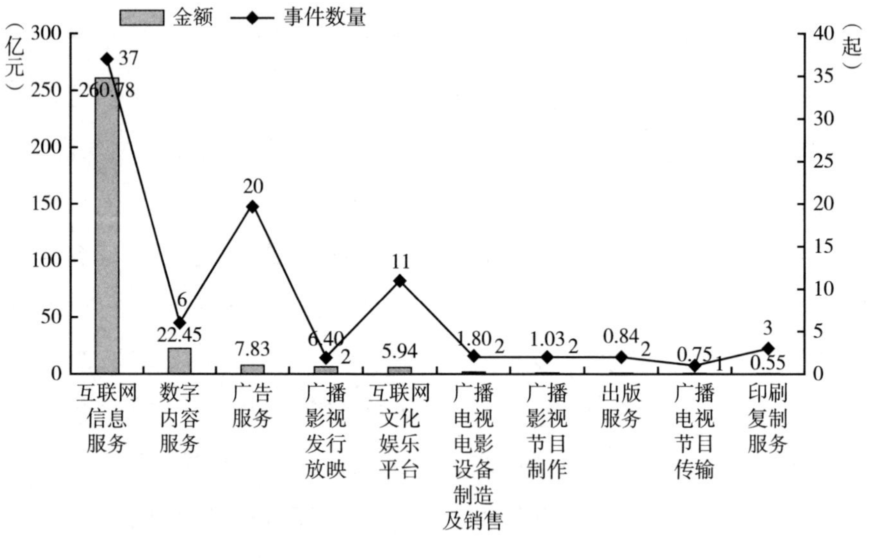

图 11　2020 年北京市文化产业细分领域上市投资规模分布（TOP 10）

数据来源：新元文智－文化产业投融资大数据系统（文融通）。

三　北京市文化金融发展展望与建议

受疫情防控、市场环境等影响，北京市文化金融发展呈现一定的趋势特征。预计未来，文化产业并购整合将在较高速下运行，优质文化企业具有较强的挂牌上市融资需求，文化企业债务违约风险加大，科技文化业与金融业联系更为紧密。建议北京市进一步加大服务力度，引导市场并购整合，促进文化产业结构转型升级；加大对潜力文化企业的扶持力度，助力对接资本市场发展；防范债务性违约风险，加快文化信用体系建设进程；推动各类资本投资，深化科技文化与金融融合。

（一）引导市场并购整合，促进文化产业结构转型升级

突如其来的新冠肺炎疫情加快了文化产业整合进程，没有安全现金流的劣质文化企业被优质企业加速兼并淘汰。2021 年，预计大量中小文化企业的现金流仍然经受考验，产业并购整合仍在较高速下运行，市场份额进一步向优势文化企业聚集。建议北京市进一步规范、引导文化产业并购重组市场发展，并依据《关于推进文化创意产业创新发展的意见》《北京市文化产业高质量发展三年行动计划（2020～2022 年）》等政策文件，鼓励、支持重点发展的产业链上下游企业兼并整合，完善产业布局，促进产业结构转型升级。

（二）加大对潜力文化企业的扶持力度，助力对接资本市场发展

2020 年，北京市发布了“上市公司‘钻石工程’行动计划（2020～2022）”，通过快速建设上市培育基地及上市挂牌后备企业资源库、培育企业等，支持包括文化企业在内的各类企业发展、对接资本市场。同年，北京市发布《关于加强金融支持文化产业健康发展的若干措施》（京文领办发〔2020〕2 号），争取到 2022 年底，分别实现境内外上市、新三板挂牌文化企业总量超过 80 家、100 家。目前，北京市已释放了多项利好信号，加之

新三板精选层制度、创业板注册制度的实施，以及对主板注册制改革的预期等，文化企业的意愿将得到进一步激发，预计未来，符合一定条件的企业将更加积极地申报挂牌上市。建议北京市依托文化企业上市培育基地、企业上市服务综合平台等，联合新三板系统、证券交易所等资源，进一步加大对有潜力的拟挂牌、上市文化企业的支持与服务力度。

（三）防范债务性违约风险，加快文化信用体系建设进程

近年来，我国债券违约处于较高位运行状态。根据南财智库、《21 世纪经济报道》的数据，2020 年我国信用债违约数量为 217 只、违约余额为 2315.73 亿元。另外，文化企业还没有完全脱离疫情的干扰，未来经营具有很大的不确定性，不少企业可能还承受着较大现金流压力。预计未来，文化企业的债务违约风险仍然较高。建议北京市基于“投贷奖”、《关于应对新冠肺炎疫情影响促进文化企业健康发展的若干措施》（京文领办发〔2020〕1 号）等，继续并适当加大支持力度，降低文化企业债务违约风险。同时，建议北京市进一步加快完善文化企业信用体系建设工作，针对文化产业特性，探索建立征信、信用融资（纯信用贷款、担保贷款等）、风险控制等服务体系，推动文化金融工具创新、防范控制信用风险，促进文化产业债务性融资市场发展。

（四）推动各类资本投资，深化科技文化与金融融合

未来，我国“新基建”将加快进行，相关的 5G、大数据、人工智能等科技也将与文化产业更深入融合，科技文化业与金融业的联系将更为紧密。基于金融支持文化产业发展的精准性、前瞻性，建议北京市进一步鼓励、支持 5G +4K/8K 超高清、VR、AR、大数据等新一代科学技术在文化产业的应用，通过文化金融服务创新等，引导、撬动各类资本投资相关领域。

B.11

2020年深圳市文化金融发展报告

陈能军　王晓锐　吴文值*

摘　要：2020年是深圳经济特区建立40周年，同时也是深圳建设中国特色社会主义先行示范区全面铺开、纵深推进的关键之年。虽然遭受了史无前例的新冠肺炎疫情冲击，但深圳文化金融发展依旧保持稳定。2020年，深圳文化金融继续保持创新。年初为帮助受疫情影响的文化企业共克时艰，深圳推出战疫复工贷；为吸引金融机构创新服务文化企业，深圳文化产权交易所推出文化金融创新奖评选活动。然而，深圳文化金融发展中依旧面临融资难、融资贵，产业结构仍以制造业为主以及区域竞争激烈等挑战。深圳应该以《深圳建设中国特色社会主义先行示范区综合改革试点实施方案（2020—2025年）》为契机，积极参与国家文化数据体系建设，加强文化知识产权保护，夯实文旅融合基础，大力发展文化体育产业，调整文化产业结构，加大金融业对外开放力度。

关键词：文化金融　文化产业　深圳

一　深圳市文化产业发展概述

2020年是深圳经济特区建立40周年，同时也是深圳建设中国特色社会

* 陈能军，经济学博士，深圳市文化金融服务中心理事，国家金融与发展实验室文化金融研究中心特聘研究员。王晓锐，深圳文化产权交易所总经理助理，深圳市文化金融服务中心常务副主任。吴文值，对外经济贸易大学博士研究生。

主义先行示范区全面铺开、纵深推进的关键之年。40 年间，深圳文化产业伴随改革开放逐步发展壮大，对经济发展的拉动作用逐渐增强，成为深圳重要的支柱型产业。40 年栉风沐雨、筚路蓝缕；40 年一路走来，深圳文化产业在全国独领风骚。

（一）文化产业市场主体充满活力，在广东省内首位度较高

2020 年，深圳持续优化营商环境。针对营商环境中的“难点”“堵点”，深圳印发《深圳市 2020 年优化营商环境改革重点任务清单》，对问题逐个攻坚。充分发挥政府以及市场机制的双重作用，营造有利于不同类型市场主体发展的营商环境。激发各类市场主体创新创业的积极性，以文化骨干企业为依托，带动与培育一大批充满活力的文化产业市场主体。截至目前，深圳市经认定公布的市级以上（含市级）文化产业园区共有 61 家，其中有广东省目前唯一的国家级文化产业示范园区。《中国文化及相关产业统计年鉴（2019）》中的数据显示，2018 年深圳规模以上文化及相关产业法人单位数占全省的近 1/3，达 2775 家；年末从业人员数占全省的 30%，约为 53 万人；资产总计 1.09 万亿元，占全省的 53.69%；营业收入为 7984 亿元，占全省的 43.13%。

（二）文化产业链完备且稳定，细分行业门类齐全，特色明显

深圳早在 2003 年就已提出“文化立市”的目标。截至目前，深圳文化产业细分行业齐头并进，在创意设计、动漫、游戏、文化旅游、印刷包装、黄金珠宝等领域形成了完备且独具特色的产业链。创意设计领域，深圳在平面设计、建筑设计、工业设计、室内装饰设计、服装设计等子领域均具有较大的竞争优势，是国内第一个被联合国教科文组织认定为“设计之都”的城市。动漫和游戏领域，深圳涌现出了一批以腾讯、华强动漫等为代表的龙头企业。文化旅游领域，在大棚新区的基础上，2020 年深圳新增盐田区为全域旅游示范区，以国际视野，打造世界级滨海休闲生态旅游目的地，不断擦亮“国家全域旅游示范区”的金字招牌。印刷行业，裕

同、劲嘉、雅昌等多家企业持续多年入选“全国印刷企业百强”。黄金珠宝行业，深圳目前是国内最大的黄金珠宝生产基地，持续多年占据国内60%以上的市场份额。

（三）文化产业结构持续优化，文化新业态占比逐渐提升

近年来，得益于大数据、云计算、人工智能、区块链等技术的发展，深圳数字经济发展迅猛，数据要素和数据资产在文化产业中的价值逐渐凸显，在促进深圳数字文化产业转型升级和结构调整方面发挥了重要的示范作用。深圳通过数字技术与文化产业的结合，催生出许多文化产业新业态。深圳云动漫、云游戏、云旅游、直播电商、在线教育等发展迅猛。深圳2020年4月发布的《关于加快文化产业创新发展的实施意见》更是提出，将推动深圳市数字文化、创意设计、时尚文化、文化旅游等新型业态到2025年占比超过60%。深圳也在充分发挥自身作为高科技城市的创新优势、作为金融中心城市的融资优势、作为滨海旅游城市的城市景观特质优势，推动文化与科技、金融、旅游等产业的融合，推动现代产业体系的进一步完善。

（四）文化产业对外开放不断提速，“引进来”和“走出去”共同发展

得益于地缘优势，深圳早期的文化产业发展在改革开放后，借力香港迅速起飞。改革开放早期，深圳作为探索社会主义市场经济体制的“试验场”、对外开放的“窗口”，大量引进港台流行时尚元素，如流行音乐、港产电影、外国原版书等。随后，音乐茶座、酒吧、卡拉OK机、台球、游戏机、录像厅等如雨后春笋般出现，文化服务业至此呈现全面发展态势。近年来，以文博会为对外交流的窗口，深圳大力推进境内文化产业“走出去”。目前，深圳与苏格兰首府爱丁堡、美国加州帝国郡和澳大利亚布里斯班市等地成功互建国际创意产业孵化中心，深化与国际发达城市的创意产业交流合作。深圳已经成为我国对外文化贸易的黄金口岸和中华文化“走出去”的桥头堡。

二　深圳市金融市场环境分析

现代产业，始于创新，兴于科技，成于金融。具体来说，如果创新能够决定产业是否有活力，那么金融则决定产业是否能够规模化、普及化，决定产业的成败。

40年来，深圳金融业勇立潮头、锐意进取。全球金融中心指数（GFCI）数据显示，深圳已连续多期位居前十，在中国内地成长为仅次于上海和北京的第三大金融中心。深圳市统计局数据显示，1980～2020年，深圳市金融业增加值年均增速为20.4%，同期GDP年均增速为20.7%，两者大致相等。金融与经济的发展呈现良性互动、协调发展的态势；金融业税收占比（金融业税收/全市总税收）约为1/4。

2020年以来，新冠肺炎疫情导致全球经济一度停摆，国外央行普遍放水，中美贸易摩擦持续，以上情况都对深圳经济金融运行产生了重要影响。深圳金融业在经济金融内外部发展环境总体承压的情况下，保持平稳发展。

（一）金融业综合实力稳步提高，国内仅次于上海、香港和北京

2020年前三季度，深圳金融业实现增加值3118.98亿元，同比增长10.2%，占同期全市GDP的15.8%。金融业税收占全市总税收的近1/4，居各行业首位。2020年最新一期“全球金融中心指数”中，深圳排名全球第九，国内仅次于上海、香港和北京。

（二）金融业各细分领域稳中向好，主要指标全国居前

深圳金融业中银行、保险、证券等各细分领域主要指标全国居前。截至2020年第三季度末，深圳银行业资产余额保持较快增长，同比增长17.2%，达到9.98万亿元，资产余额、存贷款规模在全国稳居第三；深圳全部23家证券公司总资产为2.15万亿元，营业收入、净利润均居全国第一；境内上

市公司323家，数量居全国第三；全部27家保险法人机构实现保费收入1128亿元，同比增长6%。

（三）政府服务意识与功能持续增强，融资规模与余额创新高

截至2020年第三季度末，间接融资方面保持高增长，深圳银行机构普惠口径的小微企业贷款余额为8727.4亿元，同比增长37.6%，相比全部贷款平均增速高23个百分点。直接融资平稳快速发展，2020年前三季度深圳本地300多家上市公司通过境内股票市场融资1062.1亿元，通过交易所债券市场融资4881.5亿元。2020年1～9月深圳保险业累计提供各类风险保障318万亿元。

三　深圳市文化金融发展动态

（一）上市文化企业融资

2020年，深圳证券交易所创业板实施注册制改革，在首发、再融资、并购重组等环节同步推行注册制，极大地方便了文化企业上市、定增融资。2020年，深圳新增4家上市文化企业。截至2020年末，深圳累计拥有38家上市文化企业。①

1. 文化企业IPO融资次数与融资规模创近年新高

2020年，深圳新增爱克股份、杰美特、辉煌明天科技以及科利实业控股四家上市文化企业。爱克股份主营LED景观照明灯具，产品成功应用于包括深圳改革开放40周年庆典主题灯光秀项目在内的国内诸多大型城市整体亮化项目。杰美特是一家专业从事移动智能终端配件的研发、设计、生产及销售的高新技术企业，已取得全球知名的Disney、Hello Kitty商标及卡通形象在其自有品牌产品中应用的授权许可。辉煌明天科技是一家在港股上市

① 2019年及以前上市文化企业名单，详见《中国文化金融发展报告（2020）》。

的广告服务公司。科利实业控股是一家从事设计、开发及制造个人护理及生活时尚电器的企业。

如图 1 所示，2020 年四家文化企业 IPO 融资规模合计 26.31 亿元。其中，爱克股份 10.91 亿元、杰美特 13.2 亿元、辉煌明天科技 1.15 亿元、科利实业控股 1.05 亿元。

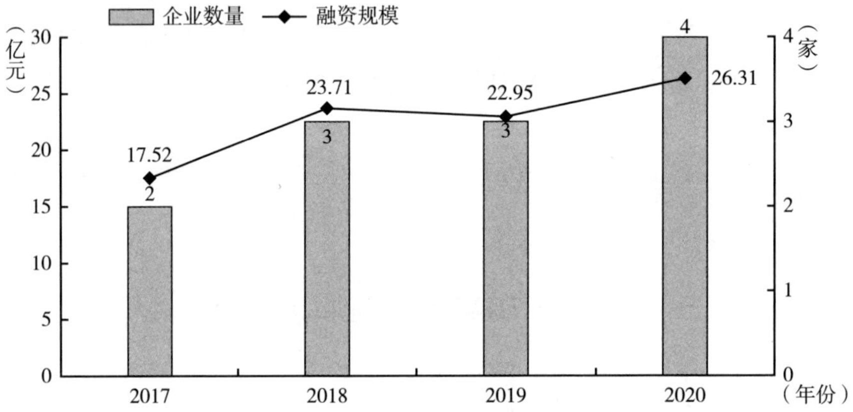

图 1　2017～2020 年深圳市上市文化企业 IPO 融资数量与规模

数据来源：Wind。

2. 受疫情拖累，文化产业全年业绩低迷，无新增定增融资

2020 年深圳文化产业受疫情冲击较为严重。以华侨城为例，2017～2019 年，华侨城基本保持净利润年均增长 20% 以上。2020 年疫情突发，限制人流聚集，直接导致 2020 年前三季度净利润同比降低 20%。以 A 股 25 家上市文化企业作为整体进行研究①，发现 2020 年前三季度高达 56% 的企业净利润同比下降（如图 2 所示）。净利润下降背景下，上市文化企业定增融资停滞，全年无新增定增融资。

① 没有选择全部 38 家上市公司，是因为截至报告写作时间，上市公司 2020 年年报还未公布，只能选择三季报。港股没有三季报，所以仅以 A 股 25 家上市公司作为研究对象。

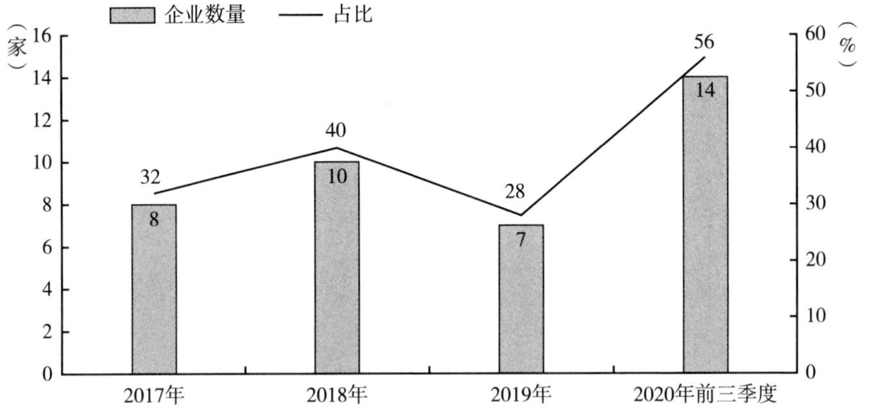

图 2　2017 年至 2020 年前三季度深圳市上市文化企业净利润同比增长为负企业数量及占比

数据来源：Wind。

3. 上市文化企业自身造血能力受到影响，债权融资规模扩大，且更依赖借款

疫情影响下，2020 年深圳上市文化企业自身造血能力大受影响，如图 2 所示，2020 年前三季度大部分企业盈利增长为负。为维持自身发展需要，企业离不开资金。如图 3 所示，2020 年前三季度深圳上市文化企业取得借款和吸收投资（主要是子公司吸收少数股东投资）收到的现金流总规模有较大幅度增加，由 2019 年的 1148.91 亿元，增长至 2020 年前三季度的 1268.27 亿元。分类型看，体现间接融资的债权，即取得借款收到的现金流大幅增加；体现直接融资的股权，即吸收投资收到的现金流大幅减少。

（二）文化企业私募股权融资①

1. 融资案例数量创近年新低，但融资金额触底企稳

2020 年初发生的新冠肺炎疫情，对深圳文化产业股权融资产生了一定

① 数据来源为私募通，数据整理日期为 2021 年 2 月 5 日。需要指出的是，私募通会依据调研结果以及数据获取情况对往年数据进行相应的修改。

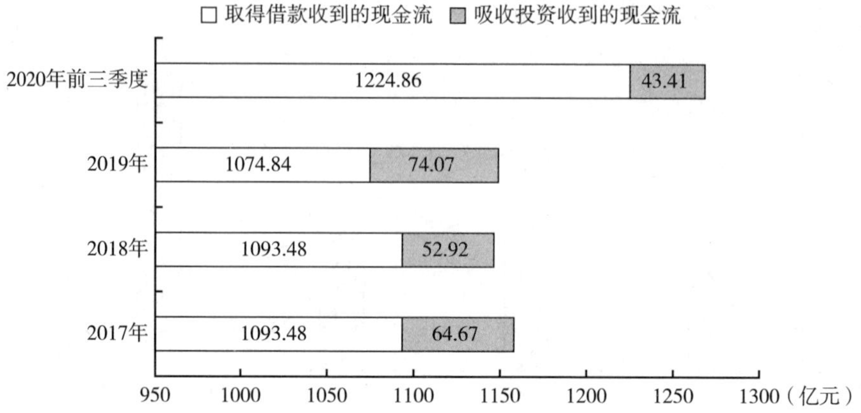

图 3　2017 年至 2020 年前三季度深圳市上市文化企业取得借款收到的现金流和吸收投资收到的现金流

数据来源：Wind。

程度的负面影响。如图 4 所示，2020 年深圳文化企业私募股权融资案例数量仅为 99 起，创近年新低。融资金额为 111.86 亿元，与 2019 年相比虽有所增加，但增长幅度不大。

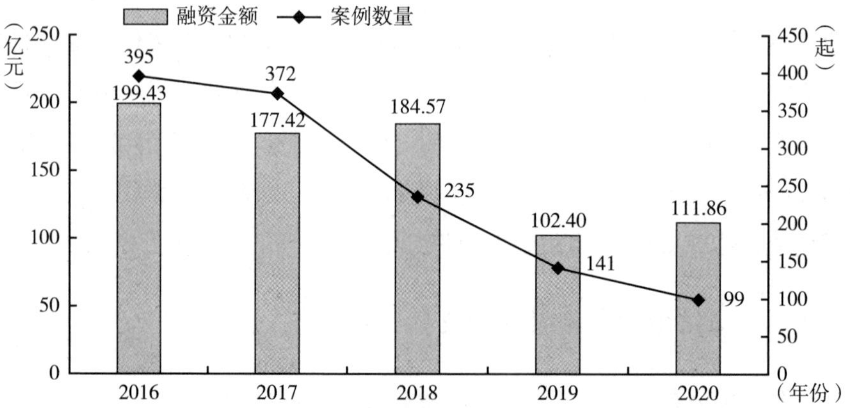

图 4　2016 ~ 2020 年深圳市文化企业私募股权融资金额与案例数量

数据来源：私募通。

2. 扩张期案例数量最多，种子期融资规模最大

2020 年，深圳文化企业全年融资案例数量为 99 起。如图 5 所示，扩张期 55 起，种子期 20 起，初创期 15 起，成熟期 9 起；扩张期占比达 55.56%。

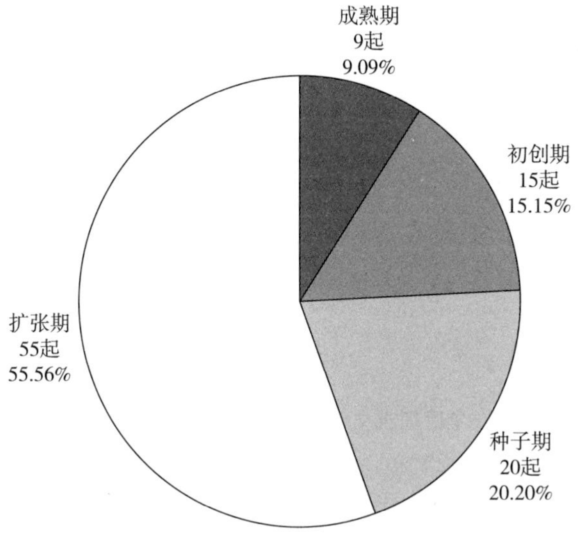

图 5　2020 年深圳市文化企业私募股权融资案例数量阶段分布

数据来源：私募通。

2020 年，深圳文化企业全年融资金额为 111.86 亿元。如图 6 所示，种子期 61.69 亿元，扩张期 44.45 亿元，初创期 4.25 亿元，成熟期 1.47 亿元；种子期占比达 55.15%。

3. 天使轮和 A 轮融资案例数量较多，A 轮和 C 轮融资金额较多

2020 年，深圳文化企业 A 轮融资案例数量最多，达到 26 起，融资金额为 68.31 亿元（如图 7 所示），一定程度上体现了深圳文化创业企业的发展活力。C 轮融资案例数量为 3 起，但融资金额达到 15.07 亿元，表明迅速发展的企业资金需求量较大。新三板市场依旧不活跃，定增融资案例数量为 4 起，融资金额仅为 0.31 亿元。

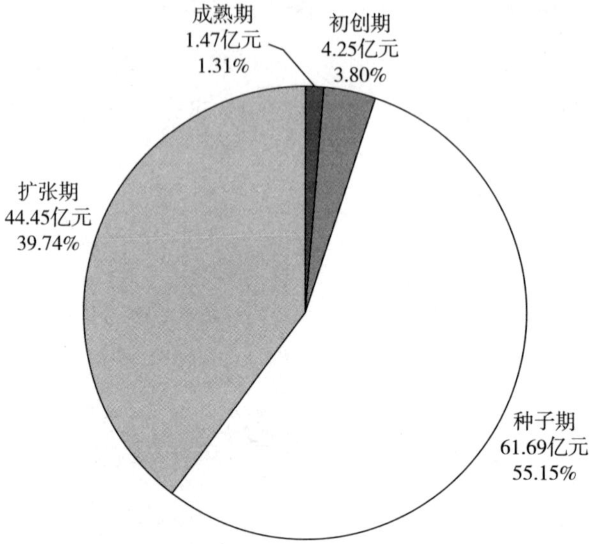

图6 2020年深圳市文化企业私募股权融资金额阶段分布

数据来源：私募通。

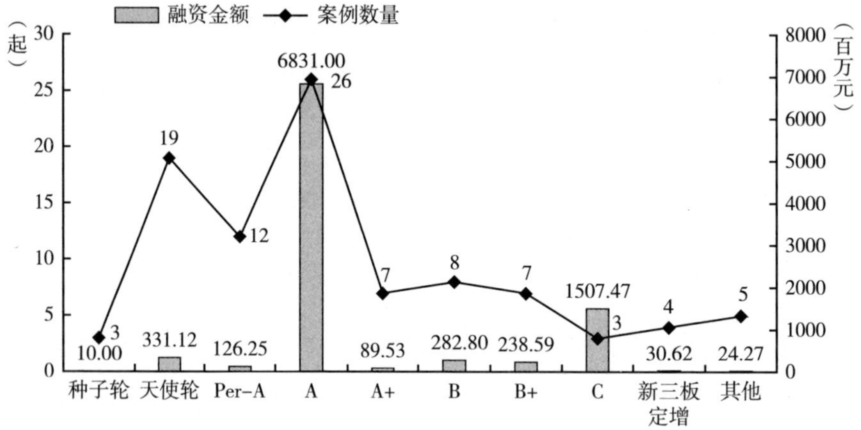

图7 2020年深圳市文化企业私募股权融资轮次

数据来源：私募通。

四　深圳市文化金融创新活动：文化金融创新奖视角

（一）文化银行业务逐步落地，服务体系不断升级

2018年7月20日，中国建设银行深圳市分行成立“文化银行”，与深圳文化产权交易所、深圳华侨城文化旅游科技股份有限公司以及雅昌文化（集团）有限公司签订战略合作协议。文化银行根据自身特色开展相应业务，为此从传统银行各业务部门抽调精英骨干，建立专人专岗的业务流程模式，同时配合文化企业与产业界打造相适应的各种金融产品，缓解中小文化企业经营、发展困难。而后，深圳市文化金融服务中心又针对深圳市多家文化企业“融资难、融资贵”的普遍现象，联合深圳市10多家银行合作推出银行文化金融产品直通车服务，以此改善文化企业与金融机构信息不对称、服务路径不通畅的现状，实现文化企业与银行文化金融产品的精准对接。

其中，荣获2019年深圳市文化金融创新奖之年度文化金融卓越奖的北京银行深圳分行，作为最早涉足文化产业的金融机构之一，通过打造文化金融特色品牌，秉承“贷动文化，创意无限”的服务愿景，创新推出“创意贷”特色产品体系，涵盖文化创意贷、智权贷、书香贷、文化IP通等多个文化金融贷款产品。截至2019年11月末，北京银行深圳分行文化金融贷款余额为55.15亿元，累计服务文化类企业近500户，扶持了易尚展示、华夏动漫、丝路视觉等一批文创类型企业，在先行示范区背景下积极打造“文化+金融”综合服务体系，助力粤港澳大湾区文创企业转型高质量发展。

（二）创新文化金融奖项设置，鼓励更多金融机构参与文化金融服务

为总结和推广深圳市文化金融工作成果，促进文化企业与金融机构全面对接，创新推动文化产业高质量发展，深圳文化产权交易所总结了第一届深圳市文化金融创新奖的评选经验，于2020年继续开展文化金融创新奖评选

工作。创新奖入围机构由2019年单一的银行机构，扩充至银行、基金、券商、保险、担保、无形资产评估、信用评级等机构，获奖产品涵盖政府类、金融机构类和服务机构类。奖项同步上线“深圳市文化金融公共服务平台”，为文化企业与金融机构的全面对接搭建平台和通道。

经过组织推荐、项目申报、初审尽调和专家评审等环节，最终确定了由深圳市文化广电旅游体育局、中国工商银行深圳分行、中国建设银行深圳分行、海通证券股份有限公司深圳分公司等多家政府及金融机构申报的共18项文化金融产品入围2020年文化金融创新奖名单。

（三）战疫复工贷，支持受疫情影响企业共渡难关

2020年2月7日，深圳市政府正式印发实施《深圳市应对新型冠状病毒感染的肺炎疫情支持企业共渡难关的若干措施》，助力企业共克时艰。通过贴息政策解决融资贵问题，通过风险补偿资金池解决融资难问题，支小纾困细化落实。

北京银行深圳分行在抗疫狙击战中践行与小微企业共克时艰的初心与使命，积极运用各项政府政策，结合深圳区域特色推出“先行示范区振兴文旅扶持计划——战疫复工贷”，形成金融政策合力助力小微企业抗疫复苏。2020年3月12日，北京银行深圳分行与深圳高新投集团有限公司签署战略合作协议，在原有业务合作良好的基础上，进一步建立抗击疫情“战略合作伙伴”关系，通过发挥各自优势，共同为深圳餐饮、旅游、物流、服装行业民营企业渡过难关提供支持服务，并适时推出“餐饮业战疫贷”“旅游业战疫贷”“服装业战疫贷”等金融产品，以全方位金融服务助力企业复工复产。

五　深圳市文化金融发展面临的挑战

（一）融资难、融资贵问题依旧存在，留人难问题益发凸显

与制造业不同，文化产业企业多为轻资产型的企业，无可供抵押地产。

现有绝大部分金融机构在给文化企业贷款时较为谨慎，仍旧要求企业提供可抵押品，造成中小型文化企业普遍存在融资难、融资贵问题。在产业人才方面，虽然深圳在大力引进高校，但以工科为主，以文科类为辅，艺术类高校较少，导致复合型文化产业经营管理人才相对不足。此外，深圳房价较高、生活成本高，企业引进人才成本加大，即使招到人，留人难问题也益发凸显。

（二）产业结构虽有调整，但仍旧以制造业为主，制约了文化金融发展

深圳文化产业结构中，传统文化制造类企业比重偏高，新闻出版、影视制作等内容产业整体实力还有待加强，直播、游戏、电商等新兴行业企业更是寥寥可数；除腾讯外，企业规模总体偏小，行业龙头企业不多。新兴产业代表文化产业的未来发展方向，即使现阶段企业盈利能力较弱，但未来的盈利预期，使得风投等金融机构更偏爱这类公司。但深圳文化产业以制造业为主的结构，在某种程度上制约了深圳文化金融的发展。

（三）全国其他地区文化金融“百家争鸣”，削弱了深圳的优势

近年来，在国家的支持和鼓励下，全国各大城市先后制定了文化产业发展规划和政策，在金融支持文化产业方面，各大城市也竭尽全力，竞争形势日趋激烈。初步形成了以北京、上海、深圳等城市为第一阶梯，以杭州、武汉、长沙、合肥等城市为第二阶梯的发展格局。各城市为吸引金融机构，加大了对金融机构的补贴与服务力度。这在某种程度上，削弱了深圳作为金融中心能给金融机构提供的补贴与便利。未来深圳唯有在推进文化产业高质量发展上大胆创新、努力进取，才能在全国文化金融大发展的总体格局中继续保持领先地位。

六　深圳市文化金融发展建议

2020 年是特殊的一年，全世界都在应对新冠肺炎疫情导致的负面影响。

同时，2020 年也是充满机遇的一年，习近平总书记在深圳经济特区建立 40 周年庆祝大会上发表了重要讲话，做出支持深圳建设中国特色社会主义先行示范区的重大决策，为深圳的发展带来无限想象。中共中央办公厅、国务院办公厅印发《深圳建设中国特色社会主义先行示范区综合改革试点实施方案（2020～2025 年)》，支持深圳实施综合改革试点，推出 27 条改革举措和 40 条首批授权事项。

以特区和示范区“双区驱动”，推动深圳双区建设。目前深圳各行各业都在积极探索与实践，文化金融行业也不例外。从抗击疫情支持企业复工复产，到以深圳文化产权交易所为中心服务全国的文化金融实践，深圳正以《深圳建设中国特色社会主义先行示范区综合改革试点实施方案（2020～2025 年)》为参照，积极行动，奋发有为。

（一）积极参与国家文化数据体系建设，探索数据要素交易的平台设计和制度建设

文化数据是最重要的文化资源之一，在大数据时代，文化大数据作为底层架构将为大数据金融服务。2020 年 5 月，中宣部文改办下发了《关于做好国家文化大数据体系建设工作的通知》，明确提出：推进文化和科技深度融合，分类采集梳理文化遗产数据，对全国公共文化机构、高等科研机构和文化生产机构各类藏品数据，标注中华民族文化基因，把非物质文化遗产记录成果中蕴含的优秀传统文化的精神标识提炼出来，建设物理分散、逻辑集中、政企互通、事企互联、数据共享、安全可信的文化大数据服务及应用体系。所建数据库类型包括中国文化遗产标本库、中华民族文化基因库、中华文化素材库等。在数据库建设过程中，推进国家文化专网、国家文化大数据云平台、数字化文化生产线等技术平台的建设，鼓励各地建设文化体验园、文化体验馆等。

在国家文化数据库体系建设中，深圳积极建言献策，不仅参与了国家文化大数据体系公司的发起，而且积极发挥作用，使自己成为文化大数据联盟副主席单位。在数据要素交易的制度建设与平台设计等环节，深圳更是积极

努力，力求在数据库建设中的某些环节形成“深圳标准”，示范引领其他地区，推动文化建设走向一个新的阶段。

目前，深圳文化产权交易所作为两家国家级文化产权交易所之一，是财政部指定的中央文化企业和各地国有文化企业的交易平台，在文化产权要素交易领域特别是文化资产和数据资产的交易上已有了初步探索，在文化数据资产交易市场上也积累了部分买方、卖方和服务方的资源。未来，在国家文化大数据体系建设中，深圳文化产权交易所还需要继续承担数据要素交易的平台设计和制度建设等重要任务。例如，参照财政部关于中央文化企业指定进场交易的规则和准则，进一步为国家文化大数据资产的交易提供确权、确价、交易、流通、结算支付等一整套交易规则和服务保障；并且按照“五统一”原则（统一标准、统一规则、统一系统、统一结算和支付、统一管理）进行交易，进一步完善交易系统在现行政策框架要求下的挂牌交易。

（二）加强文化知识产权保护与价值评估，破除文化金融发展的制度性障碍

目前，我国文化创意产业正面临知识产权保护不严等严重挑战。许多国内品牌在海外频遭抢注，如长沙著名奶茶品牌“茶颜悦色”在韩国遭抢注；盗版成风，网络“山寨”商品泛滥。总结起来，主要可以概括为缺乏具有核心自主知识产权的文化产品；对衍生品、文化产业链等外围知识产权的开发缺乏经验；文化创意公司忽视对商标权、著作权、专利权等无形资产的保护；维权成本较高，很多盗版厂商被取缔后改头换面，继续侵权。这些乱象折射出的是我国文化受众群体产权意识不强、文化创意产业从业人员维权意识淡薄、维权成本高等问题。

然而，知识产权意识对于文化创意产业至关重要，只有在文化产品有了清晰的产权，且被合理估值之后，金融资本才会进入，才会有利于文化企业迭代创新。然而，文化创意产品中创意部分成本高、投入大，但复制模仿的成本很低，特别是在信息网络技术迅猛发展的今天。这就使得文化产品所有者的收益和成本不对等。且文化产品由于特殊性，极难估值。没有估值，企

业就难以获得金融支持。

《深圳建设中国特色社会主义先行示范区综合改革试点实施方案（2020～2025年）》提出，深圳要打造保护知识产权标杆城市。除了加强知识产权保护外，深圳在2020年11月开始实施《深圳经济特区科技创新条例》。该条例将知识产权作为重要内容单列一章，重点解决知识产权估值问题；提出了包括建设价值评估体系、促进知识产权资本化、加强知识产权公共服务等10条内容。未来，深圳需要进一步加大文化知识产权保护与价值评估力度，通过知识产权充分挖掘企业价值，破除文化金融发展的制度性障碍，实现盘活企业资源、提升创新效益、提高企业竞争力的发展目标。

（三）夯实文旅融合基础，大力促进文化和体育产业融合发展

文化是旅游的灵魂，旅游是文化的载体，推动文旅融合发展，对于实现文化传承以及旅游转型升级具有非常重要的意义。因此，深圳可以在以下几个方面下功夫。首先，推进文化产品标准体系建设。统一制定文化和旅游公共服务政策、公共文化事业发展规划，完善文化市场和经营场所的设施服务，打造文化产品标准，推出更有特色、有服务、有规模的文旅产品。其次，开发文化特色产品。发挥辖内各区的文化资源禀赋优势，有针对性地开发文旅产品。定制化举办多种活动，让消费者既能玩也玩得起。最后，加大宣传力度。文旅融合可以和城市形象推广相结合，以文博会、深圳灯光秀等为突破口，利用本市现代科技文化增添城市魅力，再让城市的名片反哺文旅产品。

在夯实文旅融合基础的条件上，深圳文化产业也要积极对接体育产业，拓展融合发展“新天地”。按照《中共中央　国务院关于支持深圳建设中国特色社会主义先行示范区的意见》的要求，加快建设国际著名体育城市；分阶段、分步骤，加快形成与国际著名体育城市定位相匹配的产业发展格局；要完善以高端体育赛事为引领的竞赛表演业，培育以创新发展为引领的市场体系，优化以重大体育场馆设施和全民健身服务体系为载体的空间体系，健全以产业政策为重点的支撑体系。

（四）以粤港澳大湾区为依托，为文化产业引入外资“活水”

综观全球，湾区已经成为带动经济发展增长、彰显国际竞争力的新载体。据世界银行统计，全球60%的经济总量集中在入海口湾区，世界70%的工业资本和人口集中在海岸线100公里以内的地区。2017年粤港澳大湾区作为国家战略正式提出，包括日本的东京湾区、美国的纽约湾区和旧金山湾区在内的世界四大湾区格局基本形成。

作为湾区内的两大主要城市，深圳和香港有天然的合作基础。香港和深圳互补的地方很多。香港是国际金融中心，资金量大、成本低。香港金融业竞争力很强，贷款年利率仅为1.5%，内地通常都在5%左右。《中共中央国务院关于支持深圳建设中国特色社会主义先行示范区的意见》指出，要促进深港澳金融产品互认与互联互通，探索创新跨境金融监管，推进人民币国际化。深圳与香港仅隔一条河，具有地缘优势。深圳应该欢迎香港银行业北上展业，降低深圳中小微文化企业融资成本，以便为文化产业的发展引入外资“活水”，实现文化产业的跨越式发展。

参考文献

［1］毛少莹：《深圳文化产业40年发展历程及主要成就》，《深圳社会科学》2020年第5期，第146～157页。

［2］叶仕春、赵立东、刘雪芳：《深圳为建设国际创新创意先锋城市先行示范——深圳推进文化产业高质量发展综述》，《中国改革报》2020年11月22日。

［3］于德江、吴程、王晓锐、陈能军：《2019深圳市文化金融发展报告》，海天出版社，2020。

［4］《2020年前三季度深圳金融业基本情况解读》，深圳市地方金融监督管理局网站，http：//jr. sz. gov. cn/sjrb/xxgk/sjtj/sjjd/content/post _ 8356661. html，2020年12月17日。

B.12
2020年南京市文化金融发展报告

缪大伟　冷　蕾*

摘　要： 近年来，为加强文化要素和金融资本要素之间的融通和互动，南京市积极探索金融服务中小微文化企业的“南京模式”，通过强化顶层设计引导、推动金融工具协同发力、促进专业平台高效赋能、深化模式和业态创新等实践在文化金融发展方面取得了较好的成效。面对2020年突发的新冠肺炎疫情，南京市反应迅速，创新工作举措，以文化金融助力中小微文旅企业全面复工复产。根据统计数据，2020年南京市文化产业整体发展水平仍保持稳中有升的态势。

关键词： 文化金融　文化产业　南京模式

一　南京市文化金融发展整体情况

（一）产业发展环境

1. 产业中坚力量稳中有升

2020年南京市文化产业整体发展水平稳中有升。据调查，1～12月南京市规模以上文化及相关产业企业实现营业收入近3000亿元，比上年同期增长4.8%；营业利润近200亿元，比上年同期增长4.1%。统计数据显

---

* 缪大伟，南京文化金融服务中心主任。冷蕾，南京文化金融服务中心行政主管。

示，南京市文化及相关产业九大行业中，新闻信息服务、创意设计服务、文化投资运营和文化消费终端生产营业收入实现同比增长，其余5个行业营业收入同比仍在下降，除内容创作生产外，基本与全国“六升三降”的态势一致。

2. 核心领域带动作用增强

南京市文化产业的发展，得益于它在城市文化服务上的创新。2020年1～12月，核心领域实现营业收入近2000亿元，相关领域营业收入近千亿元，核心领域所占比重从65.51%提高到66.99%。其中，文化投资运营、创意设计服务营业收入增速分别为25.9%、23.4%，文化核心领域对产业发展的支撑作用进一步凸显。

3. 产业结构日趋优化

2020年，南京市产业结构进一步调整，服务业日益成为国民经济的主导。第三产业实现营业收入近2500亿元，产业结构比重达82.84%，提升4.8个百分点，其中，文化服务业贡献7.3个百分点。

4. 新业态势头强劲

疫情防控常态化背景下，“互联网+文化”等新业态保持良好发展势头。文化新业态特征较为明显的16个行业小类实现营业收入超千亿元，同比增长17.2%，较前三季度增速提高13.8个百分点。

（二）政策环境

2020年新冠肺炎疫情来袭，南京市委、市政府出台《关于促进中小微企业稳定发展的若干措施》，针对疫情推出一批促进中小微企业稳定发展的举措。为了落实文件精神，中共南京市委宣传部、南京市文旅局、南京市财政局、南京市统计局、南京市金融局、中国人民银行南京分行营管部六部门共同出台了《关于加强文化金融稳企业保就业工作的意见》，针对文旅行业特性，以文化金融为抓手，全力保障文旅企业健康有序发展。同时，在产业扶持资金上，出台了文旅产业“援企四策”。中国人民银行南京分行营管部、中共南京市委宣传部联合印发《金融支持文化产业稳企业保就业工作的实施方案》，指出：建立文旅企业贷款需求“清单制”，定期向当地中国人民银行反馈信贷业务进展，进一步压实各金融机构责任，利用金融工具帮扶文化企业进一步稳定发展。

（三）文化金融发展整体情况

针对文化企业融资难、融资贵等问题，南京市在推动文化金融工作时遵循政府引导和市场驱动的原则，在“互通融资信息、完善服务链条、搭建综合平台、打通实际路径”上下功夫。

1. 在需求端方面，建立全市文旅企业资源库

目前，全市共有文旅企业3.5万余家。通过统计名录库筛选、区县上报、各部门跟踪关注、产业协会推荐、“321人才计划”评审等渠道，对全市文化产业有关重点门类初创期、成长期、成熟期企业进行汇集整理，按照“各方共建、资源共享、功能集成、动态维护”的原则，由企业自主申报，各区、协会审核推荐等方式建立了全市文旅企业资源库，目前已入库企业3200余家，并收集了这些企业的融资意向。

2. 在供给端方面，构建文化产业金融服务链

一是完成文化银行授牌。通过自主申报，南京市文化改革发展领导小组先后三批招标遴选并授牌10家银行为文化银行。各文化银行根据文化产业的经营特征，创新探索符合文化企业特点的金融服务方案。比如，南京银行采取“全行营销，归口审批”的原则，成立文化事业部，单独授权、单独管理、单独考核、单独资源配置，全行南京地区支行网点负责渠道对接，建立分区包干、点面结合、上下联动的服务支撑网络。

二是支持文化类小额贷款公司发展。南京市金陵文化科技小额贷款公司坚持政策性导向和市场化运作相结合，开展中小微文化科技企业小额贷款业务，融合传统信贷和风险投资的互补优势，与基金投资紧密衔接，以“债权+股权”的“硅谷模式”为文化、科技型中小微企业提供专业、优质、高效的金融服务。公司先后开发“剧场、影院经营行业组合担保融资”“影视制作创意类项目贷款”“艺术品质押贷款”“广告应收款融资贷

款”“版权质押贷款”等文化产业定制信贷产品，探索了具有自身特色和创新亮点的运营模式，服务“文化强市”建设工作，促进地方文化产业升级发展。

三是鼓励担保机构开展文化类融资担保业务。南京市遴选确定了南京银行、南京市科技创新投资担保管理有限责任公司、南京紫金融资担保有限责任公司等6家合作机构为中小微文化企业提供融资增信、融资担保服务。通过政策引导，采取多层次风险担保措施，提高小微企业融资增信额度，可能的贷款风险由担保机构、再担保机构、文化银行、市级财政分别按照50%、20%、15%、15%的比例共同承担，解决了文化银行的后顾之忧。此外，还遴选确定太平洋保险南京分公司和人保南京分公司作为首批合作保险公司，并特别针对轻资产、融资能力弱的中小微文化企业，推出信用保证保险，采取“打包承保”方式一揽子承保，为文化企业提供信用保证和风险保障。在保险保费补贴专项资金上，对购买文化保险产品的文化企业给予30%~50%的保费补贴。

3. 在需求端与供给端之间，搭建平台——南京文化金融服务中心

文化金融服务是一项系统工程，南京市在推动文化金融工作方面明确“政府引导、市场驱动、资源整合、平台搭建、多方共赢”的基本原则，积极探索政策引导产业服务文化企业的创新路径。打造“以文化金融为纽带，以产业资本为动力，以企业协作为先导，以创新服务为根本”的新型服务平台。南京文化金融服务中心在中小文化企业与商业银行、保险、担保、基金等金融机构之间搭建了一个“信息和增信服务机构”，通过建立信息共享、风险共担的新机制，快速收集和对接文化企业融资信息。针对中小文化企业资产规模小、运营不规范、社会诚信体系建设滞后和缺乏实物抵押品等特点导致的“融资难、融资贵”问题，通过财政支持和政策引导，解决市场失灵部分，促进文化银行向“专营化和专业化”方向发展，以基准利率发放贷款，降低文化企业融资成本，提供文化专属服务，扩大文化信贷投放规模。

二　南京市文化金融抗击疫情支持中小微企业发展

据统计，南京市现有文化和旅游企业约3.5万余家，大部分为中小微文旅企业，受此次疫情影响严重。为抗击疫情、稳企业保就业，南京市出台了一系列政策措施，并依托全国首家综合服务平台——南京文化金融服务中心实现政策落地，有效触达企业，帮助众多文旅企业抗疫情渡难关。

（一）加大政策保障力度，构建良好营商环境

2020年2月初，南京市委、市政府出台《关于促进中小微企业稳定发展的若干措施》，针对疫情推出一批促进中小微企业稳定发展的举措，从税收、信贷、贴息、用工等方面帮助企业全面抗击疫情，其中贴息政策为文旅企业单独延长至2020年7月。为了落实文件精神，中共南京市委宣传部、南京市文旅局、南京市财政局、南京市统计局、南京市金融局、中国人民银行南京分行营管部六部门共同出台了《关于加强文化金融稳企业保就业工作的意见》，针对文旅行业特性，以文化金融为抓手，全力保障文旅企业健康有序发展。同时，在产业扶持资金上，出台了文旅产业"援企四策"，评审项目113个，下达产业专项资金2798万元，引导园区为800多家企业减免租金2400多万元，相关区还配套发放专项资金3600多万元。在各类扶持政策的推动下，南京市依托文化金融服务中心，联动各相关金融机构积极响应，快速行动，扩大信贷支持覆盖面，提高信用贷产品比重，下调贷款利率，并出台与政策匹配的金融产品，切实为文旅企业开展金融服务，积极发挥文化金融机构的助力作用。

（二）依托产业平台，有效组织抗疫力量

疫情以来，为及时释放相关政策红利，南京市依托文化金融服务中心，牵头本市文化金融机构，紧紧围绕"推动金融服务小微文旅企业"这一核心内容，多措并举，积极发挥平台的作用，大力开展文化金融服务，助力文

旅企业抗击疫情、全面复工复产。

1. 正向宣传，积极引导企业抗疫情

文化金融服务中心积极发声，加快推出应对举措。疫情伊始，平台通过多渠道沟通和调研，及时了解文旅企业困难和需求，升级防疫金融服务，发布《助力全市文旅企业稳定发展十项工作举措》，协调推动文化银行、文化小贷启用快速授信通道，及时高效业务办理。

此外，文化金融服务中心开展“文化金融在行动”系列宣传。为凝聚南京市文化金融力量，助力文旅企业抗击疫情，文化金融服务中心快速联合南京市各文化金融机构、文化园区、文旅企业，先后开展“万众一心，共渡难关！南京文化金融在行动”系列报道、“文化金融，全力以复”系列报道，覆盖全部文化银行、文化小贷、30 多家文化园区和百家文旅企业，有效传播正能量和南京市文化金融力量。

2. 深入研究，推动政策解读与落地

文化金融服务中心及时发布政策汇编与解读，服务文旅企业。2020 年 2 月初，文化金融服务中心迅速组织人力，收集整理出国家、省市各项针对疫情的扶持政策，及时发布宣传，共计 70 篇。同时，为方便企业了解文化金融机构抗疫政策，精准匹配金融产品，中心联合文化银行、文化小贷，先后发布了两版《南京市文化银行、文化小贷抗疫政策、抗疫金融产品及办理指南》，为企业提供快捷精准的线上金融服务，获得广泛好评。

推动政策落地，帮助企业受惠。文化金融服务中心联系各文化金融机构，持续传导文化金融政策。在获悉企业融资困难时，主动帮助南京艾琳帝瑞课外教育培训中心、南京优视文化发展有限公司等文旅企业对接获取融资。2020 年审核企业 751 家，累计促成发放贷款 180.64 亿元，服务企业 5333 批次。其中基准利率贷款 73 亿元，占比为 40.41%；信用贷款 37.91 亿元，占比为 20.99%；初创期、成长期文化企业贷款 145.75 亿元，占比为 80% 以上。

3. 群策群力，创新服务助力企业

文化金融服务中心攻坚克难，全力做好服务保障。为应对疫情，帮助文旅企业复工稳产，2020 年度南京市文化发展专项资金申报工作提速开展，加快落实《江苏“影十条”》《南京实体书店稳企措施》，取得了良好效果。

三　南京市推动文化金融发展的实践探索

为促进文化产业高质量发展，南京市持续创新、不断探索文化金融发展路径，推动文化与金融加速融合。

（一）打通堵点，设立首贷中心、续贷中心

为加强文旅企业和金融之间的融通和互动，打通文化金融发展的“堵点”和“痛点”，南京市根据中国人民银行南京分行营管部联合中共南京市委宣传部印发的《金融支持文化产业稳企业保就业工作的实施方案》，建立文旅企业贷款需求“清单制”，定期向当地中国人民银行反馈信贷业务进展，进一步压实各金融机构责任；简化部门审核流程，推动现有“两级多部门”人工审核向系统自动实时推送转变；成立南京文化金融“首贷中心”“续贷中心”，集中受理中小微文旅企业的首贷、续贷申请，提升服务效能。

通过首贷中心、续贷中心的集中受理，极大地缓解了文化银行的风险顾虑和尽调意愿问题。首贷中心、续贷中心将政府、金融机构、中小微文旅企业、要素市场等资源充分衔接，相互融通，各类资源得到了有效整合，进一步完善了南京市文化金融服务体系，推动了文化银行提高授信时效，有力地促进了文化银行服务效能提升。

（二）协同发力，针对性产品迭代创新

南京市推动文化银行针对文旅企业经营所需，不断创新专属产品和模式，各种文化金融新产品及服务不断涌现。目前，10 家文化银行已有文化企业专属产品近 20 个。2020 年紫金农商银行联合文化金融服务中心与南京市广告协会，打造特色文化信贷产品——“广告服务贷”。南京银行、紫金农商银行与文化金融服务中心联动，对接电影行业协会，分别开发推出电影

行业专属信贷产品“苏影保”和“影院快贷”，帮助10余家影院企业获得3000多万元的纯信用贷款，有效帮助了院线企业获得融资渡过难关。

典型案例：南京某影城有限公司主营电影院线业务，在南京市经营有2家电影院。由于受疫情影响，企业长期无法正常营业，没有了稳定的收入来源，加之面临工资、租金等费用支付压力，导致经营困难。企业之前曾自主向银行申请贷款，但未获审批。文化金融服务中心了解到这一情况后，主动对接分析企业情况，将其推送至文化银行之一的紫金农商银行。最终，紫金农商银行通过影院快贷产品给予其专项授信额度，并且利率低于市场，有效帮助企业解决了资金难题。

（三）因地制宜，提升新业态文化金融服务效能

疫情的发生，在一定程度上改变了大众的生活方式，催生了人民群众对动漫游戏、网络文学、网络演艺、网络视频、数字艺术的需求，加快了数字文化产业的发展，数字文化企业的数量和质量快速提高，新兴业态持续涌现。南京市面对不断出现的文化产业新业态，持续推进“互联网+文化金融服务”，树立数据“共享增值”的理念，打通各类信息孤岛，依托文化金融服务中心，紧跟市场变化，关注新业态文化企业需求变化，有针对性地解决问题，提升文化金融服务效能。

典型案例：南京某网络科技有限公司是一家着眼于全球互动娱乐市场，专注于手机游戏开发、运营和发行的新锐互动游戏公司。为积极响应国家政策号召，该公司从2017年9月开始积极谋划精品游戏出海。在海外市场推广的过程中，玩家通过AppStore、GooglePlay两大应用商店免费下载游戏，道具付费时通过两大应用商店进行网络支付。但该部分外汇收入长期无法收入国内。

2020年4月，在中共南京市委宣传部文化产业处的指导和组织下，南

京文化金融服务中心牵头组织了由南京师范大学金融系、南京市文投集团、文化银行、南京文化金融服务中心以及企业相关负责人组成的项目小组，专题研究解决企业外汇问题。2020 年 5 月中旬，项目小组与南京市外汇管理局相关业务负责人进行了专项汇报和沟通。在外汇管理局的一对一分析和指导下，提供了一个全新更优的解决方案。该方案可解决该公司外汇收入无法入账的问题，同时又不变更外汇收入性质，不影响企业服贸的数据，是两全其美的解决方案，彻底解决了企业掐脖子问题，得到企业的高度认可。

四　推动南京市文化金融发展的对策建议

南京市在文化金融方面的探索具有先发优势，有效推动了本市文化产业的持续快速发展。但从总体上来看，依然存在文化娱乐和中介服务行业线上迁移缓慢、文化制造业核心关键技术对外依赖程度高、内容创作生产行业冷热不均等问题。此外，虽然南京市有文旅企业 3.5 万余家，但龙头企业数量有限，呈现多而分散的状态。文化企业经营者对接资本市场的意识还较为薄弱，融资能力普遍不足。面对新兴文化产业不断发展的新环境，南京市需要采取更加积极有效的措施，使文化与金融深度融合发展，促进文化产业再上新台阶。

（一）优化资源配置，加大金融支持力度

通过改进本市文化金融机构内部资源配置、优化内部绩效考核、发展金融科技等方式，加大对文化企业的信贷支持力度。同时，建立金融服务中小微文化企业长效机制，使金融资源更加契合本地区文化产业发展需要，加快发展线上金融服务，为文化企业提供高效的文化金融及相关服务，在已有的政策措施基础上，进一步降低文化企业特别是中小微文化企业的融资难度与成本。

（二）优化产业发展结构

顺应文化产业新业态新趋势，加速数字文化产业布局，发展数字文化新业态，发挥数字经济优势，加快大数据、云计算、区块链、人工智能等新技术在文化产业领域的应用，大力发展数字出版、数字阅读、动漫游戏、短视频、电子竞技、智慧广电、数字娱乐、在线教育、数字文博等新型文化业态。推进传统文化产业数字化、智能化改造，支持文化企业利用网站、App、小程序等方式拓宽电商化、数字化经营渠道。

（三）完善文化金融政策体系

新时代面对新发展，在数字化浪潮之下，需要紧密关注文化产业发展变化，及时为新兴文化业态出台相应的扶持政策，不断完善文化产业发展的金融支持政策，加大金融业支持文化产业的力度，推动文化产业与金融业的对接，针对不同业态的文化企业、不同类业务实行差异扶持。

（四）进一步完善文化金融体系

加强文化金融机构之间的联动合作，联合文化银行、担保、投资、法律、版权登记等机构，形成完备的文化金融服务体系，切实为文化产业新业态企业解决实际难题。新冠肺炎疫情为文化企业特别是中小微文化企业带来冲击，文化新业态领域的企业资金压力将更加凸显，融资需求将更加迫切。建议南京市加快发展线上金融服务，支持信用评级机构、担保机构、银行、财务审计公司启动、完善网络办公通道并优化工作流程，为文化企业提供高效的文化金融及相关服务。

（五）创新升级文化产业与金融合作模式

打造文化金融聚集区，重点吸引新兴文化金融企业入驻，促进新兴文化金融加速聚集，带动实体经济转型升级。金融与文化产业的融合将为文化产业打开新局面、创造新机遇、激发新动能。在文化产业与高科技和互联网高度融合的过程中，需要金融创新的力量，为整个文化产业打开新局面。金融创新将促进文化产业链的完善，整体提升文化产品的质量。通过系统性、持续性的资本要素支持，建设文化金融聚集区能刺激文化产业持续创新，形成文化产业良性循环。

B.13

2020年宁波市文化金融发展报告

屠雪松 王亚琪*

摘 要： 2020年，面对突如其来的新冠肺炎疫情，宁波市以创建国家文化与金融合作示范区为契机，加大政策引导力度，围绕文旅企业在应急融资、风险保障等方面的迫切需求，依托文化金融服务平台，支持银行、保险、政策性担保、地方股权交易中心等多部门合作协同，基于已有金融工具不断叠加新产品和新服务。数据显示，2020年宁波市文旅产业贷款余额为1037.4亿元，文旅企业贷款加权平均利率为4.33%，这有效缓解了宁波文旅企业的发展困境，为宁波文旅产业迅速恢复并平稳发展奠定了良好的金融基础。但宁波文化金融发展还存在一些问题，本报告就其中的主要问题如融企信息不对称、资金供求不匹配、中介服务不健全和创新投入不充裕等进行了分析，并提出了相关政策建议，如搭建文旅企业数据库、增设文化金融专营机构、支持产业基金发展、建立创新保护机制和落实双创政策。

关键词： 文化金融 文旅产业 保险创新 宁波

* 屠雪松，宁波市文化广电旅游局党组成员、产业发展处（非物质文化遗产处）处长。王亚琪，宁波市文化广电旅游局产业发展处（非物质文化遗产处）三级调研员。

一　宁波市文化金融发展环境

（一）疫情冲击

1. 疫情期间全市文旅企业全面关停

2020 年新冠肺炎疫情突如其来，宁波市文旅行业受到了剧烈冲击。据估计，疫情期间宁波市 95% 以上的文旅企业处于停工停产停业状态。特别是在春节期间，据不完全统计，宁波全市累计超过 1400 场演出、庙会、灯会等文旅活动被迫取消，超过 2500 多家场馆和景区无奈关闭。整个宁波市旅游产业更是承受了巨大压力，2020 年 1～3 月的国内旅游人数为 944.6 万人次，同比下降 65.8%；国内旅游收入为 133.4 亿元，同比下降 68.7%；住宿设施接待入境过夜游客收入为 706.1 万美元，同比下降 93.3%。

2. 疫情防控常态化期间全市文旅行业逐步恢复

面对疫情严重冲击，宁波市坚决贯彻国家和省市各项决策部署，及时出台各类应对政策，有力地推动了文旅行业逐步回升向好。据初步调研，宁波市广播电视行业基本未受疫情重大影响；动漫游戏企业在第一季度复产复工后，逐步恢复正常经营；景区景点、民宿等自第一季度末开始复产复工，到 2020 年底基本恢复至上年同期九成左右；目前尚处于缓慢恢复状态的主要是演艺娱乐行业。

（二）政策对冲

1. 疫情期间出台10条实施细则

疫情面前，浙江省于 2020 年 2 月 12 日和 24 日连续出台了《关于全力支持文化和旅游企业战胜疫情稳定发展的通知》《关于积极应对疫情推动文化企业平稳健康发展的意见》等政策，提出用好税费减免、金融信贷支持等宏观经济调控工具，全力支持文旅企业抗击疫情。

2020年2月20日，根据浙江省和宁波市的相关意见精神，宁波市文化广电旅游管理部门以创建国家文化与金融合作示范区工作为主要抓手，公布了10条实施细则。在文化金融层面，细则要求发挥国家文化与金融合作示范区创建优势，做好三个层面的工作。

一是建立重点文旅企业“白名单”和优选文旅项目库，并在有关银行的大力支持下，积极配置50亿元疫情专项信贷额度，开通专属绿色审批通道，同时要求贷款利率保持在合理适度的优惠水平。

二是对疫情导致暂时受困的文旅企业强化信贷支持，执行短期贴息政策，即最高贴息金额为企业实际贷款利息的一半，期限不超过3个月，贴息总金额不超过10万元。

三是充分发挥全域旅游综合保险等保险创新的风险管理职能，对出险的旅游企业予以及时、快速、充分的赔付处理，实现应赔尽赔。

2. 疫情防控常态化期间再推14条实施细则

2020年4月13日，宁波市文化广电旅游管理部门等多部门联合发布《关于推进国家文化与金融合作示范区创建强化金融支持文旅企业发展工作的通知》，通知共14条，主要内容如下。

一是明确金融支持范围。金融支持重点的文旅企业包括景区景点、文化产业示范基地、大型文旅集团等八类重点企业；重点项目为旅游基础设施、文旅融合项目、文旅产业项目和文旅大平台建设项目等。

二是鼓励运用多种纾困帮扶金融工具。支持金融机构运用再贷款、再贴现、延期还本付息、专项贷款、带宽财政贴息等多种金融手段，有效降低融资成本，最大限度地帮扶受疫情影响较为严重的企业和项目。

三是持续支持金融创新。通过发展文旅专营机构、创新文旅特色金融产品、提高融资需求响应速度等，着力提升疫情防控下文旅企业的金融服务获得感。

四是加大政策保障力度。成立金融服务文旅企业工作专班，做好企业融资需求及时对接工作。建立和细化宁波市重点文旅企业名单，支持金融机构制定“一企一策”服务方案。同时，加强政府、银行、保险、政策性担保等多部门联动，推出“抗疫助工贷”“抗疫助工担”等产品。并进一步做好文旅企业挂牌上市工作。

（三）产业环境

1. 文旅产业整体发展态势良好

2020 年宁波市文旅产业自第二季度开始逐步恢复，整体发展态势良好。据统计，2020 年，文化产业增加值（市口径）为 987.75 亿元，同比增长 7.8%。2020 年，宁波市全年完成旅游总收入 1999.5 亿元，比上年下降 14.2%（如图 1 所示）；接待国内游客 1.25 亿人次，下降 10.2%（如图 2 所示）；完成国内旅游收入 1998.4 亿元，下降 13.2%。

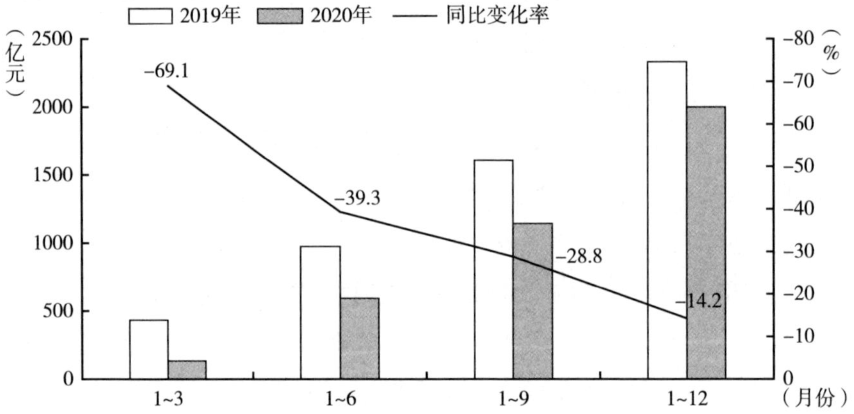

图 1　宁波市 2019 年和 2020 年旅游总收入

2. 国家文化与金融合作示范区工作持续推进

截至 2020 年末，宁波市文旅产业贷款余额为 1037.4 亿元，同比新增 104 亿元，增幅超过 11.2%；文旅企业贷款加权平均利率为 4.33%，低于全部企业贷款利率 0.33 个百分点。2020 年宁波市设立了文旅产业基金、文化金融服务中心等两大专营机构，组建了一个地方性文化金融智库，新增地方股权交易中心挂牌企业 44 家。2020 年末，宁波市共有文化金融专营机构 6 家，国内外文旅上市公司 10 家，新三板挂牌文旅企业 32 家；宁波股权交

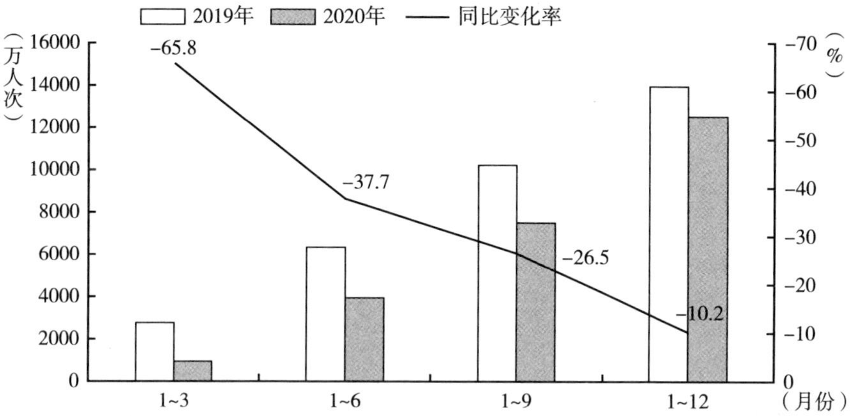

图 2　宁波市 2019 年和 2020 年国内游客人数

易中心文创板现有挂牌企业 214 家。

3. 文旅产业发展基础不断夯实

2020 年宁波市新增两家国家一级博物馆，新增一项国家级非物质文化遗产代表性项目。疫情防控常态化后，宁波市各类文化活动逐步复苏，2020 年宁波市共举办各类会展项目 329 个，与上年的 330 个基本持平，并荣获“中国会展十大会展名城”等荣誉称号。

二　宁波市推动文化金融发展的实践探索

（一）强化政银企合作，“白名单”制度帮助优势企业渡过难关

1. “白名单”企业的推荐与确定

疫情期间，宁波市文化广电旅游管理部门在较短时间内完成了“白名单”的制定，工作主要步骤为：首先由宁波市各区县文化广电旅游管理部门深入企业调研，将发展良好且受到疫情重大影响的企业或项目上报至市文化广电旅游主管部门。经评审通过，交由合作银行委托开展服务。

2. 银行主动对接贷款服务

一是接收分配“白名单”。中国建设银行宁波市分行接受市文化广电旅

游局定期发送的文旅企业“白名单”，按照企业规模不同，将大中型企业交给公司业务部，将小微型企业交给普惠金融部，两部门再根据属地原则，将企业分派给相应区域的分支机构对口部门，属地化开展工作。

二是给予利率优惠。疫情防控期间，“白名单”内大中型客户贷款利率原则上为 LPR（贷款基础利率），优质客户还可以适当下浮，最低不低于 LPR－30BP；对普惠型小微文旅企业新发放贷款，最低也可享受 LPR－30BP 的优惠利率。

三是开辟绿色通道。对于“白名单”客户，中国建设银行南宁市分行开设绿色通道，在做企业尽职调查时，审批职能同时跟进，由市分行公司业务部、风险管理部、授信审批部进行集中批量会商，大大提高了贷款办结速度。

四是严管资金用途。疫情防控期间，凡是“白名单”内享受优惠利率、财政贴息的贷款企业，贷款资金用途仅限于防疫与复工所需的流动性资金需求，中国建设银行对此进行严格监管。

3. “白名单”贷款成效显著

截至 2020 年 5 月底，宁波市文化广电旅游局推送给中国建设银行宁波市分行的文旅企业“白名单”（第一、第二、第三批）共计文旅企业 192 家，包括 60 家大中型企业和 132 家小微企业。中国建设银行对“白名单”企业实现对接走访全覆盖，总授信金额 22. 8 亿元，已投放金额 22. 05 亿元。

一 支持大中型文旅企业抗疫复产

A 公司是宁波市本土大型文化企业，成立已近 10 年，主要经营文化产业投资、文化艺术活动策划、影视推广策划等，在业内有一定名气和影响力。2020 年初，受新冠肺炎疫情影响，A 公司旗下所涉及的婚庆、酒店、剧院等相关产业全部暂停营业，营业收入几乎降为零，百余名员工待岗，但仍要维持员工的基本收入，企业面临前所未有的困难和压力。

中国建设银行宁波市分行在获取文旅企业“白名单”后，第一时间就与 A 公司取得联系，并将其纳入重点企业信贷业务绿色通道，按照特事特办、急事急办原则，仅仅用2天时间就完成了资料搜集、贷前调查、授信申报等流程，最终给予A公司1000万元贷款，保证客户在第一时间用上了这笔“抗疫资金”，有效提振了企业克服疫情不利影响、推进复工复产的信心。

B公司作为全国百强旅行社，在行业内处于领先水平。受新冠肺炎疫情全球蔓延影响，其旅行社业务和票务代理业务基本处于停滞状态，且后续经营情况存在很大不确定性，资金周转面临困难。根据市文化广电旅游局提供的“白名单”，中国建设银行宁波市分行海曙支行主动服务、快速对接，第一时间与企业取得联系，在24个小时内为B公司发放无抵押、纯信用流动资金贷款400万元，年化利率从原先的4.78%降到4.05%，真正为企业减成本、谋便利，体现了建行速度与责任担当，也践行了宁波市人民政府关于有效应对疫情、促进服务业平稳健康发展的号召。

二　贷款扶持小微文旅企业走出困境

C公司主营旅游餐饮业务，新冠肺炎疫情发生后，公司餐饮业务一落千丈，资金周转不灵，经营难以为继。中国建设银行宁海支行第一时间梳理文旅企业客户名单，主动与公司取得联系，在获悉C公司存在流动资金紧张等困难后，结合企业实际经营情况及2019年缴税情况，相关客户经理指导企业在线办理了额度100万元的云税贷业务，该笔业务属于不需任何抵押的信用贷款，手续便捷，到账及时，100万元额度当天生效，利率仅为4.5%，切实解决了企业的燃眉之急。

D酒店是宁波知名的精品型旅游酒店，新冠肺炎疫情的到来，对旅游服务业造成了极大的冲击，酒店业尤为严重。D酒店生意惨淡，客流量锐减，住宿和餐饮业务下滑至几乎为零，面临经营难以为继甚至可能倒闭的风险。中国建设银行象山支行在接到文化广电旅游局“白名单”后，主动联系对接“白名单”客户，在了解到D酒店的资金困难和复工复产愿望后，象山支行根据它所拥有的酒店大楼物业可作为贷款抵押物的有利条件，迅速启动贷款调查、申报审批等手续，在最短时间内完成贷款发放，给予企业三年期450万元的抵押贷款，利率仅为3.85%，及时缓解了企业的资金周转困难，有效提振了企业渡过难关、恢复生产的信心。

（二）加强组合创新，“风险池”叠加“微担通”推动金融协同

1. “风险池”叠加“微担通”的基本模式

2020 年宁波市为支持文旅企业复工复产，将已有成熟的文化产业信贷风险补偿基金（以下简称“风险池”贷款）与应对疫情开展的“微担通”业务进行功能叠加，初步形成了“政府、银行、政策性担保、保险、地方股权交易中心”等多部门协同的组合型文化金融创新。一是在政府部门的指导下，以宁波股权交易中心、宁波市文化金融服务中心等机构为主体向企业广泛宣传，引导和支持企业获得及时必要的融资服务。二是以银行、政策性担保公司、保险公司作为服务主体，深入企业调研，提供“风险池”贷款、“微担通”等产品的咨询服务，由企业自主选择。三是整合政策性担保公司、保险公司的风险控制能力，为银行贷款提供充分的风险补偿机制，推动业务不断优化细化。

“风险池”贷款项目成立于 2015 年，是由中共宁波市委宣传部牵头，联合商业银行、保险机构共同建立的文化产业信贷风险补偿机制。目前“风险池”贷款的主要模式为：宁波市文化金融服务中心有限公司作为政府方代表，成立宁波市文化产业信贷风险补偿基金即“风险池”，并按照 10～15 倍比例放大授信额度，合作银行在授信额度内向文旅中小微企业发放贷款。约定当贷款遭遇坏账时，商业银行、保险机构、文化产业信贷风险补偿基金三方按预先确定比例共担风险。

“微担通”是宁波市财政局为了应对疫情，通过财政、担保、银行三方联动，采用财政贴息、减免担保收费等方式帮助中小企业缓解融资难、融资贵问题的融资工具。“微担通”下设“抗疫助工贷”“抗疫助工担”两大子项目，通过宁波市金融控股集团所属两家市级政策性融资担保公司免费提供担保，鼓励合作银行参照央行相关优惠利率放贷给全市小微经营者，且一律免收担保费用。目前，“微担通”已经全面覆盖文旅企业，在破解文旅企业

因轻资产、缺抵押而面临的融资困境过程中起到了良好的引导作用。

2. “风险池”叠加“微担通”的工作特色

一是财政资金与信贷资金有机融合。财政资金通过“风险池”“微担通”等方式参与文化企业融资活动，将政府的“有形之手”与市场的“无形之手”完美结合，支持金融机构服务实体经济发展。通过引入政策性担保、保险机构进一步提供风险共担机制，多方合作共同化解文创企业因轻资产而融资难的窘境。

二是财政贴息降低企业融资成本。对于符合条件的文旅企业，免除政策性担保费，银行给予普惠利率（基准利率略微上浮），降低企业财务成本。通过审核的企业还将获得贷款金额2%的补贴，用于覆盖在融资中企业所支付的保险费用，减轻企业经营负担。

三是多部门合作提升服务效率。为了更好地服务文旅企业，宁波市以宁波股权交易中心的文创板挂牌企业为主体，动员各个参与主体深入一线调研，通过线上线下相结合全面提升服务效率。例如，中国工商银行配套出台“经营快贷”，通过大数据等金融科技手段，为小微企业提供无抵押的在线融资产品，极大地提高了企业融资效率。

（三）聚焦数字化服务，线上平台初步实现文旅特色金融产品的整合与申请

1. 文旅企业“我要贷”专窗上线

2020年，宁波市普惠金融信用信息服务平台的文旅企业“我要贷”线上融资专窗正式上线，该平台通过线上专区形式为文旅企业提供政策解读、在线融资等服务。目前，专窗上线文旅贷产品19个，不仅包括成熟的“风险池”贷款、“微担通”等贷款产品，还包括“民宿贷”等特色产品，所有产品均为信用贷款和担保贷款，大部分产品利率控制在5%以内，较好地满足了文旅企业的融资需求。

2. 专窗发展目标

今后宁波市文化金融服务中心还将在专窗的基础上，进一步强化数字化创新，搭建“风险池”在线融资平台并创建宁波市文化产业数据库，将资源对接、金融服务、产业协作、资金申报、产业咨询等模块进行整合上线，初步形成宁波创建国家文化与金融合作示范区的基础性数字公共服务平台，并初步实现系统的快速响应与迭代升级。

（四）加大机制创新，推动文旅企业拓展直接融资渠道

1. 突出政府引导，宁波市文旅产业基金成立并投入运营

2020 年 8 月，宁波市文旅产业基金成立，总募集规模为 20 亿元，第一期募集规模超过 10 亿元。基金由宁波文旅投资集团、中信出版集团、寺库中国和天工异彩等机构共同出资设立，其中普通合伙人和管理人为宁波信涛。目前基金已经对贝发集团股份有限公司等多家宁波优势文旅企业进行了战略投资，今后将继续支持有关文旅企业通过 IPO、并购等方式实现协同发展。

2. 坚持多方合作，“金融顾问”积极对接文旅企业金融需求

2020 年，宁波市多部门协作正式组建“金融顾问”队伍，主要由银行、保险、证券等领域具有多年实务经验的专家组成。金融顾问制度创建以来，金融顾问深入文旅企业，通过座谈、研讨、咨询等形式积极推动了文旅企业上市挂牌等直接融资工作。

（五）防控文旅风险，提升保险创新能级

1. 聚焦疫情巨灾风险，强化政策引导

疫情期间，宁波市出台了《关于发挥保险社会治理功能促进我市防疫情促复产的实施意见》，涵盖对企业减费让利、帮扶企业复工复产等 8 项具体内容。宁波市保险机构在政府指导下迅速开展行动，为小微企业提供应急风险保障，各项保险已全面覆盖文旅企业。

2. 关注企业复产复工，鼓励政策性保险创新

2月中旬，宁波市政策性复工防疫保险方案一经公布，多家保险公司便迅速开展投保服务。该方案规定已投保企业财产保险并通过政府复工审核或备案的宁波市小微企业均可投保，已全面覆盖文旅企业。保费为每家企业2000元，其中政府补贴一半，因此企业只需负担1000元保费。保险责任为法定传染病导致的企业停工停产。赔付标准为每家企业按照3500元/天累计赔付，但最高赔偿限额不超过10万元。

（六）搭建智力平台，助力示范区创建工作持续推进

1. 加强政产学研联动，创建协同创新研究基地

2020年初，宁波市文化广电旅游主管部门与浙江大学宁波理工学院共建“宁波创建国家文化和金融合作示范区协同创新研究基地”。疫情期间，基地紧急组织研究队伍，及时调整研究重心，进行了18次深度实地调研，形成了一系列政策建议稿。针对文创支行、“风险池”贷款等多个典型案例进行了深度剖析，并完成研究报告《适合文旅产业发展的金融服务体系构建研究》的撰写。基地于7月初决定每月推出《宁波文旅金融简报》。基地利用信息技术手段广泛检索国家部委以及省市部门等8个政府网站及其22个信息子频道，为简报积累可靠信息超过5000条。同时，安排专人负责简报编辑和撰写，及时收集、汇总和发布宁波创建示范区情况供相关部门参阅，截至2020年末累计完成《宁波文旅金融简报》6期。

2. 加快产融协同发展，搭建文化金融服务平台

2019年底，在宁波市文化广电旅游主管部门的指导下，宁波文旅金融服务中心正式成立。2020年3月，宁波市文旅集团下属的全资子公司宁波市文化金融服务中心有限公司注册成立。宁波市文化金融服务平台建设初步具备了多元化、协同化、专业化等特点，为宁波市文化金融发展提供了坚实的平台基础。

上述文化金融服务平台虽然分工侧重点有所不同，但建设目标十分明确，就是以宁波市创建国家文化与金融合作示范区为契机，积极推动宁波市

文旅企业普惠金融服务体系建设，依托文旅产业基金矩阵，积极探索文旅金融新模式，构建可复制、可推广的文旅产业金融服务链。

3. 融合国内外智力资源，举办文化金融合作高峰论坛

2020 年 10 月，宁波市成功举办了文化金融合作高峰论坛。论坛以“新技术·新业态·新发展”为主题，围绕宁波市文化与金融合作的成功经验，讨论和研究“十四五”文化与金融融合发展新路径。与会专家认为，宁波市文化与金融合作发展有很多经验做法值得总结和推广，下一步应继续坚持新发展理念，在组织创新、产品创新、服务创新和机制创新上不断探索，建立文化与金融合作新载体、新模式，有效发挥首批国家文化与金融合作示范区的引领示范作用。

4. 丰富互动教学手段，开展多层次培训活动

宁波市文化广电旅游局委托协同创新研究基地举办“宁波文旅企业金融研修班”，来自全市文旅主管部门、优势企业、专业金融机构等的近百人参加了培训。为了满足疫情防控常态化的要求，培训采用线上线下相结合的形式。课堂教学部分全程通过“宁波文旅金融大讲堂”在线直播，首日在线观看人次超过 33 万人次，累计在线观看人数超过 300 万人。

三　宁波市文化金融发展的主要短板与对策建议

（一）宁波市文化金融发展的主要短板

1. 融企信息不对称

宁波市文旅客户群体以小微企业为主，普遍存在财务制度不健全、信用状况差、盈利模式不清等问题，金融机构在授信、承保等过程中难以真实了解企业的经营管理和财务状况，无法对风险与收益进行合理判断。同时，宁波市文旅产业链的不完整也加重了信息不对称，文化产业属于朝阳产业，在宁波市起步发展较晚，尚未形成“创意—生产—销售—衍生品开发”的完整产业链，造成金融创新手段的应用缺乏相应的土壤和基础。

2. 资金供求不匹配

融资结构与企业生命周期不匹配。宁波市文旅企业多数处于初创期，普遍具有高风险、高回报的特征，与商业银行的审慎性贷款原则不相容，与之相匹配的融资模式理应是具有较长期限的风险投资。但当前宁波市文旅金融的主要模式仍然是以银行主导的间接融资，因此从融资规模、期限、抵质押品等供给侧条件来看，文化与金融的合作仍然有很长的路要走。

3. 中介服务不健全

目前，宁波市文旅产业中的专业中介机构数量较少，从业人员素质还有待提高，影响了文化与金融的融合步伐。同时，宁波市文化金融中介机构的数字化发展相对落后，面对层出不穷的数字文化创意业态创新，无法有效协助和支持金融机构完成对文化产业及其细分行业的数据积累和加工应用。

4. 创新投入不充裕

与北京、深圳等先进城市相比，宁波市文化金融产品的创新主要还限于银行贷款、企业增信、财产风险保障等少数传统领域，其中最为重要的原因就在于金融创新投入有待加大。很多文化金融专营机构中专营模式并未对自身业绩增长发挥明显促进作用，投入产出比明显低于其他业务类型，导致现阶段无法全力投入文化金融产品开发工作，延缓了文化金融产品创新进展。

（二）宁波市文化金融发展的对策建议

1. 搭建文旅企业数据库，有效缓解文化金融信息不对称问题

加快推进文旅产业信息共享平台建设，构建文旅企业数据库，进一步健全中小微文旅企业信用数据，帮助银行、保险、政策性担保等金融机构更为便利地筛选优质企业和项目，提高尽职调查效率。

2. 增设文化金融专营机构，建立文旅全产业链金融服务体系

在已有 6 家文化金融专营机构的基础上，力争再设立 3 ~ 5 家，使总数超过 10 家。专营机构应主要覆盖银行、保险、担保、征信、知识产权交易等文化金融的主要核心领域，为文旅产业提供全产业链的兼具普惠性与定制

化的金融服务体系。

3. 支持产业基金发展，引导头部文旅企业做大做强

鼓励文旅产业基金积极参与头部文旅企业的并购重组、债转股以及股权融资，引导企业改善治理结构。支持基金扩大资本规模，与国内外优秀团队合作，设立广播影视、动漫游戏、非物质遗产、精品酒店（民宿）等特色子基金，发掘和培育文旅独角兽企业。

4. 建立创新保护机制，鼓励各类金融机构合规创新

为了更好地支持各类金融机构和金融中介机构参与文化金融产品与服务创新，应建立文化金融创新保护机制。明确规定经金融监管部门和宁波市政府审核通过的文化金融创新项目应享有创新保护期，保护期内有关机构不得在宁波辖区内实施相同或类似的文化金融创新项目。

5. 落实双创政策，构建文旅人才金融支持服务体系

面向各类经认定的文旅人才及其创新创业项目，试点开展文旅人才信用评级创新，并在此基础上支持金融机构研发各类文旅人才贷款、文旅人才保险等金融创新项目，更大力度地支持文旅人才创业创新。

B.14

2020年成都市文化金融发展报告

师 江　谭 莹　周泽峰　姚一永*

摘　要：　“十三五”时期以来，文化创意产业已成为成都市的支柱型产业之一。2020年为应对疫情冲击，扶持文创产业发展，成都市结合区域发展实际，以解决文创企业融资难题为抓手，以金融创新为主线，构建出以“债权融资 + 股权投资 + 路演孵化 + 金融科技”四大路径为支撑的文化金融产业生态圈。本报告从介绍成都市助力文化金融发展的实践探索出发，分析了当前成都市发展文化金融的成效、存在的主要问题，如缺乏统一的资产评估标准和体系、缺少综合性文化金融服务中心、服务文创企业全生命周期的投融资体系有待完善。并提出了未来成都市发展文化金融的对策与建议，如完善文化金融配套基础设施建设、健全文化金融发展的体制机制、积极创建国家文化与金融合作示范区。

关键词：　文创产业　文化金融　文创通　成都

一　成都市文化金融发展环境

成都市作为“一带一路”重要节点城市，目前正积极推动成渝地区

* 师江，中共成都市委宣传部副部长，成都市新闻出版局（成都市版权局）局长，成都市文化体制改革和文化产业发展领导小组办公室主任。谭莹，中共成都市委宣传部产业发展处处长。周泽峰，成都市青羊区金融工作局局长。姚一永，西南财经大学天府学院副校长。

双城经济圈建设，加快建设西部金融中心、西部文创中心、世界文化名城，文化与金融融合发展迎来更多时代机遇。成都市正按照“产业生态圈+产业功能区+产业社区”的思路，持续推动文化金融产业生态圈建设。成都市14个重点产业生态圈中，包括文旅（运动）产业生态圈和现代金融产业生态圈；66个产业功能区中，文化类产业功能区15个，金融类产业功能区6个，合计占比为31.8%。成都市以产业生态圈为引领，以产业功能区为载体，助推文创产业与金融业高质量发展的效应正日益显现。

（一）文创产业发展势头向好

文化创意产业是成都市新兴支柱型产业，是加快世界文化名城建设、塑造“三城三都”城市品牌的重要支撑。全市现有文创企业2093家，年产值上亿元的企业达百余家，拥有文创产业示范园区（基地）国家级10家、省级23家、市级31家，书店3400家，博物馆150家，相继吸引近千家各类文化创意、艺术设计、现代时尚等工作机构入驻。全市新增文创街区、文创小镇和文创空间528个。反映在数据上，成都市文创产业增加值始终以双位数增长，对GDP的贡献率稳步提升（如图1所示）。截至2020年，全市文创产业实现增加值1805.96亿元，占GDP的比重首次突破10%，表明文创产业已成为成都市支柱型产业之一，文创产业发展势头向好，标志着成都市已经迈入文创产业强市的行列之中。

目前，成都市已经逐步形成以传媒影视、创意设计、现代时尚、音乐艺术、文体旅游、信息服务、会展广告和教育咨询八大产业为重点的现代文创产业体系。近两年来八大重点领域快速发展，取得了较好的成效，标准以上文创法人单位发展速度不断加快。2019~2020年传媒影视业企业增加值增速为16.3%、创意设计业26.6%、现代时尚业10.1%、音乐艺术业26.9%、文体旅游业25.4%、信息服务业36.8%、会展广告业31.2%、教育咨询业达到88.8%（如图2所示）。

图 1　成都市 2016～2020 年文化创意产业发展情况

数据来源：成都市政务统计数据。

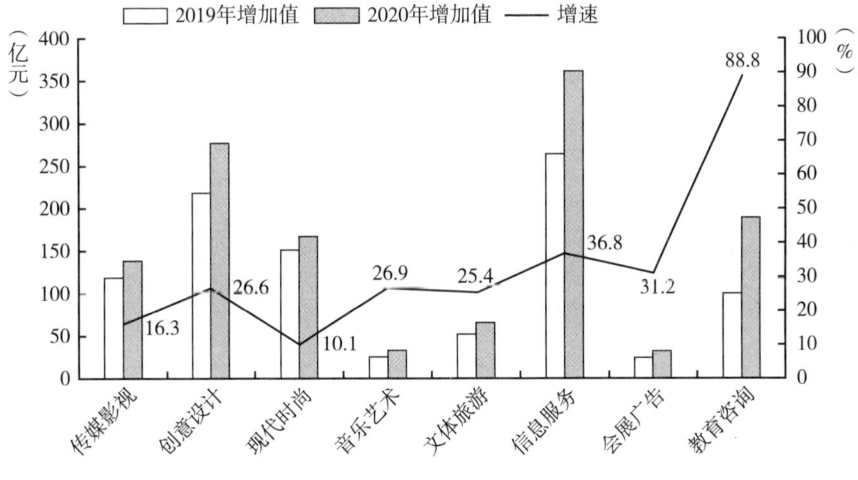

图 2　成都市 2019 年和 2020 年八大重点领域标准以上文创法人单位增加值及其增速

数据来源：成都市政务统计数据。

（二）金融产业发展优势凸显

作为西部金融高地，成都市目前共有各类金融机构及中介服务机构 2650 余家，其中银行业金融机构 86 家、保险机构 98 家、证券经营机构 349 家；地方金融组织近 400 家，其中小额贷款公司 74 家、融资担保公司64家、融资租赁公司67家、商业保理公司8家：金融机构数量和门类位居中西部前列。第28期“全球金融中心指数”显示，成都市居全球第43位，比上一年提升31位，创历史最高水平。第12期“中国金融中心指数”显示，成都市综合竞争力排名中西部第一、全国第六。根据中国人民大学国际货币研究所发布的“天府金融指数”，2020年成都市文化金融指数排名中西部第一、全国第六。2016~2020年成都市金融业呈现稳步增长态势，2020年实现增加值2114.8亿元，同比增长7.7%（如图3所示），占GDP的11.9%。金融业的良好发展能够为文创产业发展提供强有力的资金支持，进一步推进金融业与文创产业融合发展。

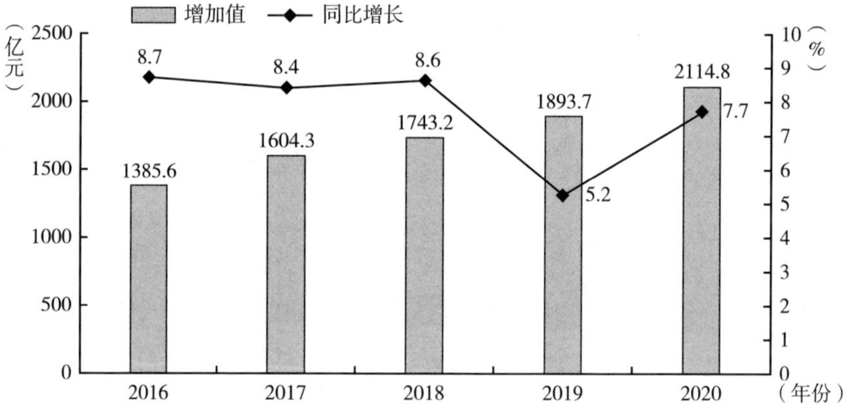

图3　成都市2016~2020年金融业发展情况

数据来源：成都市发改委统计数据。

（三）政策环境进一步优化

根据《建设西部文创中心行动计划（2017~2020年）》，成都市围绕创建国家文化与金融合作示范区，大力推动文化与金融跨界融合，近年来市区两级相继推出一系列政策（见表1），以推动文化事业和文创产业发展水平早日进入全国第一方阵。

表 1　成都市近年文化金融发展重要政策

类别	年份	政策名称
成都市	2020	关于深入推进文创金融合作高质量发展文创产业的实施意见（成宣发〔2020〕4 号）
	2020	成都市人民政府办公厅关于推进"电竞 +"产业发展的实施意见（成办发〔2020〕48 号）
	2020	关于应对新冠肺炎疫情影响促进文化旅游业健康发展的若干措施（成宣发〔2020〕1 号）
	2019	成都市加强会展与产业一体化发展实施方案（成博〔2019〕63 号）
	2019	成都市建设世界赛事名城促进体育产业发展的若干政策措施（成办发〔2019〕32 号）
	2018	成都市建设"三城三都"三年行动计划（2018 ~ 2020）（成委办〔2018〕50 号）
区（市）县	2019	关于印发《青羊区关于促进文博创意产业发展的若干支持政策》的通知（成青文体旅〔2019〕28 号）
	2018	关于印发《青羊区进一步推动企业上市挂牌及直接融资奖励政策的实施办法》的通知（成青上领〔2018〕2 号）
	2018	成都市武侯区促进文化产业发展系列政策数字娱乐专项政策（试行）（成武经科〔2018〕90 号）
	2017	关于大力促进现代商贸商务业、科技服务业、都市文化旅游业发展的实施意见（金牛委发〔2017〕12 号）

资料来源：根据公开资料整理。

二　成都市助力文化金融发展的实践探索

2020 年以来，成都市认真贯彻落实中央“六稳”“六保”战略方针，从金融供给端发力，以金融支持文创产业复工复产为重点，大力发展文化金融，并着手启动国家文化与金融合作示范区创建工作。

2020 年成都市创新构建出以“债权融资 + 股权投资 + 路演孵化 + 金融科技”四大路径为支撑的文化金融产业生态圈，推动文创产业发展，促进城市文创能级跃升，取得了良好成效和社会反馈。

（一）债权融资：文创企业稳步发展的“强心剂”

1. 设立专营机构，创新风险补偿机制

成都市依托成都银行设立中西部首家专营文创业务的“文创银行”——成都银行文创支行。政府联合相关银行机构、担保机构创新推出“银政担”模式，建立起总额为1亿元的市级文创企业债权融资风险补偿资金池，用于债权类文创金融产品风险补偿。风险补偿资金池一方面实行联合担保机构和银行合作的模式，担保机构按不低于1∶1的比例在合作银行存入信用保障金，合作银行按不低于资金池资金和信用保障金1∶5的比例安排贷款资金；另一方面通过直接与银行合作的模式在合作银行存入风险补偿资金池资金，合作银行按不低于资金池1∶10的比例安排贷款资金，用于向文创企业提供信贷支持。

2. 创新信贷产品，实现文创信贷全覆盖

成都市依托风险补偿资金池，创新开发支持文创企业发展的“文创通”信贷产品，并开通“成都文创通服务”平台。政府对贷款企业按照不超过同期中国人民银行贷款基准利率计算实际发生利息的40%进行贴息补助，并按照实际发生担保费用的60%给予担保补助。截至2020年底累计审查企业超400余家，其中超过50%的企业通过初审。全年累计共支持文创类企业176家，支持金额超10.9亿元。

“文创通”作为成都市支持文创企业发展的重要抓手，业务惠及全市文创类八大重点领域，基本实现22个区（市）县全覆盖。其中支持文创企业占比排名前三的行业分别为信息服务、文体旅游、创意设计（如图4所示）。支持排名前三的区域分别为高新区、武侯区和青羊区，对三者的具体支持情况如表2所示。

表2 “文创通”覆盖全市区域情况（部分）

指标	高新区	武侯区	青羊区
支持企业数(户)	31	29	20
支持金额(亿元)	1.95	1.81	1.65

数据来源：根据成都市各区县政务公开数据资料整理。

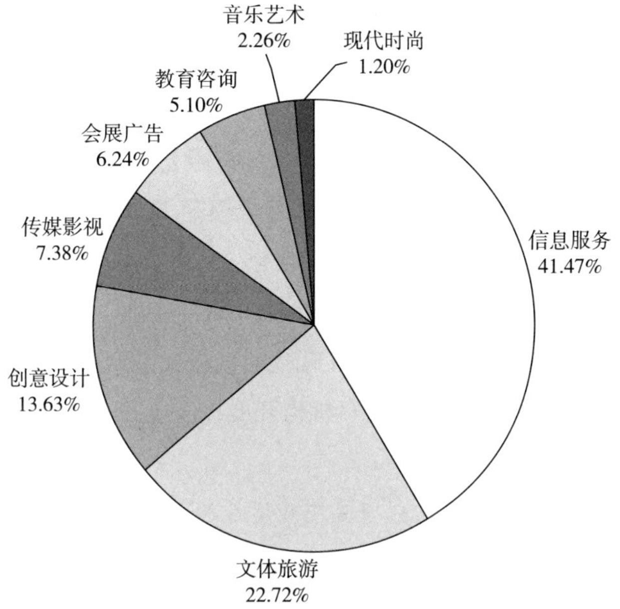

图4　“文创通”支持文创企业行业分布情况

数据来源：根据成都市政务公开数据资料整理。

典型案例1：《紧急公关》影视剧于2019年至2020年4月在成都市取景并拍摄完成，其间因疫情影响该剧拍摄中断，在“文创通”贷款产品的资金支持下，该剧顺利完成后期拍摄。目前该剧已在中央电视台和优酷平台上播出，社会反响良好。

3. 开展专项行动，助力文创企业复工复产

2020年为支持文创企业有效应对疫情的冲击，在中共成都市委宣传部组织下，每经传媒、天府文投会同银担双方自3月至7月开展“文创通同舟行动”，为文创企业纾困解难，主要推动利息与担保费“双降双补贴”。单户企业授信从1000万元提升至2000万元，利息补贴由40%升至70%，补贴后企业融资成本不超过4%，最低到1.17%，为企业节约了超过3000万元融资成本，稳定工作岗位8300余个。

（二）股权投资：资本推动文创发展的“加速器”

成都市成功组建由国内知名财经媒体每经传媒与人民网旗下人民创投合资成立的成都市天府文创股权投资基金管理有限公司（“天府文投”），共同管理成都市文创产业发展投资基金，基金规模超25亿元。文创产业发展投资基金采用“母基金+子基金群”的架构，利用子基金赋能本地项目、利用母基金直接投资本地项目，培育潜在的“瞪羚企业”和“独角兽企业”，其中重点投向传媒影视、创意设计、现代时尚等文创产业八大关键领域。目前天府文投已与国内34家优秀投资机构开展深度业务合作。

典型案例2：天府文投与咸宁星陀威盛股权投资管理合伙企业达成投资协议，主投文娱、消费领域，已在新品牌时尚消费领域投出3家优质企业；另外与重庆某股权基金公司合作主投文娱、消费、互联网、科技，积极响应“成渝地区双城经济圈”战略。

典型案例3：天府文投和博瑞传媒与哔哩哔哩电竞达成合作意向，将共同出资1亿元参加首轮1.8亿元融资项目，推动电竞成为成都新的城市名片，共同促进电竞文化和天府文化融合。

（三）路演孵化：文创企业与资本对接的“孵化器”

1.打造路演中心，搭建文创产业投融资交流平台

2020年，成都市创新组建成都天府文创金融科技有限公司，打造每经国际文创金融路演中心，全年累计开展以“天府文创　锦绣云上”为主题的大型文创金融路演活动19场，建立包含86位一线投资机构董事长、创始人、合伙人在内的创业导师联盟，为200余家文创企业提供直接路演服务，吸引全国超340家投资机构和金融机构线上线下参与活动。其中，参与路演活动的40多个优质项目已经成功进入多家国内知名机构尽调环节，累计获得逾7000万元的战略投资

额度。另外，依托以“每经路演”公众号、每经 App“路演频道”为主的矩阵传播体系，通过联合其他媒体及第三方平台，多渠道、多角度传播路演活动。目前，每经国际文创金融路演中心已为路演活动发稿千余篇，线下参与活动3000余人，活动线上观看人次超1000万，累计媒体点击量过亿次。

典型案例4：成都致学教育科技有限公司获得梅花创投1000万元投资额度；成都东极六感信息科技有限公司以传统榫卯作为游戏出发点的项目“匠木”，获得腾讯和哔哩哔哩近1000万元投资，“匠木”成为苹果官方商店展示设备预装 App。

2. 建立路演联盟，构建文创企业多层次孵化路径

成都市联合国际金融机构、智库院校和行业组织，打造集路演发布、创新孵化、直接投资、创业培训、研究咨询等多功能于一体的首个全国路演联盟，为种子期、成长期、成熟期各个阶段的文创企业提供全周期路演、全要素孵化、全路径链接、全媒体传播、全方位赋能，实现“产业+资本+媒体”的发展路径。

3. 打造上市培育基地，助推文创企业与资本有效对接

成都市联合地方金融监督管理局、西南财经大学、深圳证券交易所西部基地、上海证券交易所资本市场服务西部基地挂牌成立成都市文创企业上市培育基地。基地培训分领域、分梯度展开，分别面向处于不同成长期的文创企业以及文创领域的干部队伍开展文创企业上市培育计划。搭建拟挂牌上市企业数据库，培育具备上市挂牌能力的龙头文创企业，解决成都市文创企业利用资本意识不强、工具不熟、渠道不畅、上市挂牌较少的现实痛点，全面对接资本市场，做优做强。2020年共开展4期培训，共有超200家文创企业负责人和70家各级单位业务负责人参与培训。通过培训极大地拓宽了企业发展的思路、有效链接了资源通道、坚定了众多文创企业通过资本赋能企业上市的信心。

（四）金融科技：文创企业与时俱进的“新抓手”

2020年，成都市为加大文化金融科技研发与应用力度，加快技术转化

和成果产业化，组建天府文创金融科技有限公司，提供文化金融、文创消费、文创数据分析等基底技术研发支持；并成功组建由每经大数据与人工智能实验室负责技术开发的文创金融投融资服务平台——“天府文创云”。该平台主要提供“政务服务”和“投融资服务”两大核心功能，通过“产业信息”“资金扶持”“投融对接”三大内容板块，有效串联文创企业、金融机构、政府政策、文创园区和服务机构等，并借助与平台相匹配的文创产业发展投资基金、“文创通”信贷、金融路演中心、上市培育基地等形成的文创金融生态体系，围绕文创企业全生命周期成长孵化，提供一站式互联网文创投融资多维服务，真正做到培育、扶持、壮大一批成都本土标杆文创企业。截至目前，平台与四川省投资基金业协会、成都市创业投资与股权投资协会、成都数字文创产业联盟达成合作，汇聚超过500家投资机构、超过1000家优质文创项目。

三　成都市文化金融创新服务案例

（一）成都市青羊区案例分析

青羊区作为成都文化的“原点”，凭借历史文化资源禀赋和金融实力稳固优势，在推动文化与金融深度融合发展中先行先试，并取得了较为显著的成效，获评“全国文博旅游标准化示范区”“四川省首批省级全域旅游示范区”“成都市文化金融特色示范区”等荣誉。2020年，青羊区文创产业增加值为135.7亿元，增幅达12.0%；金融业增加值为355.7亿元，增幅达6.8%。

1. 以创新工作机制为突破，完善文化金融产业生态圈

以产业社区为单元，营造“文化+金融”社区融合共享发展模式，激发社区合力。通过构建全要素产业生态，打造“青·云”金融智能法庭，建立文化金融专家智库，举办文化金融峰会，形成社会合力。

2. 以产业功能区为核心，促进文化金融发展模式转变

产业功能区是经济高质量发展的主要抓手，青羊区依托文化金融商务

区、少城国际文创谷两大特色产业功能区，深挖文化与金融融合发展潜能，形成带动效应。青羊区现汇集了索尼音乐、摩登天空、海秀娱乐、德必文化科技、峨影集团、诗婢家等知名文创企业。通过补供应链、优创新链、强产业链等方式，引导金融业为文创产业发展提供资本支持、文创产业为金融业发展提供内容支撑，促进二者有机互动、相互赋能，以此推动区域产业发展模式转变。

3. 以创新服务保障为抓手，构建文化企业投融资体系

青羊区通过引进和设立各类文化金融专营机构，为文创企业提供全生命周期投融资服务。截至目前，引进和培育成都市天府文创股权投资基金管理有限公司、成都银行文创支行等文化金融专营机构22家，金融机构设立文化事业部（专业团队）4个，大力推广“文创通”等政策性信贷产品，文创企业获得信贷支持超10亿元。通过开展产融对接活动促进信息共享，2020年组织产融对接活动46场，促成意向融资金额达229.2亿元。通过构建文化金融一站式服务平台，为文创企业提供全生命周期投融资服务。

（二）成都市高新区案例分析

近年来，高新区新经济发展势头强劲，聚焦数字文创、金融科技细分领域，重点培育一批成长速度快、发展潜力大的瞪羚企业，推动“文创+”“科技+”“金融+”融合驱动，构筑湖墅生态、产业社区、文化艺术中心交相辉映的瞪羚企业快速成长聚集区。在网络视听与数字文创领域，高新区已聚集重点企业600余家。

1. 以产业园区为承载，聚焦重点产业发展

高新区“瞪羚谷”已成为网络视听产业与数字文创产业发展的重要承载园区。高新区通过设立2亿元新经济场景专项资金，支持各类型企业参与场景项目建设、产业发展。针对头部企业，设立100亿元新经济基金，按照企业融资金额的一定比例对企业跟投，已累计投资达10亿元；同时，聚焦六类五百强、上市公司等头部企业，量身定制“一企一策”落地政策。目前，高新区已培育咪咕音乐等平台生态型龙头企业3家，新潮传媒等独角兽

及准独角兽企业6家，可可豆动画等瞪羚企业383家，华栖云等种子期雏鹰企业512家，2020年共支持485家企业近7500万元。

2. 以国际合作为手段，建设文创产业集群创新开放中心

2020年，高新区顺利推动中日（成都）地方发展合作示范区挂牌成立，致力于打造国际知名的文化创意产业集群创新开放中心。通过发挥合作示范区的政策、产业、配套等相关优势，吸引日资企业来华发展，加快形成优势合作，全面提升中日合作水平。

3. 以行业龙头为依托，打造区域文创优质品牌

2020年8月，腾讯全国首个功能型总部——新文创总部项目落户高新区，将全面参与成都市新基建示范项目，助力成都市科技产业发展，打造智慧化示范新场景。腾讯新文创总部项目总投资50亿元，重点发展游戏、电竞、动漫、视频、文旅等新文创业务，依托腾讯王者荣耀IP，以及腾讯WeSpace、腾讯电竞等平台的流量优势，吸引IP运营、游戏动漫、电竞赛事运营、直转播等产业链上下游企业入驻，构建腾讯新文创产业生态圈。

四　成都市文化金融发展存在的主要问题、对策与建议

（一）存在的主要问题

1. 缺乏统一的资产评估标准和体系

文创企业大多存在轻资产问题，固定资产相对缺乏，知识产权等无形资产的登记评估、交易流转、风险处置等中介体系欠发展，导致文创企业难以获得贷款支持。同时，成都市目前仍然缺少统一的针对文创企业资产评估的标准和体系，成都文化产权交易所运行机制有待完善，因此文创企业融资渠道仍未畅通。

2. 缺少综合性文化金融服务中心

成都市虽有依托金融科技手段搭建的“天府文创云”、基于路演孵化路径形成的每经国际文创金融路演中心及一些上市文创企业和文化金融人才培

育基地，但仍缺乏具备综合功能的文化金融服务中心。现有平台基础并不能更加高效地衔接政府、金融机构和文创企业等机构，导致文化金融政策的落实效率较低。

3. 服务文创企业全生命周期的投融资体系有待完善

成都市在文化金融发展过程中呈现产业基础较好、文化与金融融合发展相对不足的特征，在债券、股权市场投融资方面这一问题更加突出。近年来，成都市在金融助推文创产业发展上取得一定成效，但对比北京、深圳等资本市场发展程度较高的城市，仍稍显不足。一方面，众多文创企业因自身资本运营意识淡薄、公司治理机制不健全等因素过于依赖间接融资；另一方面，众多创新型中小文创企业难以通过金融机构获得集合债券、小微企业增信集合债券等债务融资产品。成都市服务文创企业全生命周期的投融资体系仍需进一步健全。

（二）发展对策与建议

1. 完善文化金融配套基础设施建设

成都市应依托每经国际文创金融路演中心、“天府文创云”等金融科技服务平台，系统性推进综合性文化金融服务平台搭建。在成都市文化金融特色示范区设立全市统筹、政府主导、市场主体参与的成都市文化金融服务中心，促进政、企、金等主体沟通对接，为文创企业提供全生命周期的投融资服务。

依托文创企业上市培育基地，整合资源，汇聚银行、券商、投行、私募股权等各方面教育资源，构建优质的文创企业上市培育团队。加快与清华大学五道口金融学院、西南财经大学等合作，通过细分领域深入开展文创企业上市培训专题班。依托深交所西部基地、新三板西南基地等平台，帮助企业利用上市平台直接融资、登陆资本市场，有效提升本市文创企业的竞争力。

2. 健全文化金融发展的体制机制

深化文创企业、金融机构、政府部门的协同发力，创新文化金融服务体制。相关政府部门应重视自身角色定位，在文创企业和金融机构中间扮演好

“协调者”角色。让金融优惠政策能够真正惠及更多文创企业，健全风险分担补偿机制为金融机构保驾护航，充分发挥文创银行的功能和作用。

建立健全无形资产定价与保护机制。鼓励文化产权交易所、高等院校等机构开展无形资产评估、确权、登记、托管、流转等理论创新、模式优化和交易实践，建立健全无形资产价值评估体系。鼓励知识产权评估机构发展，完善知识产权评估体系。加强文化产业知识产权保护，加大对知识产权违法案件的查处力度，为文化企业提供知识产权维权援助服务。

3. 积极创建国家文化与金融合作示范区

成都市应率先支持核心文化金融发展功能区持续推进金融与文创产业深度融合，积极争创国家文化和金融合作示范区，借此推动重点核心区域辐射全市其他区域，打造“由点到面”的发展格局。另外，应不断完善文创金融合作服务体系，加快集聚文创金融专营机构，加速引育文创金融人才，加强建设文创领域多层次资本市场，推进文创资源产权化发掘、股权化转化和产业化运营，打造全要素蓬勃发展的文创金融产业生态圈，为创建国家文化与金融合作示范区打下坚实基础。

专 题 篇

Special Report

B.15

新时代文化企业版权资产证券化

——以国内首单版权资产证券化产品为例

陈能军　李 硕　周玉兰*

摘 要： 为了响应“十四五”规划，各文化企业积极利用金融工具进行融资，以适应文化产业发展的新要求。资产证券化既是金融领域主流的金融工具，也是文化产业投融资的新方向，具有帮助文化企业走出融资难、融资贵等困境的重要作用。本报告首先梳理了文化企业版权资产证券化的基本内涵、关键要素以及融资结构等；之后对罗湖区首单版权资产证券化产品进行案例剖析，主要内容包括资产证券化背景、融资结构和面临的挑战；最后提出要借助先进技术手段创新融合发展模式，基于资产价值实现保证基础资产

* 陈能军，经济学博士，深圳市文化金融服务中心理事，国家金融与发展实验室文化金融研究中心特聘研究员。李硕，金融硕士，中级经济师，宏略智博产业研究中心研究员。周玉兰，管理学硕士，宏略智博产业研究中心研究员。

的可靠性，出台完善的管理细则保障融资模式的推广等政策建议。

关键词： 资产证券化 版权 文化企业 罗湖区

“十四五”时期，我国将进入新发展阶段，必须把文化建设摆在更加突出的位置。《中共中央关于制定国民经济和社会发展第十四个五年规划和二〇三五年远景目标的建议》指出：繁荣发展文化事业和文化产业，提高国家文化软实力……到2035年建成文化强国。文化产业的快速发展离不开资金的支持，而文化产业本身具有轻资产、重创意的特殊性，因而融资难就成为我国文化产业快速发展的障碍。同时，中国的金融改革逐步推进和多元投融资体系逐渐完善，为进一步促进金融助力文化产业高质量发展提供了基本保障。

近年来，以版权为核心资产的文化企业正在逐步开展有益的文化金融模式探索。[①] 为更好地支持文化企业通过版权资产进行价值实现，本报告阐释了文化企业版权资产证券化的理论逻辑，并对国内首单版权资产证券化产品进行了案例剖析，最后提出相应的政策建议，以期为新时代文化企业版权资产证券化发展提供一些有益的参考。

一 文化企业版权资产证券化的理论逻辑

（一）文化企业版权资产证券化的基本内涵

文化企业版权资产证券化是以文化资产（主要以版权为核心）作为基

① 文化企业将知识产权、票房收入、门票收入等无形资产作为基础资产进行评估，通过现有和未来的相关收益评估资产并进行相应的融资。

础资产的一种资产证券化类型。具体是指借助证券化技术，文化企业将缺乏流动性但具有可预见未来现金收入的资产通过信用增级和结构重组，转变为能在金融市场上流通的有价证券，实现结构性融资。

目前，资产证券化常见的形式分为三种：专项资产管理计划（ABS）、信贷资产证券化（信贷 ABS）、资产支持票据（ABN）。前两种形式是目前更为常用的，本报告主要是针对“专项资产管理计划”进行相关研究分析。[①]

（二）文化企业版权资产证券化的关键要素

文化企业版权资产证券化的关键要素包括基础资产、参与主体和融资结构三个方面。

（1）基础资产。在进行资产证券化前，无论哪种资产都必须具有可预期的现金流。严格来说，基础资产现金流的可预期性，使得资产支持证券的价值能够较好地计算。如版权资产证券化的基础资产是具有无形资产特性的版权，版权的未来许可使用费是一种可预见性的现金流，适合作为基础资产；但如果发生盗版侵权问题，该资产就丧失了可预期性的现金流，就不能进行资产证券化。

（2）参与主体。资产证券化的参与主体较多，主要包括发起人、特殊目的机构（SPV）、信用增级机构、信用评级机构、承销商、服务商和受托人。这些机构互相配合，多层面支持资产证券化的操作过程，增进了资产支持证券的信用，使之成为资产证券化的优势，也解决了中小企业信用评级不高而难以筹集资金的问题。

（3）融资结构。以知识产权为例，其融资结构主要包括交易过程、产品结构、增信措施和特殊事件。交易过程包括参与主体的分工以及资产管理、约定还本付息的方式等。增信措施分为内部增信和外部增信，

① 本报告中提到的“专项资产管理计划”，也简称“资产证券化”，英文表达为“Asset-Backed Securities”，简称“ABS”。

如何选择取决于措施的强弱程度。特殊事件即信用触发机制，包括加速清偿等事件。

（三）文化企业版权资产证券化的融资结构

大力推进资产证券化，核心目的是拓宽融资渠道，文化企业进行版权资产证券化的目的也不例外。构建严谨细致的融资结构来保障资产证券化的完善实施，是很有必要的，本报告以知识产权为例，构建相应融资结构，具体流程如下。

（1）真实出售。本质是资产所有权的彻底转移，具体是指在资产转让过程中，发起人为了实现破产隔离即转让资产（如知识产权）包含的所有权益及风险给特殊目的机构（SPV），SPV 按照公平的市场价格付出资金。资产证券化流程中十分关键的一环就是“真实出售”。

（2）构建资产池。也是构建资产组合，一些文化企业自身拥有的固定资产并不能进行大金额融资，于是特殊目的机构会将各中小企业同质性较高的知识产权资产组合起来，以获得更大的资金规模，从而达到融资的目的。此外，根据资产组合理论，设立资产池有两个好处：一是分散市场风险，二是促进规模报酬的递增。

（3）信用评级。即对设计产品根据偿付安全性进行分类。这是证券发行的重要环节之一，一般是由特殊目的机构聘请可信度较高的评级机构，评估文化企业资产产生的预期现金流是否稳定可靠，并确定证券信用级别。

（4）信用增级。信用评级之后，增信机构根据已评估出的产品信用级别，采取区分证券的优次级别、破产隔离机制等信用增级措施，从而提升证券的信用级别。

（5）销售证券。经过前述步骤后，特殊目的机构公布评级结果，并开始向投资者进行销售，取得的收入将按约定划转给各文化企业，从而实现证券化融资的目的。

（6）资产管理。一般由发行企业指定专门的资管公司负责，其主要职能是管理资产池产生的现金收入，确保预期现金流首先用于向证券投资者偿付本息，以及维护原始权益人的相关利益，防止知识产权价值外溢。

（7）付费。最后的流程是企业根据合同规定的期限，将存放在托管银行的资金用来偿还投资者本息和支付各项服务费，剩余资金则为增值收益，返还给特殊目的机构。

根据上述的7个流程介绍，下面梳理出版权资产证券化的融资结构流程（具体如图1所示），与前述的结构构件相互呼应。

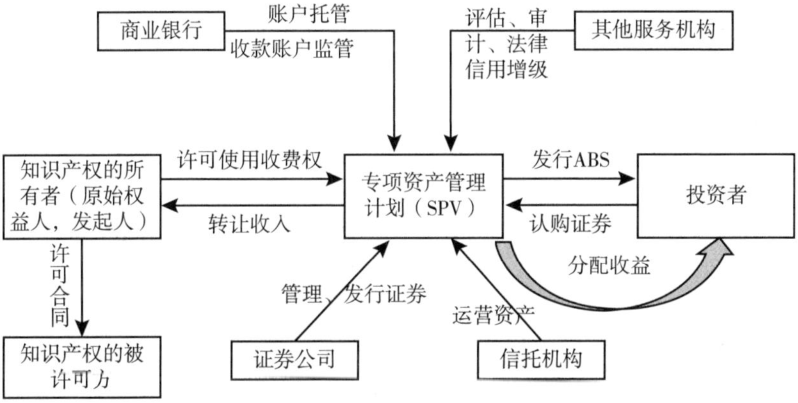

图1 版权资产证券化的融资结构

（四）文化企业版权资产证券化的优势条件

1. 影视、音乐等行业优秀的文化作品增加

根据文化企业资产证券化的基本内涵，文化企业能够融资成功的基本条件是拥有具有比较好的市场估值和商业价值的基础资产。在当下，我国影视、音乐等行业已经涌现出一批优秀的文化产品和制作人，如2019年火爆的《哪吒之魔童降世》，凭借哪吒独特的IP形象，喊出“我命由我不由天”，引起社会热议；2021年春节档《你好，李焕英》更是凭借情感真诚成为一匹黑马，贾玲更由此成为中国历史上票房最高的女导演；等等。由此来

看，根据名人版权衍生出来的收益完全可以作为资产证券化的基础资产，建成一个有效的资产池。

2. 文化企业资产证券化案例逐渐增加

我国已有多个文化企业进行资产证券化的成功案例，如大地影院集团进行院线资产证券化，其基础资产为旗下 80 家影院未来的部分票房收入，将之作为质押，共融资 11.3 亿元，主要用于影院建设相关业务；华侨城欢乐谷主题公园入园凭证资产证券化案例也引起投资者的关注，其基础资产为华侨城 A 及其两家子公司拥有的欢乐谷主题公园入园凭证，合计募集资金 18.5 亿元。值得肯定的是，欢乐谷主题公园入园凭证专项资产管理计划是专项资产管理计划重启以来，发行规模最大的项目，是第一单基于入园凭证现金流的专项资产管理计划项目，也是第一单由央企牵头发行的资产证券化项目。

以知识产权为基础资产的证券化产品也逐渐兴起，代表性的案例有“第一创业——文科租赁一期资产支持专项计划”“兴业圆融——广州开发区专利许可资产支持专项计划”以及“奇艺世纪知识产权供应链金融资产支持专项计划”。

3. 文化企业资产证券化模式越来越吸引投资者

目前，我国技术知识产权转化率不到 10%，主要原因在于文化企业的主要融资方式是信贷融资，债券融资只是少数文化企业的选择。中小文化企业的基础资产大多数为轻资产，融资比较困难，而资产证券化正好可以解决这个问题。与其他融资方式不同，资产证券化是一种以资产收入为导向的融资方式，逻辑起点是基础资产的信用评估，信用基础是知识产权。这种方式不仅凸显了文化企业的核心价值，还将核心价值通过证券化项目获得投资机构的关注。

总而言之，随着金融市场的快速发展，资产证券化在我国的发展空间巨大，对于宏观经济稳定运行具有重要意义。另外，基础资产范围的不断扩大，使文化企业进行资产证券化的优势不断显现，提高了文化企业资产的流动性水平，降低了风险资产规模和融资成本。

二　文化企业版权资产证券化的案例剖析——以国内首单版权资产证券化产品为例①

（一）文化企业版权资产证券化的背景分析

（1）文化产业已经成为罗湖区重要特色产业之一。罗湖区拥有国际、开放、创新和包容的城区品质和氛围，滋养了多门类文化及相关产业，并形成了创意设计产业、黄金珠宝产业、工艺美术产业、数字文化产业等四大重点产业集群，孵化了许多优质明星企业。2019 年的统计数据显示，罗湖区文化及相关产业增加值为 170 多亿元，较上年增长 6.1%；规模以上文化企业达 500 多家，产业产值增速明显，在深圳文化产业系统中保持前列。值得肯定的是，2017 年，罗湖区政府与中国版权保护中心共建粤港澳版权登记大厅，为粤港澳大湾区文化企业的版权登记提供了便利场所，彰显了罗湖区对文化产业支持的新高度。

（2）深圳市高新投集团有限公司在罗湖区发起设立“罗湖区－平安证券－高新投版权资产支持专项计划”。在罗湖区文化产业繁荣发展的同时，区内文化企业大多为轻资产型，企业规模较小、缺乏抵押物，普遍遇到融资难的问题。为了破解这一行业难题，罗湖区以“文创＋金融”为思路，快速实施“版权＋”战略，帮助文创企业围绕核心版权产业完成版权价值链的升级重构。罗湖区积极构建版权确权、授权、维权的产业闭环，力图通过版权资产抵押或质押进行融资，破除制约金融资本进入文化产业领域的核心阻力，使文化资源尽快转变为文化资本、文化资产。罗湖区有关部门通过与深圳市高新投集团有限公司多次沟通并达成一致意见，最终深圳市高新投集

① 笔者研究梳理了现有的知识产权资产证券化产品，发现北京、上海、广州、深圳等地均发行了相关的证券化产品，深圳市南山区、龙岗区、坪山区等都发行了涉及专利资产的知识产权资产证券化产品。但目前只有罗湖区以辖区内文化企业为对象，发行了以版权为主的知识产权资产证券化产品。

团有限公司在罗湖区发起设立“罗湖区－平安证券－高新投版权资产支持专项计划”。该专项计划是深圳市也是国内首单以版权为主的知识产权资产证券化产品。

（二）文化企业版权资产证券化的融资结构：基于深圳罗湖区产品分析

（1）融资结构。国内首单版权资产证券化产品“罗湖区－平安证券－高新投版权资产支持专项计划”的融资结构如图2所示。

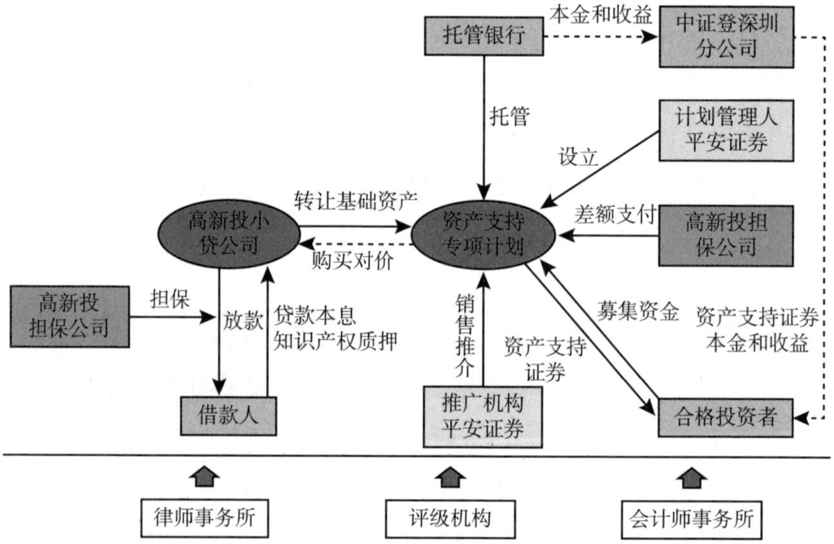

图2　“罗湖区－平安证券－高新投版权资产支持专项计划”融资结构

注：高新投担保公司全称为深圳市高新投融资担保有限公司；高新投小贷公司全称为深圳市高新投小额贷款有限公司；中证登深圳分公司全称为中国证券登记结算有限责任公司深圳分公司。

（2）融资结构流程介绍。首先，借款人以知识产权质押向高新投小贷公司借款，高新投担保公司做担保人，借款人收到贷款，高新投小贷公司成为原始权益人。其次，平安证券担任计划管理人，与高新投小贷公司签订《资产买卖协议》，并设立资产支持专项计划。最后，认购人（合格投资者）

与平安证券签订《认购协议》，平安证券设立并管理专项计划，认购人取得资产支持证券，成为资产支持证券持有人。

另外，资产支持专项计划涉及的参与者也各司其职，中国民生银行深圳分行作为托管银行，主要根据平安证券的指令进行资金分配并将资金转入相应银行账号。高新投小贷公司是原始权益人，并作为资产服务机构进行产品的管理。高新投担保公司则在发生差额支付启动事件后，根据《差额支付承诺函》的约定，在专项计划资金不足时，向它提供补足的资金，并直接将资金转入专项计划账户，以使专项计划账户内资金足以兑付优先级资产支持证券当期兑付日应付的预期收益及本金。

（3）项目总体评价。在“罗湖区－平安证券－高新投版权资产支持专项计划”的项目首期，项目申请的基本要求包括：一是企业注册地在深圳罗湖区，二是为受本次疫情影响的文化、设计、旅游、珠宝等行业企业。经过深入审核，有15家企业符合要求，以版权为主的知识产权组成资产池，共计20项，其中版权13项、发明专利7项，融资总金额为1.1亿元。罗湖区政府补贴贷款公司融资总成本的一半，深圳市高新投集团有限公司履行国企责任担当，最大力度减免相关费用，最终15家企业实际融资成本仅为2.98%/年，给疫情下的文化企业极大的经营信心和投资热情。

（三）文化企业版权资产证券化面临的挑战

1. 基础资产价值的稳定性难以保证

从影响基础资产价值稳定的因素角度考虑，首先与实物资产或固定资产等有形资产不同，文化产业的基础资产以创新、创意的思想和内容为主要体现，所以在价值评估、保值增值等环节有别于有形资产，也不能按照有形资产的盈利规律来确定价值。虽然基于文化企业基础资产的未来收益，如电影院票房、门票收入等可以进行证券化，但相关产品大多存在收益增长不确定、现金流不稳定等问题，因此势必在产品结构设计上与时俱进，即使基础资产的收益更确定、融资保障性更强。其次，移动互联网时代盗版侵权问题层出不穷，具备一定商业价值的文化产品很快就被模仿，文化产品内容同质化、表达雷同化现象尤为严重。如一位网络作家的文章受到读者的喜欢，那么很快就有许多类似风格的小说面世，直接影响了该网络作家的权益，而该网络作家不仅取证困难，而且维权成本尤其是时间成本较高。

2. 文化企业版权资产证券化水平低

文化企业进行版权资产证券化时对资产池有特殊要求，其中较强的同质性成为构建文化企业版权资产证券化资产池必须考虑的一个影响因素。在运行过程中，对资产池的安全性、稳定性的要求也高。我国绝大多数文化企业的资产和应收账款的稳定性和同质性又难以达到相应要求，难以较好地形成安全、稳定的资产池。另外，由于应收账款期限条件各不相同，资产证券化存在较大的风险。

3. 版权资产证券化的法律制度较缺乏

目前，我国已初步构建版权资产证券化的法律框架，但其实施与推行缺乏具体实施细则，仍然存在不少法律障碍。同时，随着版权保护意识的增强，相关部门一直在打击盗版行为，并对原创作品进行保护，但就目前情况来看，尚未形成良好运作体系。此外，一些文化作品的门槛较低，使得市场上出现的作品质量参差不齐，若是将有问题的作品大力推行，会对社会造成严重伤害，因此要加大监管力度，完善各种管理细则。

4. 增信机构的担保业务仍存在风险

以罗湖区版权资产证券化为例，其担保公司为高新投担保公司，存在以下风险。第一，面对新冠肺炎疫情、国外经济下行对国际供应链及海外市场的冲击，公司融资客户经营情况可能面临不利环境，进而其偿债能力受影响，导致公司业务风险增加。第二，担保企业间接担保服务对应的借款人大多分布在信息技术业和制造业，业务集中度相对较高。如借款人行业景气度下行或在保余额占比较高的担保对象经营不善，将导致高新投担保公司面临一定的代偿风险。第三，目前高新投担保公司全面承接深圳市高新投集团有限公司的直接融资担保业务，直接融资担保业务来源与集团此前业务来源完全一致。另外，高新投担保公司的风险管控依赖于集团，在流程、审批人员上高度重合。若深圳市高新投集团有限公司在业务开展或风控流程上存在问题或缺陷，将影响高新投担保公司业务的开展。因此，担保业务风险仍存在，也是版权资产证券化面临的潜在风险。

三　推动文化企业版权资产证券化的政策建议

文化企业版权资产证券化是一个系统工程，更是一个创新工程，需要方方面面形成合力，群策群力，合力创新，共同推进。

（一）借助先进技术手段，创新融合发展模式

一方面，可以构建“区块链 + 资产证券化”模式。对于对资产证券化的探索，应用区块链技术成为新方向，而文化产业版权资产证券化自身也存在一些问题，如结构复杂、参与主体众多、交易链条较长、交易过程不透明等。而应用区块链技术，会为各环节带来正面效应。具体来说，在原始债权形成过程中，可以利用区块链技术完善征信系统，全面了解债务人的征信情况，从而提高基础资产质量；在构建底部资产池时，借助区块链技术确保提供的数据真实，增强了资产池透明度；在组成底部资产池之后，引入智能合约技术，提高风险防控效能，可以促使交易过程信息公开透明，区域链去中心化的特征更能保障交易的安全性。利用区块链技术加强版权资产证券化的市场技术支持，保持交易过程的透明度。

另一方面，可以构建“数字资产证券化”模式。随着“互联网 + 文化”的不断发展，数字资产应运而生，也是文化产业融资方式创新的产物。数字资产包括企业商标、数字货币、游戏装备周边等，是文化创意产业不可或缺的部分，同时数字资产的市场规模更是暴发式增长，在未来也可以当作资产证券化的基础资产。因此，应制定相关政策，规范数字资产管理，提高数字资产在文化产业中的价值和地位。

（二）基于资产价值实现，保证基础资产的可靠性

资产证券化已成为文化产业投融资的新方向，其逻辑起点是基础资产的信

用评估。然而文化资产的特殊性导致相应基础资产的可靠性降低，这也是文化企业融资困难的重要原因。因此，应加强基础资产的可靠性保证。一是文化企业应不断提升基础资产质量，从而提高融资成功率。如企业自身应加强运营管理，健全财务管理系统，完备公司治理结构以及规范贷款资金使用等。二是应针对不同类型的文化企业，采取不同的融资方式。如规模相对较大、基础资产质量较好的文化企业，可以单独进行资产证券化融资。三是企业应对自身文化资产的潜在价值深入挖掘，从而达到可预期现金流的要求。四是金融机构应完善企业信用担保体系，成立专营机构，从而保障基础资产评估的可靠性。

（三）出台完善的管理细则，保障融资模式的推广

要推动文化企业版权资产证券化的快速发展，有关部门必须尽快出台配套的管理细则，具体有四个方面。一是要建立文化企业基础资产严格筛选制度，定好选择标准，如资产品质是否优良、市场预期是否稳定、是否可带来持续现金流等。二是要建立确保基础资产持续运作的监督机制。以影视作品版权为例，由于不同档期产生的收益不同、主要演员道德风险等，基础资产有可能无法产生可预期性现金流，因此针对大规模的商业化运作，需要有相关的机制进行监督和把关。三是要加强信用评级系统建设，一方面要设立更多可靠的专业评级机构，另一方面要设置统一的评级标准，将评级规范化、透明化。四是要加强保护知识产权，从立法到执法全方位打击侵权盗版，保证监管及时到位，谨防出现诈骗、破产等风控缺位和运营不善带来的风险。只有尽快出台完善的管理细则，才能使文化企业在实施版权资产证券化时有章可循、有规可依，才能保障文化企业版权资产证券化等创新融资模式的健康、有序推广，并促进各文化企业的可持续发展。

参考文献

[1] 陈能军、王晓锐、史占中：《新时代数字创意产业知识产权证券化创新发展研

究》，载《文化科技创新发展报告（2020）》，社会科学文献出版社，2020，第174～189页。

［2］段桂鉴等：《版权价值导论》，商务印书馆，2017。

［3］何毅：《中国文化产业资产证券化金融模式》，《文化产业导刊》2017年第5期，第50～55页。

［4］李劼：《知识产权证券化的风险及其防范探究》，《金融经济》2015年第8期，第84～86页。

［5］刘景琪：《我国版权证券化基础资产选择及资产池构建》，《中国出版》2019年第13期，第24～26页。

［6］孙博：《区块链技术应用于资产证券化的优势分析》，《中国管理信息化》2021年第2期，第75～76页。

中国皮书网

（网址：www.pishu.cn）

发布皮书研创资讯，传播皮书精彩内容
引领皮书出版潮流，打造皮书服务平台

栏目设置

◆ **关于皮书**

何谓皮书、皮书分类、皮书大事记、皮书荣誉、皮书出版第一人、皮书编辑部

◆ **最新资讯**

通知公告、新闻动态、媒体聚焦、网站专题、视频直播、下载专区

◆ **皮书研创**

皮书规范、皮书选题、皮书出版、皮书研究、研创团队

◆ **皮书评奖评价**

指标体系、皮书评价、皮书评奖

◆ **皮书研究院理事会**

理事会章程、理事单位、个人理事、高级研究员、理事会秘书处、入会指南

◆ **互动专区**

皮书说、社科数托邦、皮书微博、留言板

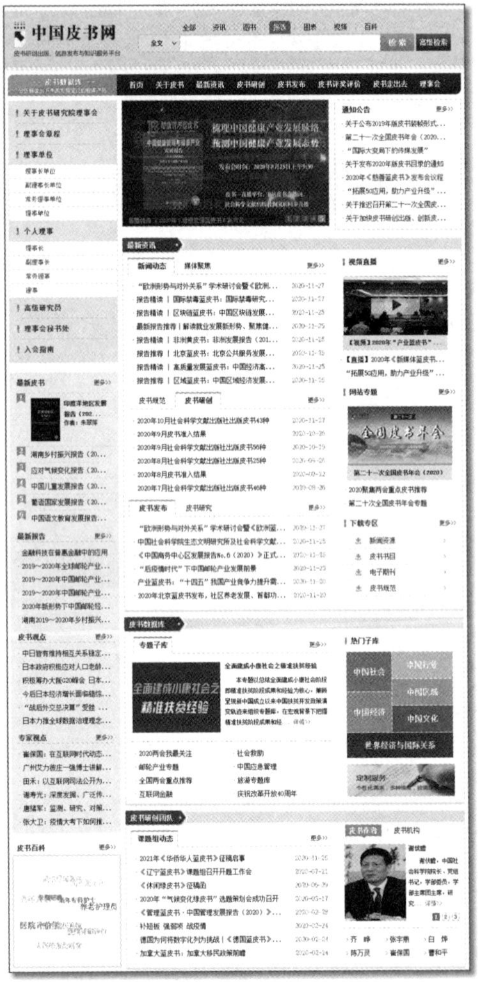

所获荣誉

◆ 2008 年、2011 年、2014 年，中国皮书网均在全国新闻出版业网站荣誉评选中获得“最具商业价值网站”称号；

◆ 2012 年,获得“出版业网站百强”称号。

网库合一

2014年，中国皮书网与皮书数据库端口合一，实现资源共享。

中国皮书网

皮 书

智库报告的主要形式
同一主题智库报告的聚合

皮书定义

皮书是对中国与世界发展状况和热点问题进行年度监测，以专业的角度、专家的视野和实证研究方法，针对某一领域或区域现状与发展态势展开分析和预测，具备前沿性、原创性、实证性、连续性、时效性等特点的公开出版物，由一系列权威研究报告组成。

皮书作者

皮书系列报告作者以国内外一流研究机构、知名高校等重点智库的研究人员为主，多为相关领域一流专家学者，他们的观点代表了当下学界对中国与世界的现实和未来最高水平的解读与分析。截至 2021 年，皮书研创机构有近千家，报告作者累计超过 7 万人。

皮书荣誉

皮书系列已成为社会科学文献出版社的著名图书品牌和中国社会科学院的知名学术品牌。2016 年皮书系列正式列入“十三五”国家重点出版规划项目；2013~2021 年，重点皮书列入中国社会科学院承担的国家哲学社会科学创新工程项目。

S 基本子库
UB DATABASE

中国社会发展数据库（下设 12 个子库）

整合国内外中国社会发展研究成果，汇聚独家统计数据、深度分析报告，涉及社会、人口、政治、教育、法律等 12 个领域，为了解中国社会发展动态、跟踪社会核心热点、分析社会发展趋势提供一站式资源搜索和数据服务。

中国经济发展数据库（下设 12 个子库）

围绕国内外中国经济发展主题研究报告、学术资讯、基础数据等资料构建，内容涵盖宏观经济、农业经济、工业经济、产业经济等 12 个重点经济领域，为实时掌控经济运行态势、把握经济发展规律、洞察经济形势、进行经济决策提供参考和依据。

中国行业发展数据库（下设 17 个子库）

以中国国民经济行业分类为依据，覆盖金融业、旅游、医疗卫生、交通运输、能源矿产等 100 多个行业，跟踪分析国民经济相关行业市场运行状况和政策导向，汇集行业发展前沿资讯，为投资、从业及各种经济决策提供理论基础和实践指导。

中国区域发展数据库（下设 6 个子库）

对中国特定区域内的经济、社会、文化等领域现状与发展情况进行深度分析和预测，研究层级至县及县以下行政区，涉及省份、区域经济体、城市、农村等不同维度，为地方经济社会宏观态势研究、发展经验研究、案例分析提供数据服务。

中国文化传媒数据库（下设 18 个子库）

汇聚文化传媒领域专家观点、热点资讯，梳理国内外中国文化发展相关学术研究成果、一手统计数据，涵盖文化产业、新闻传播、电影娱乐、文学艺术、群众文化等 18 个重点研究领域。为文化传媒研究提供相关数据、研究报告和综合分析服务。

世界经济与国际关系数据库（下设 6 个子库）

立足"皮书系列"世界经济、国际关系相关学术资源，整合世界经济、国际政治、世界文化与科技、全球性问题、国际组织与国际法、区域研究 6 大领域研究成果，为世界经济与国际关系研究提供全方位数据分析，为决策和形势研判提供参考。

法律声明